《广州市停车场条例》立法评览

陈建华 主编

广州市人大常委会法制工作委员会 编著

法律出版社
LAW PRESS·CHINA

本书编委会

主　编

陈建华

副 主 编

余明永　陈小清

执行主编

邓成明

执行副主编

陈　宁

编写小组成员

王韵婷　沈寒冰　刘伯灵

目 录 Contents

前　言

广州是一座常住人口超过 1600 万人的超大城市。截至 2016 年年底，广州机动车保有量约 245 万辆，其中中小客车 195 万辆。经营性停车位 66 万个泊位，其中住宅类 35.3 万个、商业类 17.3 万个、路内及公共等其他类停车场 13.4 万个。随着广州市经济社会发展和市民群众生活水平的大幅度提升，机动车数量增长迅猛，停车场规划、建设和管理相对滞后，停车需求与供给的矛盾较为突出，停车难、停车贵和停车乱已成为市民群众关注的社会问题。党的十九大报告指出，保障和改善民生要抓住人民最关心、最直接、最现实的利益问题，不断满足人民日益增长的美好生活需要，使人民获得感、幸福感、安全感更加充实、更有保障、更可持续。切实缓解“停车难”、“停车贵”和“停车乱”等问题，是积极回应群众关切、满足市民群众日益增长的美好生活需要的务实举措。

广州市于 2007 年着手起草停车场法规草案，市人大常委会经过四次审议，于 2017 年 12 月表决通过《广州市停车场条例》，广东省十三届人大常委会第二次会议于 2018 年 3 月批准通过，该条例于 2018 年 10 月 1 日施行。2019 年 11 月，广州市人大常委会对条例作了修正。立法过程中，市人大常委会始终坚持以问题为导向，贯彻落实党的十九大精神和要求，坚持以良法促进发展，以良法保障善治，努力不断满足人民群众日益增长的对美好生活的需要。通过发函、座谈、听证、实地调研等方式，广泛征求各方面对法规案的建议和意见，特别是召开了网上立法听证会，听证会页面曝光量超过 3 亿、点击量超过 1508 万人次、总投票数 200 多万次，创造了市人大常委会网络民主立法公众参与最高纪录。该条例为打造更干净、更整洁、更平安、更有序的城市环境和推动我市国家重要中心城市建设全面上水平提供了坚实的法治保障。法规施行后，多个兄弟城市先后赴广州进行考察学习。

此次立法实践取得的成效，离不开全市上下的共同努力，市委、市人大常委会、市政府领导高度重视，科学谋划部署并积极协调，努力争取国家发改委、省人大常委会的支持和指导；市人大常委会法工委、经济工委与市司法局、市交通运输局等政府相关部门一道，为合法合理、科学有效地设计法规的主要制度做了大量工作；常委会立法顾问、立法咨询专家就法规草案的修改完善积极建言献策，提出了许多有建设性的建议；社会各界广泛参与，反映客观真实情况，提出了不少立法意见、建议。法规实施后，市人大常委会法制工作委员会组织编写了《广州市停车场条例》立法评览，对此次不平凡的立法实践历程进行全面回顾和总结。

第一章　立法背景

随着城镇化的发展，居民生活水平的不断提升，城市小汽车保有量大幅度提高，停车设施供给不足的问题日益凸显。截至2017年年底，全国机动车保有量达3.10亿辆，其中，汽车保有量达2.17亿辆。近五年汽车占机动车的比率持续提高，从54.93%提高至70.17%。从车辆类型看，载客汽车保有量达1.85亿辆，其中以个人名义登记的小型和微型载客汽车（私家车）达1.70亿辆，占载客汽车的91.89%；载货汽车保有量达2341万辆。全国有53个城市的汽车保有量超过百万辆，其中24个城市超200万辆（见图1－0－1），北京、成都、重庆、上海、苏州、深圳、郑州等7个城市超300万辆。

有关统计表明，平均每辆机动车的停驶时间约占车辆全周期寿命的90%以上，[1]因此，城市小汽车保有量与停车位数量配比应在1∶1.3左右。而如今我国大城市和中小城市的这一比例分别为1∶0.8和1∶0.5。据此推算，目前全国停车位缺口超过5000万个。停车难问题受到机动车保有量的持续快速增长和城市机车设施严重滞后的双重约束将越发严峻，影响城市道路交通秩序、居民工作生活，进而对城市经济发展产生影响。

---

〔1〕 参见尚炜、戴帅、刘金广：《城市停车政策与管理》，中国建筑工业出版社2014年版。

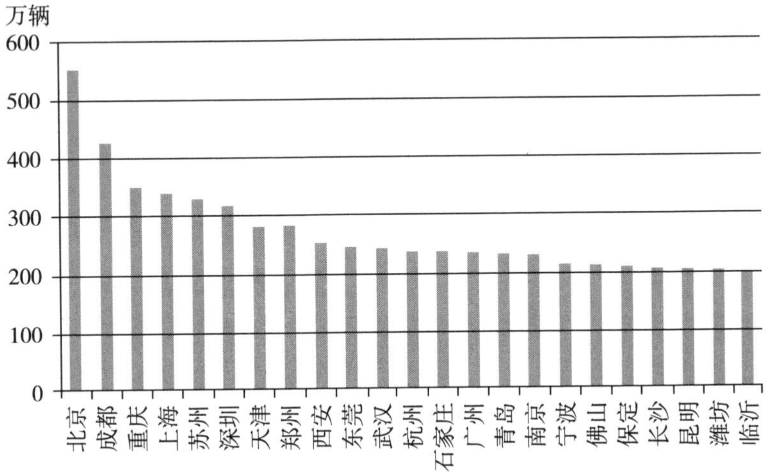

图1-0-1　2017年我国汽车保有量超200万辆的城市〔1〕

第一节　广州市停车现状概述

一、停车难现状

随着广州经济、社会持续快速发展，机动车拥有量及机动化出行比例不断提升，广州市停车位供不应求现象越发凸显。一是停车泊位总量供应不足，2017年年底，广州市全市机动车拥有量为249.16万辆，而全市现有各类停车泊位共200.97万个，停车位与机动车之比为0.81∶1，机动车泊位缺口73万~123万个，有限的停车设施资源与持续增长的停车需求之间的矛盾长期存在。二是停车设施供给结构不合理，根据《城市停车规划规范》（GB/T 51146—2016）对停车设施供给结构的要求，建筑物配建停车位是城市机动车停车位供给的主体，

〔1〕 数据来自公安部统计数据。

应占城市机动车停车位供给总量的85%以上,城市公共停车场提供的停车位可占城市机动车停车位供给总量的10% ~15%,临时设置的路内停车位作为城市机动车停车位供给的补充,规模不应大于城市机动车停车位供给总量的5%。广州市配建停车泊位186.6万个、路外公共停车泊位1.43万个、路内停车泊位3.24万个、工地停车泊位9.7万个,配建、公共、路内停车泊位比例为92.8∶5.5∶1.7,由此可知,广州市路外公共停车泊位严重不足。三是停车资源分布不合理,中心城区交通吸引量远大于外围区,停车需求亦远大于外围区,但由于中心城区用地紧张,停车泊位相对匮乏,而外围区交通吸引量小,停车需求小,但用地相对富裕,停车资源亦相对富裕,由于停车设施是不可移动资源,不能在整个城市有效的配置,从而导致停车难问题更加凸显。

二、停车乱现状

停车管理,特别是路内停车泊位的有效管理对城市动态交通产生极为重要的影响,伴随停车供给矛盾问题凸显,乱停车现象也不容忽视。老城居住区、大型医院、学校、景区等周边区域,由于规划的"先天不足"导致无处停车以及停车需求高度集中造成停车位严重缺乏,无序停车、违章停车等停车乱问题非常突出,严重影响城市形象。主要表现为:一是老城区内街内巷停车场分布分散、管理混乱,大量车主不按规定停车,随意占用公共空间,对市民日常生活造成障碍。二是学校、医院、景区周边停车泊位紧缺,违章占用道路资源停车现象严重。三是路内停车规划设置不合理导致路内空间使用不当对动态交通造成负面影响,诸如商店、餐饮、文化娱乐等场所为了招揽生意,私划车位对城市交通造成的负面影响等。四是停车守法意识淡薄,违法停车处罚力度不够,违法乱停车屡禁不止。社会公众缺乏路内停车守法意识,违法处罚力度较轻成为了驾驶员违法停车的理由,对驾驶员约束不力滋生许多不按规定停车的现象。

三、停车贵现状

停车收费是调节城市交通需求的重要价格杠杆,但从停车收费政策的执行情况来看,仍存在一些停车收费偏高和不合理的现象。第一,内街内巷停车收费价格混乱。根据实际调查,虽然广州市物价局有规定内街内巷停车场停放服务收费标准的最高限价,但是许多经营者仍会不按照规定定价执行,造成价格混乱。第二,停车价格差异化机制有待优化。主要表现为:一是未与广州市拥堵缓解形成联动机制,对于缓解交通拥堵的作用不明显;二是路内停车收费未实现累进计费制,使路内停车功能发生偏差,未能充分发挥服务临停快走的目的和功能。第三,住宅停车收费价格普涨。特别在放开价格管理,实施市场定价后,部分住宅停车小区未按规定履行价格调整程序,提高停车收费价格,导致消费者不满、焦虑情绪不断积长,引发矛盾。

第二节　广州停车场建设和管理实践

一、停车场建设实践及存在的问题

(一)停车场建设发展情况

近年来,广州市停车场建设以配建为主,以经营性停车场为例,经营性路外配建停车场停车泊位由2010年的37万个增长至2014年的57万个,年均增长率为11.4%;经营性路外公共停车场建设滞后,泊位总数由2010年的1693个增长至2014年的2929个,经营性路外公共停车场泊位数量严重不足。

究其原因,主要与广州市目前的停车场建设用地供应政策有关。在出让住宅、商服等用地时，要求建设单位按规划配建停车场。在签订土地的出让合同时，均会将地块规划条件作为合同附件，规划条件中关于地下车库、车位配备的资料均作为合同内容的一部分，土地使用人须按照出让合同的约定建设停车位，这是广州市停车场用地的主要供应途径，故配建停车场泊位建设情况较为理想。而由于广州市建设用地需求量大，出于集约、节约用地的需要，单独供应停车场用地的，较多是和城市绿地建设相结合，一并规划，将地下空间用于建设停车场，如荔湾区广钢新城、越秀区淘金片区、天河区体育中心，均是利用地下空间建设公共停车场。

经营性路内停车泊位包括在市政道路上施划的泊位及在内街内巷施划的泊位，2010 年至 2015 年，路内停车泊位数量在 2. 6 万 ~3. 7 万个范围内变化，2016 年路内停车泊位数量减少近一半，主要原因是受 2016 年度各区交通部门及各职能部门联合开展的路内停车整治活动影响，私划停车泊位被取缔。

露天临时停车场是指在城市道路外，利用待建土地、存量建设用地、建筑区划内业主共有部分等设置的短期内供机动车停放的场所，受临时用地使用期限的限制，泊位数量在 4. 9 万 ~10. 6 万个范围内变化。（见表 1 -2 -1、表 1 -2 -2）

表 1 -2 -1　广州市 2010 ~2014 年经营性停车场泊位变化〔1〕

单位：个

年份	2010	2011	2012	2013	2014
路外配建	370, 075	422, 075	461, 863	556, 395	570, 017
路外公共	1693	1693	1995	2309	2929
露天临时	63, 541	70, 002	106, 313	51, 553	48, 882

〔1〕 数据来自广州市交通运输行业发展年报(2011 ~2017 年)。

续表

年份	2010	2011	2012	2013	2014
路内	26, 988	28, 859	26, 639	34, 960	37, 032
总计	462, 297	522, 629	596, 810	645, 217	658, 860

表 1－2－2　广州市 2015～2016 年经营性停车场泊位变化

单位:个

年份	2015	2016
室内	452, 837	452, 837
专用	2929	2929
露天	172, 203	172, 203
路内	32, 299	16, 135
总计	660, 268	644, 104

注:2015 年起统计口径改变,室内停车场是指路外配建停车场中建筑物内部设置的停车场,专用停车场是指路外公共停车场,露天停车场包括路外配建停车场中建筑物外部露天设置的停车场和露天临时停车场。

(二)停车场建设政策实践

2003 年,广州市出台《广州市停车场管理办法》(广州市人民政府令第 6 号),并于 2008 年对《广州市停车场管理办法》进行修订(市政府第十三届第 60 次常务会议同意修订),鼓励单位和个人在本市投资建设为公众提供车辆停放服务的停车场;停车场专项规划应当根据城市总体规划、城市道路交通专项规划和城市建设发展的需要进行编制,并根据本市发展的实际情况适时调整。

2007 年,广州市出台《广州市停车配建指标实施检讨》,明确各类建筑停车泊位配建标准。

2009 年,广州市出台《关于鼓励停车场建设的若干意见》(穗府办〔2009〕34 号),鼓励有条件的社区设置临时停车场,鼓励行政企事业单位建设配套停车场，鼓励经营性单位配置临时停车场，鼓励地铁换乘配建停车场，鼓励利用闲置、“烂尾”、“退二进三”企业地块建设停车场，鼓励有建设条件的公共绿地配建（加建）地下停车场，支持公共配套停车场建设，鼓励建设机械式立体停车场。

2012 年，广州市出台《广州市地下空间开发利用管理办法》（广州市人民政府令第 61 号）提出，利用市政道路、公共绿地、公共广场等公共用地和政府储备用地，单建地下社会公共停车场，有两个或者两个以上意向用地者的，应当采取招标、拍卖或者挂牌方式出让地下建设用地使用权；只有一个意向用地者的，可以协议出让。

2015 年，广州市出台《广州市城乡规划技术规定》（广州市人民政府令第 133 号）指出，新建、改建、扩建建筑物应当按照有关技术标准配建或者增建一定规模的停车场，同时明确新住宅建筑停车泊位配建标准。

（三）停车场建设存在的问题

停车场建设存在的问题主要是公共停车场建设的问题，主要涉及停车政策、规划、用地、资金等问题。

1. 停车政策方面问题

当前城市交通拥堵日益严重，实施交通需求管理已是刻不容缓，在此背景下广州市已经于 2012 年实施了中小客车总量调控政策，抑制中小客车快速增长的势头，从源头上降低交通需求增长速度，为公共交通系统的发展建设争取时间和空间。目前广州市停车配建供给策略，还是以满足停车需求为目的，经实践证明，该思路存在诸多问题，不适用于密集型城市。城市停车作为城市交通系统的一个子系统，其发展思路应与城市交通总体发展思路相统一。

2. 停车规划方面问题

公共停车规划长期与城市发展规划脱节。综合交通规划与土地利用规划有割裂情况,城市交通建设与城市用地发展不够协调;根据相关控制性详细规划,规划用地性质并不完全衔接现状用地性质,规划公共停车场建设时往往需要拆除其他现有建筑,导致实施困难;公共停车场在规划方面,尤其在整体的布局规划方面不够科学,存在结构性的矛盾;停车场选址不当,造成交通拥挤、环境变差的现象也屡见不鲜。

3. 停车场用地方面问题

政府全额投资的公共停车场是城市市政公用基础设施,建设用地使用权可以通过划拨方式供应,但由于广州市建设用地需求量大,建设用地资源紧缺,控制性详细规划中涉及的公共停车场用地很难作为公共停车场用地单独供应。

4. 停车场建设资金方面问题

2002 年以来,广州市主城区公共停车场建设主要依靠政府财政投资,城市公共停车场单凭政府一家建设,对缓解停车位紧张作用有限,同时大量公共财政资金的投入为政府带来巨大经济负担。此外,由于广州现行的停车收费政策,公共停车场建设经营属于“亏本”生意,投资回报期过长,难以吸引社会资本参与公共停车场建设。

二、停车场管理实践及存在的问题

(一)停车场管理发展情况

广州市停车行业主管部门为广州市交通委员会(以下简称市交委),其主要职责是牵头制定全市停车发展政策,并制订停车专项规划;市国规委制定建筑物停车泊位配建标准,并组织对新配建停车泊位的规划验收;市住房城乡建设委负责建设公共停车场;市发展改革委制定停车收费标准;交警对路内停车等进行执法;各区政府负责属地停车场的建设、管理等监管工作;停车场行业协会配合制定行业经营管理规范。

（二）停车场管理政策实践

2003年，广州市出台《广州市停车场管理办法》（广州市人民政府令第6号），并于2008年对《广州市停车场管理办法》进行修订（市政府第十三届第60次常务会议同意修订），对相关行政管理部门在停车场规划、建设和管理方面的职责分工进行规定，规范从事营业性机动车停车场的经营活动，规定营业性机动车停车场的收费标准，规范营业性停车场经营者、车辆停放者行为，及违反办法规定的处罚等。

2013年3月26日，市交委印发实施《广州市机动车停车场经营管理规范》（穗交〔2013〕175号），规范机动车停车场经营行为，建立良好的车辆停放秩序。市交委制定并印发《广州市停车场行业区（县级市）交通局管理工作标准（试行）》（穗交函〔2013〕685号），对停车场开业、续期换证（资质审查）和备案管理的申请资料、办理程序以及停车场行业日常监管工作明确工作标准。市交委、市财政局和市物价局联合印发《广州市行政事业单位内部停车场对外开放鼓励办法》（穗交〔2013〕176号），鼓励行政事业单位内部停车场在优先满足单位自用车辆停放的基础上，尽量将空余车位提供给外部车辆临时停放，提高停车场的利用率。

2014年，广州市物价局印发《关于优化调整停车场差别化收费有关问题的通知》（穗价〔2014〕97号），进一步调整优化停车场差别化收费政策，调整收费差别化区域级别划分，简化停车场分类，细化各类停车场收费标准。

2015年，广东省发展改革委、广东省住房城乡建设厅印发《关于放开住宅小区、商业配套、露天停车场停车保管服务收费等有关问题的通知》,规定住宅小区机动车停放保管服务收费实行市场调节价,商场、娱乐场所、宾馆酒店、写字楼、物流园区、专业市场等配套停车场,以及政府列管停车场以外的露天停车场机动车停放保管服务收费实行市场调节价。

（三）停车场管理存在的问题

停车场管理存在的问题,主要涉及停车行政管理体制、停车收费、执法、法规体系等问题。

1. 行政管理体制问题

停车行业为多头管理,与停车相关的行政部门包括交委、交警、规划、建设、土地、价格、消防、质监、安监等多个部门,目前存在各部门之间管理不协调、监管不到位的问题,此外,停车场建设的审批单位多,审批程序烦琐,审批单位相互制约、效率低,严重影响停车场建设的正常发展。

2. 停车收费问题

停车收费的价格体系还不够完善,在政府定价方面,咪表、部分公共停车场存在利用率过低的现象,而医院、学校等周边停车场又存在供不应求的现象,这些现象表明价格体系有待进一步优化,已建成的P + R 停车场存在使用不及预期的情况。因此,有必要对停车需求进行精细化分析,从停车区域、收费时段、收费费率、泊位数量等全方面进行完善。

此外,不同停车场存在价格不协调的问题,如咪表的夜间停车费比路外停车还便宜,同一地点停车费用差异过大,导致车辆为寻找低价停车场转圈的现象发生,加剧了交通拥挤。

3. 停车执法问题

目前广州市停车执法大致分为两个部门,城市管理部门负责查处擅自改变规划配建停车场和专用停车楼使用性质影响城乡规划的违法建设行为,并对未经批准擅自占用城市道路人行道无照经营停车场的行为进行查处。公安交通部门负责查处道路违法乱停车行为,对未经批准擅自占用城市道路车行道无照经营停车场的行为进行查处。但对于人行道违法停车等行为,未有任何明确规定。另外,停车执法过程中涉及两个执法部门,存在执法标准不统一、执法资源浪费和执法主体不明确的问题。

4. 停车法规体系问题

国家尚无停车管理专项法律、行政法规(如日本的《停车场法》),广州市停车场规划建设和监督管理缺乏法律依据。《广东省道路运输管理条例》、《广州市城乡规划技术规定》和《广州市城市道路临时占用管理办法》等法规、规章,从不同角度规范广州市停车场规划建设和监督管理工作,但因缺乏停车场专项法规,未能系统、有效地缓解停车难题。

第三节　国内外城市停车场建设和管理经验借鉴

一、系统化的停车法律法规体系建设

系统化的停车法律法规体系建设,是停车场规划、建设、运营、管理合法化、合理化的重要保障,必须重视停车立法。

日本非常重视通过立法规范停车场建设和停车管理。日本于20世纪50年代出台《停车场法》,作为停车场设置、建设与管理的基本法律依据,规定大城市商业区必须规划建设停车区,大规模建筑物在新建、改建时有义务修建、配建停车场,鼓励和推广路外停车场的建设。

根据这部法律,并围绕停车场的建设和经营,日本政府还制定了一系列相应的法律与管理标准,使停车场建设遍布全国各个城市和地区。健全的停车法规体系基本涵盖了停车场建设与停车管理的全部内容,停车管理的全部活动在法律规范下有序进行,推动了停车建设和管理的发展。

韩国从20世纪80年代到现在,机动车拥有量经历了快速增长的过程,停车问题日益突出。韩国制定了《停车设施法》及其他相关法律及政策,将扩大停车位的供应与需求管理有机结合起来,取得了显著效果。

中国台湾地区有专门的“停车场法”,2001年5月30日修正,是为加强停车场的规划、设置、经营、管理,以增进交通流畅、改善交通秩序制定的“法律”。各县市又有落实“停车场法”的更详细的规定,台北市关于路内停车场、路外停车场以及建筑物附设空间均有较完善的规定,其规定健全成熟,管理思路清晰,“执法”也相当严格。[1]

二、差别化的停车供应和经济调节政策

对于停车位供应政策,应由一味的满足供给阶段向控制供给、差别化供给阶段转变,通过政策、经济条件等手段,控制中心区停车供给总量,缓解中心区交通压力。

英国伦敦是欧洲大城市中交通问题最严重的城市之一。为了解决伦敦的交通问题,伦敦市约10,000公顷的内伦敦停车地区(the Inner London Parking Area,ILPA)控制路旁停车,实施路上停车管制。从2003年5月12日起,6:00~20:00进入ILPA地区的车辆将被征收

〔1〕 参见苏奎、郑喜双、招玉华:《台北市停车场管理现状分析》,载《综合运输》2013年第10期。

通行费,同时,在居民密集的地段为居住区设置了特别停车区域,以极低的使用费提供给当地居民。

新加坡从1975年起,结合区域通行许可制度,对市中心停车进行管制。使用电子收费系统ERP对进入管制区的私人小汽车收取高额停车费(高于区外3倍),以减少进入控制区的车数,还对违章停车采取严厉的惩处。通过ERP系统直接减少了进入城市中心区的车流,控制了交通高峰期间控制中心区的车辆数量,并避免小汽车长时间占用车位,以调控和管理车流量。

德国许多城市限制汽车等交通工具进入城市中心区,设立了行人区域,只允许行人入内等措施。严格控制市中心的停车泊位数量,停车场一般设置在中心区边缘,通过这样的措施有利于城市中心经济发展与环境保护。

三、健全高效的停车管理体制机制

对停车场实施集中化管理体制,依法设立专门的停车管理机构,对停车场实行统一管理和经营,是发达国家和地区提高停车管理效率的主要做法。

美国有专门的停车管理机构,权责明确,停车管理机构负责制定建设标准、设计要点、运营管理要求,私人开发商负责建设。由于机构单一容易形成集权,所以停车管理权下放到各州和地方政府,甚至单位如大学、公司、公园等。

中国香港停车管理中,运输署、经营公司、警察三者职责明确,具有单一停车主管机构。运输署负责停车管理,统一调控路外停车场和占路停车,包括规划、制定收费价格、经营公司招标、监控等。警察部门、环境署和规划署协助运输署,工作效率较高。政府建设的公共停车场以委托协议的形式委托企业经营,承包的经营公司负责设备购置安装、管理维护，既保证了政府的工作效率，又保证了政府收入。停车执法由警察负责，既节省运输署的人力，又保证了执法效率和执法权威性。

四、市场运作与政府激励相结合的停车场建设运营模式

积极探索停车发展的新型投融资模式，吸纳社会资金，给予一定的税收优惠等政策扶持，充分发挥市场机制在交通领域中的作用，可以有效缓解政府财政投入压力，提高社会资本建设停车场的积极性。

日本一直坚持“限制路上停车场、大力发展路外停车场”的政策，制定吸引民间投资的政策措施。主要有三个方面：一是停车场的税收制度，给予民间投资在所得税、地价税、固定资产税等方面的特别优惠；二是停车场建设的补助制度，对建设公共停车场的民间企业给予停车场规划费、建设费等补助；三是融资贷款制度，实行鼓励性融资政策，简化手续，提高效率，为投资者创造一个良好的外部环境，如采取长期低息贷款方式鼓励私人停车场的建设，同时对公共停车场实行无息贷款和补贴。特别是日本对民间建设经营性停车场的停车收费实行自己管理、自行定价，只对政府投资建设的停车场和道路停车的收费标准进行控制，使民间停车场可以获得合理的经营利润，民间建设经营停车场的积极性非常高。

我国台北出台停车场建设和运营有税收和贷款两方面优惠政策。停车场营业者可申请补助减免地价税、房屋税等，降低企业的运行成本。融资贷款总额不大于停车场投资总额的70%，解决了停车场投资运行公司的资金压力。此外，台北市政府鼓励停车场投资建设的政策还包括：增加楼地板建筑面积、增加建筑允建高度、提供更多的用地取得模式等。政府鼓励停车场对外开放，不得封闭用于内部服务，否则

收回补助和奖励。[1]

中国香港鼓励停车设施民营化，其模式主要有合作、资产出售、项目运营承包和服务承包管理等。对于私人兴建的停车设施按物业进行管理，对于政府兴建并由私人公司承包的，采用“商业原则”经营。政府的多层停车库和路边停车收费咪表采取招标承包方式，政府从经营者转变为对承包者的监控者，保留对收费价格、利润率调节的控制权。政府对经营方式不乱加干涉，也不给予补贴，在利润税收政策上给予优惠。

五、合理的停车设施价格管理

依据交通状况制定累进式的动态价格调节策略，实施差别化的收费价格策略，可以有效引导居民选择合理的交通出行方式。

2008 年美国旧金山启动了“SF park”项目试点浮动价格机制，通过安装路面停车感应器，评估车位控制情况，实行新定价结构，调整停车实现按需浮动价格。[2]

日本东京中心区内，政府设立了高额的停车价格下限，规定相应的停车区域后，停车市场运营者依据中心区实际情况，制定满足自身的停车价格。东京中心区停车价格的商业化不仅促进出行者选择非自驾机动车出行，缓解中心区交通，还提高停车运营者的利润。通过制定高额的停车价格下限也使中心区的供给量提高，让运营者和消费者都得到服务保证。路上停车车位的产权归政府所有，停车费的收入也归政府，停车收费实施错时停车，分时优惠政策。

新加坡停车场地按区位不同有不同的费率，长时间停车与短时间

---

〔1〕 参见苏奎、郑喜双、招玉华：《台北市停车场管理现状分析》，载《综合运输》2013 年第 10 期。

〔2〕 参见苏奎、郑喜双、招玉华：《美国旧金山停车管理的浮动价格制分析》，载《综合运输》2014 年第 9 期。

停车区别显著。根据政府规定,新加坡停车场的停车费率不得低于标准水平,会依据停车区域、停车时段、停车时间长短的不同分别确定。计价采用累进方式,并以车位为单位对不同费率的车位课征不同等级营业税,中心区、商业区的停车收费标准高于其他地区。同一停车场,在不同时间段的收费标准也存在差别,具体表现为高峰时段收费较高,其他时段收费会递减,周末或节假日的收费较低,通过调整公营停车场的停车价格来影响中心区内的私人停车场价格。新加坡私人停车场的价格实行完全自主定价,除了能够调节中心区供给外,还能吸引停车市场的现代化。

中国香港的停车收费完全实行商业化运作,各个停车场收费标准不一,完全由市场引导的停车收费较好地反映了停车供应关系,其收费水平、计费方式等灵活多样,合理地引导了城市停车需求的数量分布和出行者出行方式的选择。

六、加大违法查处力度

严格执法,加大违法违章的处罚力度,增加违法违章成本,可以有效规范机动车驾驶员行为,减少违法违章停车现象。

日本对乱停车一直处罚严厉,日本有两种人可以对违章停车进行处罚:警察和民间监督员。对在路边停车超过 30 分钟的违章行为,会被警察罚款,罚金根据路段有所不同,一般情况下罚款 1.5 万日元。如果车被警察拖走或者锁住车轮,罚款还会增加,例如,拖车要另加费用 3 万日元,此外还要追加保管费用,所以违法停车会让车主损失巨大。从 2006 年 6 月开始,在东京道路两旁停车,只要司机不在车内,一概贴条罚款,这个业务由专业公司的“停车监视员”负责取证贴条。“停车监视员”身穿绿色制服,一般两人同行,带着相机和笔记本电脑,骑着自行车到处逛游。一旦被照相贴条,罚款高达 1.5 万日元(约合人民币 792 元)。

中国澳门警察部门对违规咪表停车执法监管到位,警察经常巡查咪表,发现停车超过准停时间一小时即视为滥泊,当即锁车,锁车 3 小时仍不见车主前来处理,违泊车辆将被拖走,这对违规泊车行为有极强的震慑力。该措施有多项好处:一是规范了群众使用咪表车位自觉缴费的行为,保障咪表泊位的良性经营发展;二是节省了用于咪表收费的大量人力成本;三是避免因人工收费产生的矛盾。

七、高技术化、精细化、信息化的停车场建设管理

建设智能化停车设施,通过动态停车信息诱导系统显示附近停车场有无泊位,进行路径引导,通过通信手段预约停车位,以充分利用现有停车泊位,通过智能停车缴费系统,可以大大节约时间,提供停车场运营效率。

日本将现代电子技术运用在停车管理中,如停车诱导和车辆导航等技术。日本的所有停车场在大街上都有醒目的停车诱导标志,自动显示停车场的空满状态、价格信息等,同时驾车者可以在网上、手机上、车载 GPS 上随时查看就近停车场的位置、价格等信息。可以实现无人值守,自助缴费。据不完全统计,目前在日本关西、关东地区的停车场自主缴费使用率达到 90% 以上,特别是小型停车场,全部无人值守,完全依靠自主缴费系统来管理。

中国台北大部分停车场是自助缴费服务的,人工收费的停车场很少,一般停车场只有 1 名值班人员,负责疏导交通、解答疑问等,不负责收费和开发票等事宜,这些全部由自助设备完成。[1]

---

〔1〕 参见苏奎、郑喜双、招玉华:《美国旧金山停车管理的浮动价格制分析》,载《综合运输》2014 年第 9 期。

八、鼓励建设立体停车库,提高土地利用率

通过建设智能化立体车库,充分利用有限的空间来增加车位数,大大缩减了停车场的占地面积,提高土地利用率。

日本国土面积小,自1959年引进了建造机械式立体停车库技术之后,到1983年,共建造了25,454座多种形式的机械式车库,平均每座能停车十辆左右,最多的能达到百辆以上。从技术特征上看,日本更重视竖式自动立体车库,即密集型自动立体停车库的发展。如今在日本,立体停车场的使用已经非常普遍。数据显示,使用立体的停车场可以比普通地下停车场增加30%左右的利用率。

新加坡推广兴建智能化多层停车楼,停车楼选址主要在远离城中心的“边缘”地带,综合利用空间率高有效地解决乱停乱放造成的交通混乱及停车位紧张的问题。停车楼管理系统能够读取各个停车位上的汽车车牌号码,输入车牌号码,电脑会立刻显示汽车停放的具体位置,比较便利。

第二章 立法过程

第一节 综 述

2016年10月,广州市人大常委会收到市人民政府提请审议的《广州市停车场建设和管理规定(草案)》。2017年4月,市人大常委会对该草案进行了一审;8月,市人大常委会对该草案二次审议稿进行了第二次审议;9月底,市人大常委会党组将该草案修改稿报送中共广州市委审核;10月底,市人大常委会对该草案修改稿进行了第三次审议;12月底,市人大常委会对该草案四次审议稿进行了第四次审议并表决通过。2018年3月,广东省第十三届人大常委会第二次会议批准通过《广州市停车场条例》,条例于2018年10月1日起正式施行。2019年11月,市人大常委会对条例进行了修正。在立法过程中,广州市人大常委会始终坚持以问题为导向,全面贯彻党的十九大精神,坚持以良法促进发展、保障善治,不断满足人民群众日益增长的对美好生活的需要。市人大常委会法制工作委员会通过发函、座谈、听证、实地调研等方式,广泛征求社会各界对法规案的建议和意见。

一是广泛征求各方意见。通过广州人大信息网、立法官方微博、微信征求广大网友的意见;发函征求了市交委、市发展改革委、市公安局、市财政局、市国土规划委、市住房城乡建设委等政府部门和市中级人民法院、市检察院、各区人大常委会和区人民政府等90多家单位的意见；分别召开13场座谈会和论证会，听取行政相对人，市、区政府有关部门，市人大代表，市政协委员，各民主党派以及立法顾问和立法咨询专家等意见。

二是组织市内、外立法调研。组织部分常委会组成人员、法制专业小组代表，先后赴越秀区、天河区、海珠区、黄埔区、番禺区针对公共停车场建设用地、机械式立体停车场建设、城市道路泊位管理等问题开展了停车场立法调研；赴深圳、杭州调研停车场专项规划、资金和用地保障、公共停车场建设、住宅小区停车场管理、城市道路泊位管理等问题。

三是召开网上立法听证会。2017年8月1日至4日，法制委员会和法制工作委员会在腾讯大粤网上举行了网上立法听证会。听证会全程在大粤网上举行，辩论环节在市人大常委会机关举行，在大粤网上同步直播。听证会分为陈述人陈述、听证人提问、陈述人现场辩论、最后陈述和主办方小结五个环节，围绕住宅停车场收费政策、专用停车场错时共享、城市道路泊位施划和管理等社会高度关注的问题进行了听证。本次立法听证会吸引了众多网友的参与，曝光量为3.69亿，点击量多达1508万，总投票数7.3万次，网友共发表评论1454条，网友对听证事项、法规草案和听证方式等提出了很好的意见和建议。全国各大媒体对本次听证会作了广泛的宣传报道，公众参与度空前，产生了很好的社会效益。

四是进行数次沟通、协调。该法规涉及市、区政府和交通、规划、国土、建设、房屋、发展改革等多个行政管理部门，涉及面广，立法难度大，法制工作委员会多次召开立法协调会，协调法规案的有关问题。在以常委会办公厅名义书面征求市政府意见的基础上，2017年8月底法制工作委员会组织召开了立法协调会，协调、解决草案二次审议稿中涉及的重大问题，市人大常委会主要领导、市政府有关领导及其有关部门负责同志、部分区政府有关负责同志参加了会议。2017 年 10 月，在该法规的三审准备工作就绪后，法制工作委员会随省发改委、市发改委相关负责同志，专门赴北京就住宅停车场收费能否实行政府指导价的问题向国家发改委价格司汇报，汇报我市住宅小区停车收费实际情况、存在问题及解决思路，争取其同意授权我市自行决定住宅小区停车收费的价格管理方式。

第二节　实地调研

为了确保法规有效管用，广州市人大常委会法制工作委员会坚持问题导向，立足本地实际，结合市政府提交的《广州市停车场建设和管理规定(草案)》(以下简称草案)，找准制约我市停车场建设和管理的关键环节和体制机制问题。同时，研究梳理全国各地停车场立法情况，分析研究与本市情况类似、可供学习借鉴的城市经验，有针对性地组织了一系列深入基层、深入省内外的实地调研。通过调研，摸清家底、找准问题、把握趋势、精准立法。

一、开展市内实地调研，全面了解本市停车场建设管理的基本情况

根据对该草案前期研究，针对广州市停车场建设和管理存在的问题，结合广州市各区的实际情况，广州市人大常委会法制工作委员会选取了越秀区、番禺区、海珠区、黄埔区、天河区等 5 个区，开展全市停车场立法调研，组织部分常委会组成人员、法制专业小组代表对公共停车场、机械式立体停车场、城市道路临时泊位等进行实地调研。

（一）越秀区调研情况

越秀区是广州市的中心城区、老城区，也是最繁华的商贸中心、古城文化旅游区、国际中央商务区，人员、车辆高度密集，停车需求旺盛。2017 年 5 月 4 日上午，市人大常委会法制工作委员会通过到越秀区人民街果菜西金融社区停车场、合银广场井式机械立体停车场、花城宾馆机械式立体停车场实地调研，并进行了座谈，了解越秀区停车场专项规划，公共停车场（尤其是利用绿地建设地下停车场）、机械式立体停车场、商业停车场、城市道路临时泊位等方面的情况，存在的主要问题及改进建议。

1. 果菜西停车场建设用地供应情况

果菜西金融社区位于广州老城区，周边停车配套设施不足，停车难问题突出。位于果菜西金融社区的北侧，有一块土地权属为越秀区房屋管理局，用地性质为公共配套绿地，占地面积约 1600 平方米，车位 85 个，主要用于广州民间金融街管理有限公司提供金融入驻机构内部使用，不对外经营。2015 年年初，在越秀区政府的组织下，为解决金融街停车难的问题，通过多部门协调，综合研究在果菜西地块建设停车场的方案，即建设地下停车场、地上钢结构停车场和深层地下智能停车库。由于果菜西停车场的原规划性质是公共配套绿地，若要改为商业用地需要业主单位向市国规部门提出申请，调整原控制性详细规划，由于广州市暂无停车场专项规划，根据现有法律法规规定，难以将绿地调整为停车场建设用地。

2. 合银广场式竖井机械立体停车场建设情况

合银广场停车场是位于广州市环市东路 370—372 号的原为平面停车场，拟改建为地下竖井式停车场。该停车场地块红线范围内长 64 米，宽 21 米，平面面积 1264 平方米。项目计划开挖直径 16 米，深

53.5 米的圆形竖井两个,竖井分 21 层,每个竖井每层可停 6 辆车,建成后可停 252 辆车。从最底层提车至地面,预计最多用时 3 分钟。该项目已于 2016 年 12 月,通过了由市住建委组织召开的合银广场南侧地下车库深度相关问题可行性论证专题会议。项目初步设计方案已通过市国规委的批前公示,并取得建设工程规划许可证。目前,项目正处在施工图纸深化设计阶段。待设计完成并通过专家论证,即可申请办理建筑工程施工许可证。规划许可证与施工许可证齐全后,便将开展项目建设施工工作。该项目为我市集约节约用地提供了一个典范,具有一定的借鉴意义。

3. 花城宾馆机械式立体停车场建设情况

花城宾馆停车场位于广州市越秀区小北路繁华地段,此路段的淘金东路附近小区的私家车有两三千辆,但停车位仅为半数,停车矛盾十分突出。为此,平时不少车主选择把车辆停在马路上,造成交通拥堵不堪。花城宾馆前院空地原来只有 8 个车位,为了节省空间,增加停车位,通过改造,改装成了立体车库。花城宾馆的四层立体车库被分成了 32 个单元,拥有 29 个停车位。与合银广场不同的是,花城广场机械式立体停车场属于简易型机械式立体停车设备,未涉及规划建设报建问题。

(二)海珠区调研情况

海珠区是广州市的老四区之一,位于市区南部,北部与荔湾区、越秀区、天河区隔江相邻,东部、西部、南部分别与黄埔区、荔湾区、番禺区相望。海珠区辖内有 18 个行政街和 265 个社区居民委员会。户籍人口约 99.81 万人,常住人口约 159.98 万人。2017 年 5 月 10 日上午,市人大常委会法制工作委员会调研组通过到海珠区盈丰路停车场、海珠交通枢纽换乘停车场实地调研,并进行了座谈,了解海珠区停车场专项规划、公共停车场选址建设、城市道路临时泊位(包括城市道路和内街内巷)管理方面的情况、存在的问题及改进建议。

1. 海珠区盈丰路停车场

盈丰路停车场位于海珠区盈丰路,于2014年12月根据《广州市路内临时停车场联合审批程序规定》(穗综治办〔2009〕28号),经属地交通、公安交警和城市道路管理等部门三方联合审批的内街内巷停车泊位。由瑞宝街社区服务中心负责管理,车位427个。收费标准:临保1.5元/半小时,12小时限价9元;月保300元。存在问题:一是道路权属界定问题,二是内街内巷管理需要进一步规范。

2. 海珠交通枢纽换乘停车场

海珠交通换乘枢纽停车场位于海珠区南洲路182号(海珠客运站内、近地铁南洲站),由市交通站场建设管理中心投资建设,面积1.26万平方米,设计停车位663个(其中机械车位643个,平面车位20个)。临保小车3元/小时,24小时最高限价18元;月保小车450元。存在问题:一是在规划上将该停车场定位为P+R换乘停车场,但是该停车场不属于城市的外围区域,在实际上发挥不了P+R功能;二是将该停车场定位为P+R换乘停车场,停车价格比较低,收不抵支;三是规划部门要求配建的泊位比较多,但由于周边多为住宅,小区自带停车位,停车需求量不多,原来设置的机械式停车位第二层基本不用,造成资源浪费。

(三)天河区调研情况

天河区位于广州市市区(老城区)东部,位于广州市新中轴线上,是广州市东进轴与南拓轴交汇点,是广州市新城市中心区,行政区域总面积约137.38平方公里,辖有21个行政街,全区户籍人口82.43万人,常住人口为150.61万人。

1. 市妇女儿童医疗中心停车场

妇女儿童医疗中心停车场位于天河区金穗路 9 号，停车场面积 6526 平方米、泊位 228 个。收费标准：8：00～19：00，6 元/小时，最高限价 18 元；19：00～次日 8：00，2 元/半小时，最高限价 10 元。妇女儿童医疗中心停车难问题较为突出，周边道路违停增多，道路拥堵较为严重。为改善妇女儿童医疗中心附近的停车难问题，广州市天河区政府牵头会同市各相关部门，采取了以下措施：一是在医院周边华强路设置咪表泊位。二是加强停车指引。在广州市妇女儿童医疗中心官网及全市挂号平台上增加附近停车资源地图，网上挂号时同步发送出行停车指引，同时在医院周边加强对附近停车资源的人工宣传指引，引导车主科学合理选择停车场停放车辆。三是落实停车诱导。组织天河区交通局对市妇女儿童医疗中心周边停车场接入广州市停车场管理系统的情况进行摸查，排除数据传输故障，协调引导周边停车场主动向市停车场行业管理系统接入停车数据，做好停车诱导信息的发布。四是在医院地下停车场设立立体机械停车位。五是医院实施差别化收费政策，减少因医院停车费用较低，吸引附近商业楼盘的车辆前来占用公共资源的情况。

2. 月岛轩停车场

月岛轩停车场位于广州市天河区花城大道 55 号（方圆月岛大厦）地下，停车场通过广州卡趴网络科技有限公司（互助停车）实行停车场运营管理、空余泊位预约、错时共享。互助停车公司 2007 年申请停车位闲时分享租用专利，2014 年成立公司运作，2015 年微信公众号、APP 上线运营，助力打造智慧城市交通系统，缓解社区及城市停车难问题。通过网络云端打通停车场孤岛管理，盘活稀缺闲置的资源实现多方共赢局面，助力停车场经营方减少人力成本、提升运营收益、提高车位价值。共享停车推广面临的问题:一是需要广州市政府出台具体的鼓励政策引导社会参与,统筹推进停车共享;二是如何平衡与小区物业的利益关系并解决安全隐患,小区物业管理与小区居民对待共享停车位的态度趋于保守;三是公司成本投入大、缺乏资本关注、行业规模分散,许多共享停车的软件都仅与各自的合作停车场签约,导致信息分散、APP 推广难度大,没有一家共享停车分时租赁平台能达到全国性的知名度与影响力。

(四)番禺区调研情况

番禺区位于广州市中南部,地处粤港澳大湾区的地理中心位置,总面积约 530 平方公里,辖 6 镇 10 街,户籍人口 88.7 万人,登记在册外来人口 127 万人,实际服务管理人口超过 300 万人。番禺各区域的小车停车位紧缺,挤占非机动车道、绿地、人行道,甚至消防通道的情况较多,尤其是住宅小区,严重影响交通通行和人身安全。2017 年 5 月 5 日上午,广州市人大常委会法制工作委员会调研组到番禺区光明南智能立体停车库和华南新城调研,了解该区机械立体停车场建设、住宅小区停车场自我管理的情况、存在的问题及改进建议。

1. 光明南智能立体停车库建设情况

光明南智能立体停车库于 2009 年建设,该停车库位于广州市番禺区,属全资国有二级企业广州市番禺交通建设投资有限公司所有,由悦和公司智能立体停车库建设与经营管理。光明南车库占地面积 100 平方米(双塔),属“垂直升降类机械式”停车设备,共分为 25 层,每层两个泊位,每个停车塔可存放 50 台辆车,共有 100 个机械式泊位。光明南车库建设成本约 1000 万元,每个泊位包括基建及机械设备等的建成成本约为 10 万元。由于当时还没有新能源车,所以车库内没有安装充电设备。光明南车库日间停车用户一般是到周边购物的市民,夜间停车主要为周边住宅小区的住户,日间停车率一般为70%,夜间停车率一般为90%。在调研过程中,悦和公司反映,在城市商业地带这样有迫切停车需求且能够承受较高停车收费的地区,垂直升降类机械式停车库相比较平面停车场具有扩大商业效益等特点,相比地下井室停车库具有工程造价低等特点,建设智能立体停车库的发展前景是比较好的,但有待政府的扶持。目前,存在用地性质、土地来源、规划报建、建设资金来源、经营收益和选址等主要问题,影响了停车产业发展速度,延缓了解决停车难问题的进程,建议重视停车产业发展,对停车设施布局进行合理规划,加快停车设施的建设进度,加强对路边违章停车的管理力度,严格处罚,制定合理的立体停车库规划设计标准,增加土地资源,研究制定优惠政策等措施促进机械式立体停车项目的发展。

2. 番禺华南新城住宅停车场基本情况

番禺华南新城位于广州番禺区番禺大桥东侧,总占地面积约210万平方米,主要建筑类别是小高层、高层,规划总居住人口约8万人,总户数2800户。由于该小区年楼盘开盘和入住于2003年,车位配套不足,小区马路上临时停靠点很多,导致道路很窄,影响小区的居民的生活质量。

(五)黄埔区调研情况

黄埔区位于广州市东部珠江北岸(入海口),是国家对外交往重要口岸,管辖面积486.17平方公里,下辖14街1镇,常住人口89.85万人。2017年5月10日下午,市人大常委会法制工作委员会调研组通过到黄埔区萝岗创业公园停车场实地调研,并进行了座谈,了解黄埔区停车场专项规划、公共停车场建设和收费、城市道路临时泊位管理方面的情况、存在的问题及改进建议。

市民广场地下停车库位于香雪大道与香雪三路交界处，紧邻区政府、市民办证中心和演艺中心，是黄埔区最大、最繁忙的停车场。该停车场为免费对外开放停车场，占地19,151平方米，共有3个车辆出入口，7个人行出入口，整体分为A、B、C三个区域，现可供停车位共约490个（A区190个、B区110个、C区190个），目前由黄埔区政府封存公车使用车位14个，其余可供市民停放车位约476个。由于该地下停车库免费对外开放，平常时间周边楼盘住户及周边单位工作人员长期将车辆停放于该停车场的车辆约200台，现停车场日常可提供停放的车位约276个。自地铁6号线开通以来，越来越多车主将车辆停放在该车场，换乘地铁前往市区，发挥了P+R的功能，但同时缺乏引导系统和车位，给前来黄埔区政府和市民办证中心办事的群众带来不便，经常出现排队进入车场的情况，并造成路面堵塞。目前，黄埔区已公开招标，拟基于区块链和5G技术的智能停车对该停车场进行智能化改造。

二、开展省内外实地调研，学习借鉴兄弟城市先进经验

根据前期广州市市内调研和问题梳理，我们发现，广州市停车难问题集中表现在停车位供给不足和城市道路临时泊位管理混乱等问题，需要迫切解决的重点问题是停车场用地供给问题及理顺城市道路临时泊位的管理问题。因此，通过对省内外城市的法规梳理，广州市人大常委会法制工作委员会选定在土地利用和科学、节约、集约用地等方面有先进经验的杭州市以及在城市道路临时泊位管理方面走在前列的深圳市作为调研、学习、借鉴的城市。

（一）深圳市城市道路临时泊位管理相关情况

深圳市于2003年和2018年分别制定和实施了《深圳市停车场规划建设和机动车停放管理条例》《深圳市机动车道路临时停放管理办

法》,规范道路临时停放运营管理,规定机动车道路临时停放由深圳市交通运输管理部门主管,并委托依法成立的管理公共事务的组织负责具体实施日常管理工作,深圳市公安机关交通管理部门负责道路停车的交通安全管理,并与深圳市交通管理事务中心签订了《委托行政执法协议书》,委托其对设置路边临时停车泊位的路段泊位内及泊位外的违章行为进行执法取证,核实后按规定进行处罚。

深圳市对城市道路临时泊位的管理采取的是政府直接监管模式。这种模式是以香港特别行政区、澳门特别行政区、深圳、南京、重庆、西安、贵阳为代表,由政府统一划设城市道路泊位和投入设备,通过电子或人工方式将停车费全额上缴财政。对不缴费等违规停车行为,香港特别行政区、澳门特别行政区和深圳是由政府执法人员进行处罚,特别是深圳按照交通违章行为由交警作出行政处罚决定,南京、重庆、西安、贵阳则由委托收缴停车费用的街道办或企业人员现场监督。

政府直接监管模式的优点:一是通过加强对不缴费等违规停车行为的执法,确保城市道路停车资源得到公平合理使用。由交警部门实施交通处罚具有威慑力,效力高,但交警部门以现有人力物力无法承担直接监管取证的工作量,因此统一委托一个路内停车管理事业组织进行执法取证很有必要,该机构可同时负责道路泊位设置和日常维护。深圳市正是采取这种做法,较大地改善了交通状况。二是保证所有收费上缴财政。当前部分群众不认同特许经营模式下路内停车为企业带来利润收益的做法。如停车费直接征缴到财政,可应对公众对于道路公共资源被用于个别企业牟利的质疑,使收费更容易被公众接受。三是通过信息科技手段实现手机银行等电子缴费,政府监管不与停车费利益挂钩,避免了管理上的腐败。同时通过网络后台监控和巡视取证,实现“不见面执法”,减少矛盾冲突。

这种模式的难点：一是必须要立法确定缴费和执法监管依据；二是建立和维持一支巡查监管队伍（路内停车管理事业组织）需要解决编制问题；三是政府财政前期设备设施建设投入大。

（二）杭州市停车场建设和管理主要经验

杭州市未制定停车场管理的地方性法规，2013年制定了政府规章《杭州市机动车停车场（库）建设和管理办法》，并遵从“以民为本”的思想，从规划、建设、管理等方面制定了综合的停车政策，力求解决停车难问题，创造了停车管理“杭州模式”。在党的领导方面，杭州市市委办公厅与杭州市政府办公厅联合出台《关于破解“停车难”问题的实施意见》等一系列文件，另外在政府投资、鼓励社会力量投资方面，杭州市政府均出台了规范性文件，形成了全社会、多方面动员的综合政策配套体系。

杭州市停车管理体制方面，杭州市交建委负责停车场建设、管理综合协调机构的日常工作和停车场建设的监督管理工作，发展改革、公安、城管、房管、规划、国土、工商、物价、环保、人防、财政等有关部门依据各自职责，协同实施停车管理。各城区政府、管委会负责所在城区、管委会内各类社会停车场项目建设协调、推进工作。

杭州市停车设施建设管理方面，制定了《关于杭州市鼓励社会力量投资建设停车场（库）实施意见》《杭州市鼓励社会力量投资建设公共停车场（库）管理暂行办法》《关于加强市区公共停车场（库）土地供应与管理的实施办法》等从土地出让模式、投融资模式及建设主体和路内停车设置准则及退出模式三方面规范和推动停车设施建设及管理。

1. 土地出让模式

杭州市规定财政性资金或国有公司投资建设的公共停车场，通过行政划拨方式供地,停车收费标准按照政府定价执行。社会力量投资(含可享受政府补助资金)建设的公共停车场(含配有商业公建的项目),通过招标、拍卖、挂牌出让方式供地,可以整体转让、出租、抵押。鼓励建设单位在符合规划的前提下,利用单位存量建设用地建设公共停车场(库)。属于出让土地的,批准土地用途不作调整,不再征收土地出让金;属于划拨土地的,土地性质可以保留划拨。零星国有建设用地受现状客观条件或特殊历史因素制约无法独立分宗或不具备单独招拍挂出让条件,但符合城市规划可以建设公共停车场的,用地单位可以向市停车场建设和管理综合协调机构提出申请,经审查批准后可以协议出让方式供地。以出让方式供地的公共停车场用地实行“净地”供应,由各区、县(市)政府或其指定的政府机构负责做地,具备净地条件并由市停车场建设和管理综合协调机构协调明确有关事项后,由相关部门按规定组织供地。

2. 投融资模式及建设主体

杭州市规定公共停车场建设采取政府投资和社会力量投资并存的模式。市停车场建设和管理综合协调机构要建立公共停车场(库)指导名录,通过公开竞争方式择优确定备选建设单位,对公共停车场(库)建设单位实行资格准入管理。投资专业公共停车场项目的社会力量单位需同时具备以下条件:(1)具有工商行政管理部门登记注册的营业执照和税务部门的税务登记证,具有独立法人资格;(2)具有一定的注册资金,对项目具有相应的承担风险能力;(3)社会力量单位自行组织项目建设的,需建立与拟投资项目建设规模相适应的专职项目建设管理队伍。专业公共停车场项目采用公开招标方式引入社会力量投资的,招标文件需明确出让的经营年限,经营权年限原则不超过40年。采用招商引资方式引入社会力量投资的,按照招商引资的有关规定执行。城市建筑工程配建停车场(库)超配部分公共停车位的新建及改、扩建由本建筑的建设单位组织实施。

3. 路内停车设置准则及退出模式

杭州市规定道路停车泊位由公安机关交通管理部门会同城市管理行政主管部门在符合本区域道路停车泊位总量控制的要求,与停车需求状况、道路通行条件和道路承载能力相适应,并满足不同的停车时段及用途需求的条件下依法设置。其他单位和个人不得擅自设置、占用或撤除道路停车泊位,不得损毁、移动、涂改道路停车泊位标志、标线和设施。已设置的道路停车泊位当遇到停车泊位对行人、车辆通行造成较大影响的,或道路周边的停车场能够满足停车需求的情况时,则需予以撤除。市公安机关交通管理部门应会同市城市管理行政主管部门每年对道路停车泊位设置情况实施评估,评估情况应及时向社会公布。

杭州市以“停车入库,还路于民”为指导,特别是在停车场建设方面,出台了各项措施鼓励停车场建设,增加土地供给,规定财政性资金或国有公司投资建设的公共停车场,通过行政划拨方式供地。这为公共停车场建设用地划拨提供了杭州模式,对广州市公益性公共停车场建设用地的落实提供了参考,同时,杭州市在利用城市道路设置临时泊位和设置机械式立体停车场方面,都值得广州市借鉴。

第三节　网上立法听证会

2017 年 8 月 1 日至 4 日,广州市人大常委会法制工作委员会在腾讯大粤网上召开了《广州市停车场建设和管理规定》网上立法听证会,为期四天。本次听证会拓宽了参与途径,创新了听证方式,全程在大粤网上举行,辩论环节在市人大常委会机关举行,在大粤网上同步直播,受到社会各界的广泛关注,吸引了众多网友参与,大大拓展了立法听证的社会影响和公众参与度,成效显著,是广州市人大常委会创新地方立法工作机制、大力推进民主立法的又一成功实践。此次听证会被《检察日报》评为2017年十大民主法治事件之一,并获得2017年广东互联网政务论坛政务传播创新奖。

一、科学确定听证事项和辩论事项

科学、合理地设定听证事项和辩论事项是成功召开听证会的前提和基础。

法制工作委员会在前期开展多次立法调研,召开数场座谈会,广泛征求各方意见的基础上,根据常委会组成人员对该法规案进行第一次审议的意见和各方意见,选择了社会公众普遍关注的三个问题作为听证事项:一是目前我市住宅区停车场的使用、管理情况如何?法规应当如何规范管理这类停车场?二是法规是否应当鼓励住宅区等专用停车场对外开放,错时共享停车?三是目前我市对特定时段、特定路段的城市道路停车泊位实行免费停放,效果如何?法规应当如何规范城市道路停车泊位的施划和管理?

现场辩论环节,根据陈述人陈述、听证人提问和网友评论等情况,将争议较大的两个问题作为辩论事项:一是在越秀区、荔湾区、海珠区等中心城区施划城市道路停车泊位是以多划满足停车需求为原则,还是以少划保障道路畅通为原则?二是住宅区机动车停放服务收费应当实行市场调节价,还是政府指导价?

二、公开征集听证陈述人

召开立法听证会的目的是全面听取以陈述人为代表的社会公众

关于听证事项和辩论事项的意见和建议，因此陈述人必须具有广泛的代表性，持不同观点，且代表不同的利益群体。

法制工作委员会于2017年7月17日至24日在广州日报、南方都市报等平面媒体和腾讯大粤网、广州市人大信息网、广州人大立法官方微博和微信等网络媒体上发布了《关于举行〈广州市停车场建设和管理规定〉网上立法听证会和公开征集听证陈述人的公告》，公布了听证事项，向社会公开征集陈述人。

公告发布后，共有158位市民报名申请作为听证陈述人。法制工作委员会按照代表性原则（尽可能考虑各个方面的代表和各种不同观点）和相对优先原则（报名先后及是否有书面意见），遴选了20位市民作为陈述人。其中，有市人大代表、市政协委员、专家学者、市民和行政管理部门、停车场行业协会、停车场企业、共享停车企业、物业服务企业等各方面的代表，确保各个利益群体都能在听证会上发声。

三、精心组织确保各方有序参与

人性化地设计网上听证平台、周密地组织安排是保障各方有序参与立法听证的关键。

法制工作委员会提前与腾讯大粤网的有关负责同志就如何进一步优化听证会的页面设计、提高网友参与的便利性和网络安全等问题进行了多次沟通和磋商。根据听证会流程，制作了便于陈述人、听证人、网友操作的听证页面，并编撰整理了介绍立法背景的专题信息摘报、听证事项说明、相关法规汇编和媒体报道等资料，放在听证会首页的显著位置供公众参阅，方便社会各界了解相关信息。为使公众更广泛、快捷地参与立法听证，本次听证会通过腾讯大粤网较强的技术支持，设置了多种方式进入报名、听证和辩论页面，公众可以轻松地进行报名、投票、留言、观看直播等。

为使陈述人深入地了解本次立法听证的有关情况，法制工作委员会专门召开了听证陈述人座谈会，详细介绍了网上听证的流程、各阶段的特点、要求以及注意事项等。并对听证事项和辩论事项的背景作了详细说明。为便于沟通，法制工作委员会专门成立了陈述人微信群，在群里及时发布信息，引导陈述人有序、深入地参与听证。确定辩论事项后，根据陈述人选择的观点，专门建立了四个微信小群，方便陈述人进行交流、沟通、精心准备辩论内容。

为保障听证会有条不紊地进行，法制委员会和法制工作委员会在网上以听证主持人的身份，引导听证会按既定程序进行，工作人员适时提醒陈述人、听证人按时参与听证会的各有关环节，还制定了听证会纪律和网络听证应急预案。

四、创新程序提升听证效果

本次听证会积极创新听证方式，将辩论环节放在市人大常委会机关现场举行，并在大粤网上同步直播，吸引了近 20 万名网友同步在线观看，创下政务听证在线人数新高，取得了良好的社会效果。听证会共分为陈述人陈述、听证人提问、陈述人辩论、陈述人最后陈述和主办方小结五个环节。

（一）陈述人陈述和听证人提问阶段

8 月 1 日至 3 日，共 3 天。20 位陈述人围绕三个听证事项充分阐述各自的观点，并积极与网友进行互动。陈述人的发言质量很高，许多陈述人的观点被各大媒体相继报道，有的陈述人的观点在网上得到广泛的支持，网上支持者达 219,873 人。有 10 位听证人在分析研究陈述人和网友的意见后，向陈述人提出住宅区停车场停放服务收费应当实行政府指导价还是市场调节价、住宅停车位的权属、夜间路边泊位应否免费等方面问题，听证陈述人逐一作了回答。

（二）陈述人辩论阶段

8月4日上午，听证陈述人在市人大机关东楼一楼大堂进行现场辩论，邀请了部分听证人和市民群众在现场观看，由腾讯公司在大粤网上同步直播，其他听证人和群众可在网上同步观看，发表评论，并参与提问。持不同观点的陈述人在辩论前，作了充分、认真的准备。辩论期间，双方展开了激烈的辩论，各抒己见、旁征博引、有理有据，向听证人全面地阐述了各自的观点和理由。广东电视台、广州电视台、广州日报、南方日报等各大媒体进行现场采访和报道。

（三）陈述人最后陈述

8月4日14时至17时。20位陈述人在前期陈述和辩论的基础上，对听证事项作了最后陈述。

（四）主办方小结

8月4日17时。法制委员会和法制工作委员会就听证会的整体情况作了小结，宣布听证会结束。

五、听证会取得的丰硕成果

据统计，自8月1日10时至4日17时，听证会页面的曝光量超过3.69亿，点击量超过1508万人次，总投票数212万次，留言总数为1454条。中央电视台《中国新闻》栏目、广东电视台、广东电台、南方电视台、广州市广播电视台、中国审计报、新华每日电讯、南方日报、南方都市报、羊城晚报、广州日报等73家媒体对本次网上立法听证会作了142篇报道，微信和微博的转发、评论数更是不计其数，广大网友、市民群众对本次网上立法听证会给予了高度评价。

听证会结束后，公众对停车场立法的讨论并未结束，仍有网友为辩论事项投票，并建言献策，陈述人也通过接受媒体采访、公开发表言论等途径继续为停车场立法建言献策，大家热切期盼法规早日出台。

六、重视听证会成果的应用

听证会结束后,法制工作委员会高度重视听证成果的应用,开展了以下工作:一是制作立法听证报告书。及时提出立法听证报告书并附上听证会所有的原始发言作为审议法规案的参阅材料印发市人大常委会会议,作为常委会组成人员审议法规案时的重要参考。二是逐条研究采纳听证陈述人和网友意见,并将采纳意见情况在网上公布。召开网上立法听证会,目的是提高立法质量,使法规有效管用,绝不能成为一场“民主秀”,因此如何处理收集到的意见至关重要,社会也普遍关注。听证会期间,共有 7.3 万名网友进行了投票,网友提出的意见和建议共 1454 条。在制定《广州市停车场条例》的过程中,法制委员会对网友提出的 1454 条意见逐条进行了研究,采纳了其中的 1338 条(这些意见有部分重复,经汇总整理后归纳概括为 20 个方面的问题),未采纳的 60 条(归纳概括为 2 个方面的问题),采纳的比例为 92%。市人大法制委员会和常委会法制工作委员会高度重视听证陈述人意见和网友投票结果,认真研究采纳听证意见,对法规案进行修改。法规出台后,将听证会意见采纳情况在腾讯大粤网和市人大信息网上予以公布。

第四节　立 法 协 调

立法协调会制度是我市人大常委会长期坚持的一项重要制度。制定每一个法规都要召开立法协调会。以往会议一般由法制工作委员会召集、主持,参加会议的有市政府法制办、法规起草单位或行政主管部门、其他各相关行政管理部门、市人大常委会对口工委、省人大常委会的对口工委和法工委的有关负责同志。《广州市停车场条例》直接关系市民群众的切身利益，涉及市、区两级政府和多个行政管理部门的工作职责，协调难度大，立法影响面广。广州市人大常委会高度重视该法规的制定工作，2017 年 8 月 23 日，常委会主要领导专门组织召开立法协调会，对涉及的重大制度、措施进行协调。市人大常委会主任陈建华、副主任余明永、秘书长陈小清，市人民政府副秘书长李红卫出席会议。省人大常委会法工委、市人大常委会法工委、市法制办、市交委、市发展改革委、市公安局、市财政局、市国土规划委、市住房城乡建设委、市环保局、市编办以及花都区、番禺区、南沙区、从化区、增城区政府等单位负责同志参加会议。

法规修改过程中，市政府各有关部门、停车场行业协会、市民群众等对停车场协调机制、公共停车场组织建设主体、停车场用地保障和鼓励措施、住宅停车场管理、城市道路泊位管理模式和收费性质等问题争议较大，立法协调会上重点对这些问题进行了研究。

一、关于停车场建设和管理委员会

草案规定市交委为我市停车场行业行政主管部门，规划行政管理部门为停车场专项规划的审查部门，建设行政管理部门负责编制公共停车场年度建设计划、政府投资的其他公共停车场的建设工作等。以上规定虽然职责明确，但是停车场问题涉及城市规划、建设、土地利用、产业化发展和管理等多个方面，涉及多个职能部门。由于各环节层层审批、程序烦琐，各部门之间政策制定角度不一，相互掣肘、互相推诿现象仍然存在，导致部门之间重大问题往往难以达成共识，难以形成合力，难以解决广州停车行业管理体制不顺的问题。

条例在一审过程中，关于是否成立停车场建设和管理委员会这一问题，有关部门持不同意见。市交委提出，市、区人民政府应当成立停车场建设和管理委员会，加强对停车管理的领导，协调有关部门做好相关工作，解决停车场规划、建设和管理工作中的重大问题。反之，市编办认为，省委省政府、市委市政府都在大力清理议事协调机构，不宜再通过立法设定议事协调机构，并且现行政府内部协调机制，秘书长协调、市长办公会议、市政府常务会议等均可以解决协调问题，没有必要再单独成立停车场建设和管理委员会。

经过协调，各部门同意不设立停车场建设和管理委员会，但条例应当明确各部门具体职责，确保停车场规划、建设、管理等各项工作均有相关部门具体负责。

二、关于控制本市燃油机动车保有量

为缓解交通拥堵、改善城市大气环境，我市于 2012 年 7 月 1 日开始试行中小客车总量调控管理，经 1 年试行后，于 2013 年 7 月 1 日正式印发实施了《广州市中小客车总量调控管理办法》，有效期 5 年，将于 2018 年 6 月 30 日到期。2016 年新修订的《大气污染防治法》第 50 条规定，“国家倡导低碳、环保出行，根据城市规划合理控制燃油机动车保有量，大力发展城市公共交通，提高公共交通出行比例”，为中小客车总量调控管理的政府规章提供了立法依据。目前我国已有 8 个省采取了机动车总量调控的措施，其中浙江、安徽、上海、深圳 4 个省、市分别在道路交通安全管理、大气污染防治等方面的地方性法规中作了明确规定。

为增强广州市政策措施的连续性，缓解机动车停放供需矛盾，提升空气质量，市法制办、市交委和市环保局建议通过制定或者修改地方性法规明确授权市政府可以控制机动车保有量，市交委认为通过修订《广州市大气污染防治规定》增加该规定，从内容而言，可以有效衔接，但市环保局近期才启动该法规的修订工作，待该法规出台需要一段时间，限牌工作无法有效衔接，建议在停车场立法时一并解决该问题。

法制工作委员会认为，《大气污染防治法》已为我市合理控制燃油机动车保有量提供了立法依据，根据《立法法》第 82 条第 1 款关于“省、自治区、直辖市和设区的市、自治州的人民政府，可以根据法律、行政法规和本省、自治区、直辖市的地方性法规，制定规章”的规定，市政府可以根据《大气污染防治法》的规定制定控制燃油机动车保有量方面的规章，规章到期，可予以延期。将这一内容在《广州市停车场条例》中规范，与其他条文内容不协调，建议不作规定。

经协调，最终决定在本条例中不对控制本市燃油机动车保有量作出规定，建议经过调研论证，摸清情况后再由市政府出台相关规章或者规范性文件。

三、关于公共停车场建设主体

草案规定城市交通枢纽和城市轨道交通换乘站的配套驻车换乘公共停车场由市交通行政主管部门负责组织建设，其他政府投资的公共停车场由市住房和建设部门负责组织建设。

在征求意见过程中，市住建委和市交委对公共停车场建设主体存在较大争议。市住建委认为，根据市住建委“新三定”职责（2015 年），市住建委没有组织实施停车场建设、管理的职能。市交委作为停车场行业主管部门，按照“建管合一”的原则，应当由其统一负责公共停车场的建设和管理。市交委认为，公共停车场作为公共建筑项目，根据 2010 年确定的市住建委“三定”职责，该停车场的建设由市住建委负责。目前我市正在推进的广大路、浔峰山等公共停车场建设仍由市住建委组织实施。2016 年 7 月市人民政府召开停车场立法协调会，对于公共停车场建设职责，会议要求市编办就此事项向市法制办提交职责界定意见。会后,市编办致函市法制办,明确该项职责仍由市建设部门承担。此外,关于城市交通枢纽配套公共停车场,实践中是根据土地出让合同等规划条件由主体工程建设单位负责建设。据此,建议法规规定市建设行政管理部门应当组织建设政府投资的独立建设的公共停车场。

经协调,考虑近十年我市未建成一处独立建设的公共停车场,我市公共停车场数量严重不足,立法有必要明确政府组织建设独立建设的公共停车场的责任。市住建委作为公共设施建设部门,应承担此类停车场的组织建设工作。城市交通枢纽配建的公共停车场则由市交委负责组织相关单位建设。

四、关于城市道路泊位管理问题

草案明确城市道路泊位实行"政府直接监管+购买社会服务"的管理模式;城市道路泊位使用费全额上缴财政,实行收支两条线管理;对违反道路泊位管理秩序行为,在泊位允许停放的时段外停放车辆的,由公安交警负责执法;对不缴纳泊位使用费、越泊位标线停车或者不按允许的车辆类型停放车辆的,由市政府确定的泊位管理单位负责执法处罚。

市法制办、市交委等部门提出,城市道路泊位使用费是依法行使公共管理职能的单位对城市道路泊位这一公共资源实行特定管理的收费,根据1992年出台的《广东省行政事业性收费管理条例》第3条关于"行政性收费是国家行政机关和依法行使行政管理职权的单位对社会实行特定管理,按照国家法律、法规或本条例规定的收费"的规定,我市法规可以将城市道路泊位使用费确定为行政事业性收费。重庆、深圳、西安和南京等地已这样操作。为加强对不缴纳城市道路泊位使用费等违规行为的监管,确保城市道路停车资源得到公平合理使用和保证所有泊位使用费上缴财政,政府草案就是以城市道路泊位使用费属于行政事业性收费作为前提,设定了相应的管理模式。鉴于在法规草案起草阶段,《广东省行政事业性收费管理条例》还未作修改,根据该法规第 6 条的规定所列法律、法规和规范性文件规定需地方人民政府确定具体收费标准的,省业务主管部门或市人民政府提出,经省物价部门会同省有关部门审核后,报省人民政府审批。若将城市道路泊位使用费作为行政事业性收费,该费用的收费标准须经省物价等部门审核,并报省政府批准,程序烦琐,因此在政府草案中未直接明确这一内容。2017 年 7 月 27 日省人大常委会出台了《广东省人民代表大会常务委员会关于在广州、深圳市调整实施本省有关地方性法规规定的决定》,对《广东省行政事业性收费管理条例》第 8 条作了调整,将省价格主管部门审核、省人民政府审批行政事业性收费项目和标准,调整为广州、深圳市价格主管部门审核、市人民政府审批。据此,市政府有权将城市道路泊位使用费由之前的经营性服务收费调整为行政事业性收费,通过立法明确这一内容。如果不将城市道路泊位使用费作为行政事业性收费,而作为经营服务性收费,则要对法规案第四章关于城市道路泊位管理模式的规定作较大修改,又要回复到原来的管理模式,会带来一系列的问题,造成不良的社会影响。

市发改委认为,《珠江三角洲地区改革发展规划纲要(2008—2020 年)》提出推进行政事业性收费改革,减少收费项目,率先在珠江三角洲地区实行审批管理“零收费”制度的要求。中央和地方正在清理各项行政事业性收费,出台了停征和免征行政事业性收费的文件。如果将城市道路泊位使用费作为行政事业性收费,则与该文件的要求不一致,建议不要纳入行政事业性收费。

2017 年 8 月 21 日下午,市政府办公厅召集市政府各有关部门协调了城市道路泊位使用费是否作为行政事业性收费的问题，与会部门一致同意将城市道路泊位使用费作为行政事业性收费。

法制工作委员会认为，城市道路泊位使用费是依法行使公共管理职能的单位对城市道路泊位实行特定管理的收费，且省人大常委会2017年修改了《广东省行政事业性收费管理条例》的规定，将行政事业性收费标准的审核、批准权下放我市，据此建议，参考深圳、西安等地做法，在法规中将其明确为行政事业性收费。目前，我市外围五区中的花都区、番禺区、从化区均采取特许经营的方式进行管理，增城区和南沙区未实行收费管理。按照草案规定，外围五区的交通部门可另行制定道路泊位规划、设置和管理的具体办法，即可以实行与中心六区不同的管理模式，我市对城市道路泊位的管理，不同区域管理方式不同，势必会出现管理的乱象。因此，有必要适当统一我市城市道路泊位的管理模式。建议规定中心六区城市道路泊位的设置规划的编制由市交委负责，其收费、管理和处罚由市人民政府确定的具有公共管理职能的单位负责，外围五区城市道路泊位的设置规划的编制由所在地的区交通行政主管部门负责，其收费、管理和处罚由区政府确定的具有公共管理职能的单位负责。对于在法规实施前，市、区政府已将城市道路泊位经营权转让，法规实施后转让合同期限未届满的，明确合同双方应当依法解决。由城市道路泊位经营企业继续经营的，城市道路泊位经营企业应当遵守法规的有关规定。转让合同期限届满后，规定市、区政府应当收回城市道路泊位经营权，按照本条例第四章的有关规定实施管理。2019年，省人大常委会修改了《广东省行政事业性收费管理条例》，根据该条例第七条关于设立行政事业性收费项目的依据的规定，广州市已无权在地方性法规中设定行政事业性收费项目。为此，广州市人大常委会对《广州市停车场条例》进行了修正，删去了条例第四十六条第一款关于城市道路泊位使用费属于行政事业性收费的规定，将其纳入国有资源有偿使用收入进行管理。

五、关于住宅区停车场收费问题

草案规定市价格行政管理部门应当根据国家和本省有关规定，对实行市场调节价管理但市场竞争不充分、交易双方地位不对等的住宅停车场以及其他停车场通过制定相应议价规则、价格行为规范和指南，合理引导停车场经营者定价行为，维护市场正常价格秩序。

目前住宅区停车场收费的现状是：2015 年，省发改委、住房城乡建设厅出台《关于放开住宅小区、商业配套、露天停车场停车保管服务收费等有关问题的通知》（粤发改价格〔2015〕483 号），规定全省放开住宅小区、商业配套、露天停车场停车保管服务收费。该政策发布后，我市多个住宅小区车位租金大幅提升，引发住宅区业主与开发商、物业服务公司纠纷，报纸、电视、网络等媒体纷纷报道，已成为社会关注的焦点问题。住宅区停车场收费是实行市场调节价，还是实行政府指导价，法制工作委员会听取了市政府有关部门、行政相对人、市停车场协会等多方意见，并将该问题作为网上立法听证会的辩论事项之一，广泛听取市民群众的意见。市住建委、市发改委等部门和广大网友（听证会上 66% 的网友支持实行政府指导价）认为，应当实行政府指导价。《中华人民共和国价格法》规定与国民经济发展和人民生活关系重大的极少数商品价格、资源稀缺的少数商品价格、自然垄断经营的商品价格、重要的公用事业价格和重要的公益性服务价格，政府在必要时可以实行政府指导价或者政府定价。政府指导价、政府定价的定价权限和具体适用范围，以中央的和地方的定价目录为依据。住宅区内的停车位属住宅区配套设施，具有垄断性、稀缺性、民生性等特征。目前，住宅区停车收费虽未纳入政府定价目录，但省发改委正在征求对《广东省定价目录(修订稿)》的意见,对具有自然垄断经营和公益性特征的机动车停放设施服务收费标准,拟授权市、县人民政府定价,同时指出“住宅小区机动车停放服务收费原则上实行市场调节价,市人民政府认为确有必要的可纳入政府定价”。近期,市发改委已就我市住宅区停车收费拟实行政府指导价向国家、省发改委作了汇报,国家、省发改委认可这一做法。因此,近期我市可自行决定是否将住宅区机动车停放服务费纳入政府定价目录,实行政府指导价。

对住宅停车场的机动车停放服务收费是否长期实行政府指导价,未形成一致意见。有意见认为,《价格法》和中央文件的要求是坚持以市场化为改革方向,充分激发市场活力,政府不应当过多干预。住宅停车场收费实行市场调节价是发展趋势,只是现阶段还不具备相应的条件,即未成立业主大会的住宅区,业主不具备与停车场经营者议价的能力,因此建议规定在业主大会成立前,住宅区机动车停放服务收费实行政府指导价;业主大会成立后,由业主大会或者其授权的业主委员会与停车设施经营者、车位产权所有者协商确定收费标准。同时,鉴于业主大会或者其授权的业主委员会与停车场经营者、车位产权所有者议价的能力较弱,规定市价格部门应当通过制定议价规则,合理引导停车场经营者价格行为,维护市场正常价格秩序,在法律责任中对停车场经营者不按照议价规则制定或者调整收费标准的,设定相应的行政处罚。市住建委不认同这一意见,认为根据业主大会成立与否来决定实行政府指导价或者市场调节价不妥,业主大会成立后,业主大会或者其授权的业主委员会仍不具备与停车场经营者议价的能力,为有效解决目前住宅业主与开发商、物业服务公司在停车收费方面的纠纷,建议统一实行政府指导价。

开发商、物业服务企业和市停车场协会以及部分网友(听证会上

34%网友支持实行市场调节价）认为，应当实行市场调节价。《价格法》第三条规定国家实行并逐步完善宏观经济调控下主要由市场形成价格的机制。价格的制定应当符合价值规律，大多数商品和服务价格实行市场调节价，极少数商品和服务价格实行政府指导价或者政府定价。《物权法》第七十四条规定建筑区划内，规划用于停放汽车的车位、车库的归属，由当事人通过出售、附赠或者出租等方式约定。作为住宅区车位的产权人，无论是开发商还是车位业主都有出租定价权，政府是无权定价的。价格放开近两年来，中心城区价格上涨，是实行政府指导价的13年后市场反弹的结果，有需求就有市场，这是市场经济规律决定的。车位停车费定价受建设经营成本、市场供求、竞争状况、社会承受能力、服务水平等因素影响，需要权衡的方面众多。一方面，过低的政府指导价可能导致开发商不愿意多建车位，而小车不断增多，造成供需矛盾尖锐；另一方面，过高的政府指导价会引起公众不满。

法制工作委员会认为，《价格法》规定政府在必要时可以实行政府指导价或者政府定价。目前，我市住宅区停车收费问题已成为社会关注的热点、焦点问题，必须妥善处理该问题。住宅区内的停车位属住宅区配套设施，具有垄断性、稀缺性、民生性等特征，且省发改委正在对《广东省定价目录》进行修改，拟规定住宅小区机动车停放服务收费原则上实行市场调节价，市人民政府认为确有必要的可纳入政府定价，国家发改委也认可了这一做法，这是我市地方立法的最佳时机。我市有20%多的住宅区成立了业主大会，若规定业主大会成立后，由业主大会或者其授权的业主委员会与停车设施经营者、车位产权所有者协商确定收费标准，估计这部分业主大会或者其授权的业主委员会仍不具备与停车场经营者进行议价的能力，这将无法有效解决这一问题。因此,为切实有效解决该问题,建议统一实行政府指导价。

六、关于停车场建设用地供给问题

草案规定城市交通枢纽和城市轨道交通换乘站的配套驻车换乘公共停车场是城市市政公用基础设施,建设用地实行划拨供地。

市交委、市发改委、市住建委等认为,我市公共停车场建设严重滞后,主要原因在于用地问题难以解决,并缺乏管用的吸引社会力量投资建设的政策措施。以浔峰山公共停车场为例,由于停车场的建设用地迟迟不能解决,导致建设停滞多年。只有解决用地问题和明确鼓励社会力量投资建设的措施,才能从根本上解决我市公共停车场严重不足的问题。建议在法规中增加这些内容。

法制工作委员会与市国规委、市发改委、市财政局等多个部门进行沟通、协调后,认为有必要在法规中增加相应的内容:一是针对不同情形,采用列举的方式明确公共停车场的土地供应方式;二是对单独选址开发地下空间资源建设公共停车场的,规划、建设等部门应当按照鼓励建设的原则,简化审批程序;三是采用列举的方式明确鼓励社会力量投资建设公共停车场的措施,具体的鼓励办法授权市政府制定;四是明确鼓励建设机械式立体停车场的内容。

第三章　立法设计

第一节　立法思路和基本制度

目前,广州市正处于快速机动化进程中,与发达国家的大城市相比,虽然汽车拥有率并不高,但是小汽车总量较大,因此在汽车普及化的初期阶段,亟待明确停车发展的指导思想、发展目标和总体思路。城市动态交通与静态交通是相互影响、相互约束的关系。一方面,市民私人小汽车出行需求增长,必然会带来停车需求的增长,从而引起停车难问题;另一方面,停车供给增加,停车的便利性也将增强,势必吸引更多机动车出行,从而加剧城市交通拥堵问题。当前广州市交通拥堵日益严重,实施交通需求管理已是刻不容缓。由于城市用地开发强度大,难以从根本上充分满足停车需求,广州市已明确将公共交通作为中心城区和通勤出行的主要方式,提供多样化的交通服务,引导人们的出行行为,减少特定地区的停车需求,保持与用地发展协调的适度供需平衡,才是适应城市停车发展的可行之路,也是建设资源节约型、环境友好型社会,实现可持续发展的必由之路。

城市停车发展政策的制定应当以提升城市整体交通效率和城市总体功能为目标,我市停车场规划和建设的总体思路是:坚持以建设工程配建停车场为主,独立建设停车场为辅,临时停车场和城市道路临时泊位为补充的原则,综合考虑城市功能分区的区位特征、用地属性和公共交通发展等状况,合理测算停车需求,采用差别化的停车供给方式,使停车场建设和公共交通设置,即静态交通和动态交通形成有效衔接,以大交通的思路来考虑停车场建设和管理的有关问题。本次立法主要按照这个思路,来制定《广州市停车场条例》,市政府报送的法规案名称为《广州市停车场建设和管理规定(草案)》。在法规制定过程中,市人大常委会认为本法规不仅规范停车场的建设和管理,还规范停车场规划使用等方面的内容,且目前国家、省尚未出台同主题的法律法规,因此将法规名称修改为《广州市停车场条例》。该法规共六章六十八条,明确规定停车场的规划和建设以及各类停车场使用和管理等内容。主要就以下几个方面作了规范。

一、明确市区政府及其有关部门职责

《广州市停车场条例》对公共停车场、专用停车场、临时停车场和城市道路临时泊位四大类停车场作了规范,涉及市、区人民政府、镇人民政府、街道办事处等职责,涉及交通、国土、规划、房屋、建设、公安、价格、财政、工商、质量技术监督、工业和信息化等几十项政府职能工作。立法时,经过多次调研和论证,我们深深地感受到,为有效缓解停车难、治理停车乱等突出社会问题,努力满足人民群众日益增长的对美好生活的需要,必须要强化、落实政府责任,明确和细化有关部门的职责。目前,《广州市停车场条例》有关市、区政府及其有关部门的职责规定和相关法律责任规定近四十条,占条文总数的一半以上,大大强化了政府责任和义务。如第 3 条明确了市交通行政主管部门的十项职责;第 4 条明确了区交通行政主管部门的六项职责;第 5 条明确了公安、价格、国土、规划、房屋、建设等有关行政管理部门的相关职责;第 7 条明确市、区政府应当将政府建设和管理停车场、扶持社会力量建设公共停车场等所需经费列入本级财政预算;第 13 条明确市交通主管部门应当组织编制停车场专项规划,为推动该项工作的开展,同时明确市交委要向社会公布首次编制的停车场专项规划应当在本条例实施之日起两年内;第 19 条规定市规划部门应当依法制定建设项目停车位配建指标,并定期对该指标进行评估调整等。

二、规范停车位配建指标和建设要求

本市停车场以建设项目配建停车场为主,独立建设停车场为辅,临时停车场和城市道路临时泊位为补充。因此,建设项目的停车位配建指标制定是否科学,是否按照配建指标建设停车场,直接影响能否有效缓解停车供给与需求的矛盾。据此,《广州市停车场条例》对建设项目配建停车场作了如下规定:一是细化停车位配建指标的制定原则和调整要求,第 19 条规定建设项目停车位配建指标制定的原则、调整的时限和程序要求;二是规范配建停车场的建设要求,第 20 条规定,建设工程应当按照建设项目停车位配建指标配建停车场。

需要说明的是,建设项目停车位配建指标对于商住一体的建设项目,一般会明确住宅和商业停车位的配建比例。但实践中存在开发商任意调整住宅停车场与商用停车位比例的情况。住宅小区业主和商业设施业主有不同的停车需求,若不明确住宅、商业车位的管理要求,将会造成开发商、停车场经营者、住宅业主、商业设施业主等各方面的矛盾和纠纷。为此,《广州市停车场条例》规定,一是规划行政部门在核发建设工程规划许可证和办理规划核实时,应当同步审核配建的停车场是否符合建设项目停车位配建指标的要求;不符合建设项目停车位配建指标要求的,不予核发建设工程规划验收合格证。二是建设单位租售商住一体建设项目配建停车位的,应当在租售方案中明示配建住宅停车位的数量和具体位置。三是商住一体建设项目的停车场,经营者应当公布商业、住宅停车位的配建标准，并在配建停车位的显著位置标明属于商业或者住宅停车位的明显标识。

三、强化公共停车场的规划、建设和管理

公共停车场是城市停车设施的重要组成部分，合理规划、建设公共停车场对调整出行方式、引导公众绿色出行等具有重要意义。广州市现有公共停车场数量少、规模小、系统性较差，难以充分发挥其在城市停车格局中应有的作用。为有效解决这一问题，《广州市停车场条例》规定，一是明确公共停车场建设用地使用权的供应方式。第 15 条第 3 款规定，市、区人民政府应当在储备土地中确定一定数量的用地用于公共停车场建设。第 16 条规定，政府全额投资的公共停车场，可以通过划拨方式供地。二是鼓励利用地下空间建设公共停车场。第 17 条规定，鼓励单位或者个人利用道路、广场、绿地、人防工程等地下空间开发建设公共停车场，行政管理部门应当简化审批程序。三是鼓励社会力量投资建设公共停车场。第 18 条规定，市、区人民政府对社会力量投资建设公共停车场的，可以给予适当的资金支持；在不改变用地性质、不减少停车泊位的前提下，可以配建一定比例的附属商业设施；新建项目同步建设地下公共停车场和已建项目需要扩建地下公共停车场的，地下停车库的面积不计入容积率。四是明确政府投资的独立建设的公共停车场的组织建设主体和政府全额投资的独立建设的公共停车场的管理主体。第 15 条规定，城市交通枢纽配建的公共停车场由市交通行政主管部门负责组织相关单位建设，其他政府投资的独立建设的公共停车场和临时停车场由市建设行政管理部门负责组织相关单位建设。第 27 条规定，交通行政主管部门负责管理政府全额投资的独立建设的公共停车场和临时停车场，并应当提供电子收费方式。

四、鼓励建设机械式立体停车设备

安装机械式立体停车设备是实现节约集约化用地的有效方式，是缓解我市停车难问题的有效途径。但由于安装机械式立体停车设备涉及规划许可、施工许可、特种设备管理、消防、不动产登记等多个部门的审批管理，程序烦琐，报建条件严格，投资者的积极性未被充分激发出来，难以大规模应用推广。为解决这些问题，《广州市停车场条例》明确规定，一是简化审批程序，准予办理确权登记手续。第 23 条规定，建设机械式立体停车设备的，国土、规划等行政管理部门应当简化审批程序，符合不动产登记要求的，可以按照其实际用地范围和不动产登记的有关规定办理确权登记手续。二是明确免予申领建设工程规划许可证的情形。第 24 条规定，在现有停车库内部安装机械式立体停车设备的，建设单位无须申领建设工程规划许可证。在室外安装机械式立体停车设备的，建设单位应当按照市人民政府制定的安装机械式立体停车设备具体办法的要求进行操作。三是强化安装机械式立体停车场的管理要求。第 25 条规定，安装机械式立体停车设备，应当符合用地、建筑等相关要求和技术标准，确保结构、消防和通行安全等。交通、规划、质量技术监督等行政管理部门和街道办事处、镇人民政府应当加强辖区内在住宅区安装机械式立体停车设备工作的指导和协调。

五、规范住宅停车收费和管理

目前，广州市住宅停车场存在的主要问题包括商住一体建筑车位管理混乱、临时停车位乱划乱设、车位只售不租、车位未优先出租给业主停放、业主乱停车影响社区公共秩序、物业公司单方面涨停车费等。为解决这些问题，《广州市停车场条例》作了相应的制度设计。

一是明确商住一体建设项目配建的住宅停车位的管理要求，有效解决这类停车位管理混乱等问题。第 20 条规定，规划部门在办理规划核实时,应当审核商住一体建设项目配建的住宅停车位的具体位置;建设单位租售商住一体建设项目配建停车位的,应当在租售方案中明确标示配建住宅停车位的数量和具体位置。第 31 条第 2 项规定,商住一体建设项目的停车场,经营者应当公布商业、住宅停车位的配建标准,并在配建停车位的显著位置标明属于商业或者住宅停车位的明显标识。

二是明确临时停车场的设置程序,有效解决乱划乱设停车位的问题。第 22 条第 2 款规定,住宅区配建的停车场不能满足业主停车需求的,经专有部分占建筑物总面积过半数的业主且占总人数过半数的业主同意,可以利用建筑区划内业主共有部分设置临时停车场。第 55 条第 6 款规定,未经法定程序,擅自利用建筑区划内业主共有部分设置临时停车场的,由房屋行政管理部门依照《物业管理条例》的有关规定予以处罚。

三是明确禁止建设单位只售不租,要求出售、出租应当首先满足业主的需要。第 34 条第 1 款规定,住宅车位、车库尚未出售的,建设单位应当予以出租;住宅停车车位、车库出售、出租的,应当首先满足业主的需要。第 61 条规定,未将尚未出售的车位、车库出租,或者车位、车库出售、出租未首先满足业主需要的,由房屋行政管理部门责令限期改正。逾期不改正的,处以十万元以上五十万元以下罚款,并纳入本市公共信用信息管理系统。

四是明确住宅停车场实行协商议价,禁止未经协商擅自定价、提价的行为。2015 年广州市住宅小区停车收费实行市场调节价管理后,持续出现以下现象:住宅小区停车经营企业未与业主(车主)进行协商约定,擅自提高停车收费标准,涨幅甚至达到 500%;部分停车场经营者没有通过业主“双过半”同意,擅自对共有产权车位调价。停车场经营者自行涨价，造成部分业主、车主不满，发生争执、拉横幅抗议、堵塞小区等事件，增加社会不稳定因素。

立法过程中，2017 年 8 月 1 日至 4 日召开网上立法听证会，专门就“住宅停车场应当实行政府指导价还是市场调节价”这一问题进行了听证，支持实行政府指导价的网友有 1,022,956 人次，占该辩题投票人次的 66%，支持实行市场调节价的有 526,433 人次，占该辩题投票人次的 34%。法制工作委员会积极与国家发改委、广东省发改委和广州市发改委进行沟通，期望在《广州市停车场条例》中明确住宅停车场的机动车停放服务收费实行政府指导价管理，广东省发改委、广州市发改委同意法制工作委员会的意见。2017 年 8 月，广东省发改委在修订《广东省定价目录》时，拟授权广州市自行决定住宅小区停车收费的价格管理方式，但国家发改委不同意广东省发改委的这一做法。市人大常委会认为，住宅小区内规划用于机动车停放的车位、车库属于住宅配套设施，具有稀缺性、垄断性和不可选择性等特征，住宅小区机动车停放服务价格不具备竞争条件，有必要实行政府指导价管理。为回应我市广大市民群众的关注和期盼，一方面，需要对目前住宅停车收费行为进行规制；另一方面，也有必要为住宅停放服务收费实行政府指导价预留空间。据此，《广州市停车场条例》第 8 条第 3 款规定，市价格行政管理部门应当会同有关部门制定住宅停车场议价规则，经市政府批准后公布。对住宅停车场的价格行为进行规范，并明确住宅停车收费纳入地方定价目录时，实行政府指导价管理。第 34 条第 2 款规定，未依照住宅停车场议价规则进行协商议价的，建设单位、停车场经营者不得制定、提高机动车停放服务收费标准。所在地的街道办事处、镇人民政府应当对协商过程进行指导和协调。价格行政管理部门应当对未依法协商议价，擅自制定、提高机动车停放服务收费标准的行为进行查处。第 34 条第 3 款规定,利用住宅建筑区划内业主共有部分设置临时停车场的,机动车停放服务收费标准应当经专有部分占建筑物总面积过半数的业主且占总人数过半数的业主同意。临时停车场所得收益应当主要用于补充专项维修资金,或者按照业主大会的决定使用。第 61 条第 2 款规定,未按照规定制定、提高机动车停放服务收费标准的,由价格行政管理部门责令限期改正;逾期不改正的,处以十万元以上五十万元以下罚款,并纳入本市公共信用信息管理系统。

五是加强停车规范管理,禁止乱停乱放。第 32 条规定,机动车停放者应当按照规定有序停车,不得以私设地桩地锁等形式违规占用人行道、消防通道、无障碍设施通道等设施。停车场经营者对违法停车行为应当予以劝阻;对不听劝阻的,可以要求立即驶离停车场或者拒绝提供停车服务,并依法报告相关行政管理部门;影响治安管理秩序或者涉嫌消防违法的,应当及时报告公安机关依法处理。

六、严格管理城市道路临时泊位

此前,我市中心城区道路临时泊位实行特许经营管理,特许经营公司为追求利益最大化,频频出现随意多划泊位、压缩泊位规格、压线停放、车位长租、乱收费等行为,市民群众极为不满。为解决这些问题,《广州市停车场条例》设置专章,对城市道路临时泊位从规划、施划、管理、收费等多个方面进行了制度设计,逐步取消城区道路临时泊位“特许经营”,改为“政府直接监管”模式,城市道路临时泊位由政府统一规划、设置收费和管理。具体规定有:

一是实行城市道路临时泊位设置规划管理。第 38 条至第 42 条要求交通行政主管部门编制城市道路临时泊位设置规划,并详细规定了编制和调整设置规划的主体、内容、要求和程序等。二是明确城市道路临时泊位的管理主体和职责。第 44 条规定中心六区城市道路临时泊位由市交通行政主管部门负责管理,外围五区城市道路临时泊位由所在区交通行政主管部门负责管理。三是明确城市道路临时泊位的收费管理。第46条规定城市道路临时泊位使用费属于行政事业性收费,实行收支两条线管理。第8条第2款规定城市道路临时泊位实行累进式加价的阶梯式收费标准,通过经济手段,鼓励短时停车、快停快走,减少路边停车对城市交通的影响。四是规定城市道路临时泊位使用人的义务,明确相关法律责任。第48条规定,城市道路临时泊位使用人应当遵守停放时段、停放车辆类型、停放方向、停车缴费等方面的要求。第63条规定,违反停车义务性要求的,由交通行政主管部门或者公安交通行政管理部门进行处罚。

第二节　停车场的界定与分类规则

城市停车设施是城市综合交通体系的重要组成部分。科学、合理的停车场分类规则是制定和确立城市停车发展战略和政策体系的基础,是指导停车设施建设、规划、运营和管理的保障。改善城市停车状况、实现城市停车科学发展,需要理顺各类停车设施之间的关系,合理配置各类停车设施资源,科学制定各类停车设施管理政策,形成合理的停车供给结构。

一、停车场的界定

停车场是指供各种车辆(包括机动车和非机动车)停放的场所。《广州市停车场条例》所称停车场是指供机动车停放的场所,包括公共停车场、专用停车场、临时停车场和城市道路临时泊位。

停车场除具有停放车辆功能外,还表现出以下几方面的基本特征。

(1)具备能存放车辆的设备和设施,包括车辆进出口通道、防火、给排水、通风和照明等设施。

(2)具备管理停放车辆的机构和设施,如管理室、控制室、休息室和监测室等。

(3)必须具备安全性,充分考虑车辆交通流线与行人交通流线的合理设计,避免交通事故的发生。

(4)形式多样化,如地面停车场、地上停车楼、地下停车库以及机械式立体停车库等各种形式,大小规模也不一。

二、停车场分类

1. 国外停车场的分类

(1)美国的停车设施分类

美国的停车设施分为路上(边)停车设施(On-street Parking)和路外停车设施(Off-street Parking)两大类,每一类又细分为不同的小类,具体分类情况如图 3－2－1 所示。

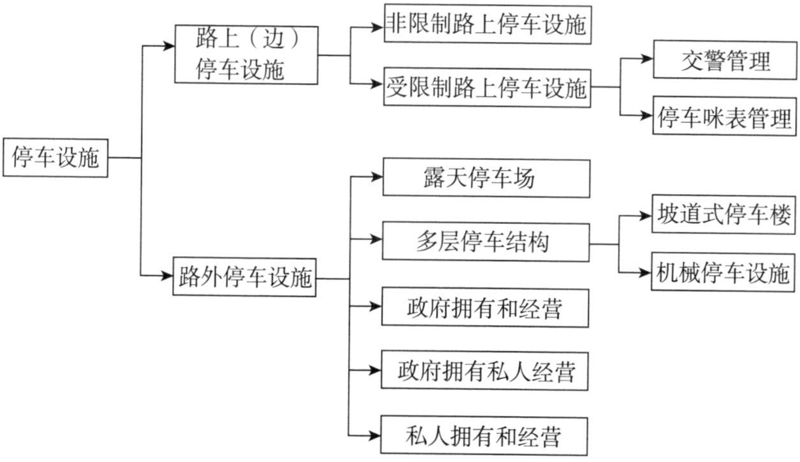

图 3－2－1　美国停车设施分类

(2)日本停车设施分类

根据日本的《停车场法》,可将停车场按用途和性质分为路上停车场和路外停车场两大类,如图3-2-2所示。

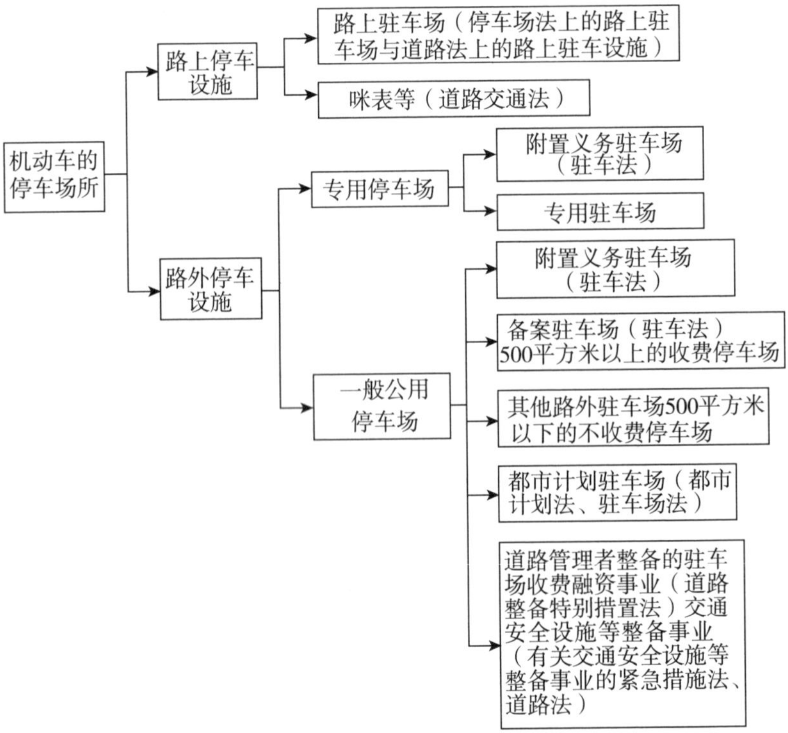

图3-2-2　日本停车设施分类

①都市计划驻车场:指根据城市规划,对大量停车需求且供一般公众停车停放而建设的公用停车场,由地方公共团体根据城市规划决定设置,并确保长期有效,作为城市基础设施来建设。公用停车场在城市规划中不划设专门的停车场用地,基本设于道路、公园或学校地下。

②附置义务驻车场:指在停车场建设区内或商业区及靠近商业区

内,新建大型建筑物(建筑面积在2000平方米以上的建筑物)在其附属范围内履行义务建设的停车场,对于需要停车泊位的建筑物,即使面积不足2000平方米,也必须建设停车场。《停车场法》规定,因建筑物建设而产生的停车需求,应由建筑物本身来承担,地方公共团体的停车场条例也规定了新建或改建的建筑物有配建建设停车场的义务,据此设置的停车场成为配建义务驻车场。

③备案驻车场:指在城市停车建设区内,征收停车费用且停车场面积在500平方米以上,《停车场法》规定须向都、道、府、县的知事提出申请的停车场,又称申报停车场或注册停车场。

2. 广州市以往停车场的分类及存在问题

以往广州市停车场类型主要划分为建筑物配建停车场、社会公共停车场和路内停车场以及露天临时停车场。

(1)建筑物配建停车场[1]

建筑物配建停车场是大型公用设施或是建筑配套建设的停车场所,主要为与该设施业务活动相关的出行者提供停车服务。建筑物主要包括住宅、商业、办公、宾馆、文化、体育、医院、学校、景点、工业仓储等。配建停车场服务对象包括主体建筑的停车以及主体建筑所吸引的外来车辆。

(2)社会公共停车场

社会公共停车场是为从事各种活动的出行者提供公共停车服务的停车场所,服务范围最大,通常设置在城市商业活动中心、城市出入口以及公共交通换乘枢纽附近。主要包括换乘停车场、专业停车场、

〔1〕 参见李杰:《城市停车设施规划研究》,西安建筑科技大学2006年硕士学位论文。

交通枢纽停车场等。

(3)路内停车场[1]

路内停车场是指在城市道路红线范围内的两侧或一侧,划出若干带状路面供车辆停放的场所。路内停车场车辆存取方便,但是对城市机动车和非机动车交通的干扰较大,因此要求除去停车带以外,必须保留足够的道路宽度供车辆通行,并且仅限于短时车辆的停放。主要包括咪表和内街内巷停车。

(4)露天临时停车场

利用待建土地、临时空闲场地设施的露天、临时的停车场。

广州市以往的停车场分类较为粗略,尤其对建筑物配建停车场和社会公共停车场的界定较为笼统,其实二者在停车服务的对象上既有不同,又有交叉。

①配建停车场泊位建设的标推是依据主体建筑所产生的停车需求,但其泊位同时也承担了一部分由于主体建筑的吸引而产生的外来停车,因此配建停车场在一定程度上具有社会公共停车场的作用,如各类商业中心配建的停车场。[2]

②配建停车场的建设通常以城市大型公用建筑为依托,对于那些没有停车设施或早期配建泊位严重不足的公用建筑,其产生的停车需求只能由社会公共停车场来承担。因此二者不能从服务对象上进行严格的界定和划分。

---

〔1〕 参见李杰:《城市停车设施规划研究》,西安建筑科技大学2006年硕士学位论文。

〔2〕 参见李杰:《城市停车设施规划研究》,西安建筑科技大学2006年硕士学位论文。

3. 停车场的分类

为便于研究、统计和分析，结合国家的相关规定，国内城市分别从建筑类型、收费方式、是否为机械式、用地性质、开放类型以及服务对象等角度全面、系统地划分停车场的类型。

(1) 按建筑类型划分

可以划分为地面停车场、地下停车库和地上停车楼。

①地面停车场：指道路范围以外专辟的供车辆停放的空地或广场，主要由出入口通道、停车坪和其他附属设施组成。

②地下停车库：指建在地下具有一层或多层的停车场所。结合城市规划和人防工程设施，在不同地区的公园、绿地、道路、广场及建筑物下面修建地下停车库。

③地上停车楼：指专门为停放车辆而修建的固定建筑物或利用大型建筑物顶面作为车辆停放的场所。

(2) 按收费方式划分

可以划分为免费停车场、收费停车场。

①免费停车场：提供免费停车服务，主要是大型商业、饭店宾馆等配套的停车场。

②收费停车场：收取一定额度停车费用的停车场。一般有两种收费方式，计时收费和不计时收费，前者是每车收费随停车时间长短而变化，后者无论停车时间的长短，每车收费的标准相同。

(3) 按是否为机械式划分

可以划分为自走式停车库(场)、半机械式停车库(场)、机械式停车库(场)。

①自走式停车库(场)：指在车库内建有行车道，由人开车出入停车库(场)。

②半机械式停车库(场):指人在室内通过车道将车开到指定位置,然后采用机械设备运送到指定停车区域,机械设备是类似于普通仓库的货架。

③机械式停车库(场):采用机械式停车设备存取停放车辆的停车库(场)。

机械式停车库(场)可以分为以下几种:

升降横移类:停车位为两层或多层,有若干层的同层置车板可左右横向移位,通过升降机构改变置车板的高度。可为地上式或带地坑式。

垂直循环类:通过传动机械,驱使以垂直方式排列的各置车板作连续环形运动。车辆出入口位于停车设备最下面的称为下出入口式,位于中间部分的称为中出入口式,位于最上面的称为上出入口式。可为封闭式高塔或敞开式低塔。

垂直升降类:停放车辆的停车位和车辆升降机以立体方式组成的高层停车设备。通过搬运机械将车辆或载有车辆的置车板横向或纵向地从车辆升降机搬运至停车位。停车位分横置式、纵置式和圆周式三种。

简易升降类:停车位为两层或三层,通过升降机构或俯仰机构改变置车板的高度或倾斜角度,供车辆出入。可为地上式或带地坑式。

水平循环类:各置车板以两列或多列方式水平排列,并循环移动。置车板以圆弧运动方式循环者称为圆形循环式;以直线运动方式循环者称为箱形循环式。车辆入库方式有两种:一种是车辆直接驶入停车设备内的置车板;另一种是与设置在出入口的车辆升降机配合使用。

多层循环式:各置车板以两层或多层方式排列,在相邻两层间的两端设有车辆升降机，同层置车板可在该层内作水平循环移动。置车板在设备两端以圆弧运动方式升降者称为圆形循环式，以垂直运动方式升降者称为箱形循环式。车辆入库方式与水平循环相同。

平面移动类：在同一层面上，用搬运台车平面移动车辆，或使置车板平面横移。可为单层平面横移、单层（多层）平面往返以及门式起重机多层平移。

巷道堆垛类：采用巷道堆垛机和搬运器，将进到搬运器上的车辆一起作平面移动且垂直升降到停车位旁，再用存取机构将车辆送入停车位。

（4）按用地性质划分

可以划分为独立建设停车场（库）、配建停车场、临时停车场、路内停车泊位。

①独立建设停车场（库）：指按照规划独立建设，并向社会开放的停放机动车的场所。

②配建停车场：指为公共建筑、居住区配套建设的停放机动车的场所。

③临时停车场：利用待建土地、临时空闲场地设置的停车场。

④路内停车泊位：指在道路用地控制线（红线）以内一侧或两侧划定停车泊位供车辆停放，具体可以细分为路侧停车场和路上停车场。路侧停车场通常占用机动车道或非机动车道，并在其上面施划出停车泊位供车辆停靠；路上停车场是指在人行道、绿化带或者高架桥下等非通行道路处，但又属于道路红线内部区域施划出来的停车泊位。

（5）按服务对象划分

可以划分为居住，行政办公，其他办公，商业，商住混合，学校，医院，体育场，科技馆、博物馆、图书馆，会议中心，展览馆，工业，风景公园、主题公园,交通枢纽(火车站、飞机场、客运站),P+R换乘停车场,其他。

(6)按开放类型划分

可以划分为全部开放,部分开放,不开放。

4.《广州市停车场条例》关于停车场分类的解读

《广州市停车场条例》中对停车场主要提出了公共停车场、配建停车场、专用停车场、临时停车场和城市道路临时停车泊位、住宅停车场等几种类型,具体是从不同的划分方式提出的概念。

公共停车场是指在城市道路外,为社会公众提供停车服务的场所,包括独立建设的公共停车场和建设工程配建的作为公共服务设施的公共停车场。主要是按照服务的对象是否为社会公众进行划分。在条例中具体包括按照规划独立建设并向社会开放的政府投资、社会投资的公共停车场,在工业、商业、旅游、娱乐等经营性用地内建设公共停车场,城市交通枢纽配建的公共停车场,单位或者个人利用道路、广场、绿地、人防工程等资源的地下空间开发建设公共停车场等几种类型和情况。

配建停车场是指城市公共建筑和居民区配套建设的停车场,主要为与建筑和居住区业务、生活活动相关的驾车人提供停车服务。按照用地类型进行划分。通常由建筑物业主负责建设与管理,其规模由规划行政管理部门通过《城市建筑物配建停车场(库)设置标准》来控制。

专用停车场是指在城市道路外,为特定对象提供停车服务的场所,包括住宅、机关、企业和事业单位停车场等。按照服务对象和是否对外开放进行划分。

临时停车场是指在城市道路外,利用待建土地、存量建设用地、建筑区划内业主共有部分等设置的短期内供机动车停放的场所。按照用地类型进行划分。

城市道路临时泊位,是指利用政府管理的城市道路设置的供机动车临时停放的场所。

住宅停车场,是指住宅建筑区划内的所有机动车停车位。按照服务对象和用地类型进行划分。

第三节　停车行政管理体制机制

城市停车在规划、建设、运营和管理各环节的相关体制机制是停车管理制度的重要内容,关系各项制度、政策能否得到充分有效的落实,能否发挥其应有的作用。总体而言,国外许多城市在停车规划、建设、运营、管理等方面较为重视综合、多层次协调管理,管理体制相对集中、统一,国内城市由于政府机构职能设置的条块分割等原因,停车管理较为分散,停车管理职权分散在多个部门,不利于对城市静态交通的统一管理,也不利于整合城市的动态交通和静态交通。

一、立法前停车管理体制及问题

(一)管理体制机制

广州市以往停车行业主管部门为市交委,主要职责是牵头制定全市停车发展政策,并制订停车专项规划;国规委制定建筑物停车泊位配建标准,并组织对新配建停车泊位的规划验收;市住房城乡建设委负责公共停车场建设;发展改革委制定停车收费标准;交警对路内停车等进行执法;各区政府负责属地内停车场的建设、管理等监管工作;

停车场行业协会配合制定行业经营管理规范。

各部门在停车场管理工作中的职责分工如表3－3－1、图3－3－1所示。

表3－3－1　广州市停车管理机构职责分工[1]

管理单位	工作职责
市交委	行业主管部门,指导、监督各区交通局开展停车场规范经营监管工作。
市国规委	结合城市管理要求,定期优化新建建筑物停车泊位配建标准;做好新配建停车泊位规划及验收工作。
市住建委	组织推进公共停车场的建设实施,完善房地产项目停车泊位(车库)租售管理政策,严格组织实施。
市工商局	负责停车场经营的工商登记工作,对未经批准擅自无照经营路外停车场的行为进行查处。
市发展改革委	负责停车场收费管理(制定全市停车收费标准政策,指导、监督属地价格部门做好经营性停车场明码标价、规范收费监管工作),查处违法收费行为。
市城管委(城管综合执法局)	查处擅自改变规划配建停车场和专用停车楼使用性质,影响城乡规划的违法建设行为。
市公安局交警支队	配合做好路内停车场规范设置和管理工作,依法查处道路违法乱停车行为,对未经批准擅自占用城市道路车行道无照经营停车场的行为进行查处。
各区政府	组织本辖区各职能部门具体落实停车场建设、管理和日常监管工作,打击和查处各类停车场违法违规经营行为。
市停车场行业协会	落实行业自律管理,配合制定行业经营管理规范,组织开展从业人员培训。

〔1〕 参见《广州市停车管理政策研究》,广州市交通运输研究所,2016年。

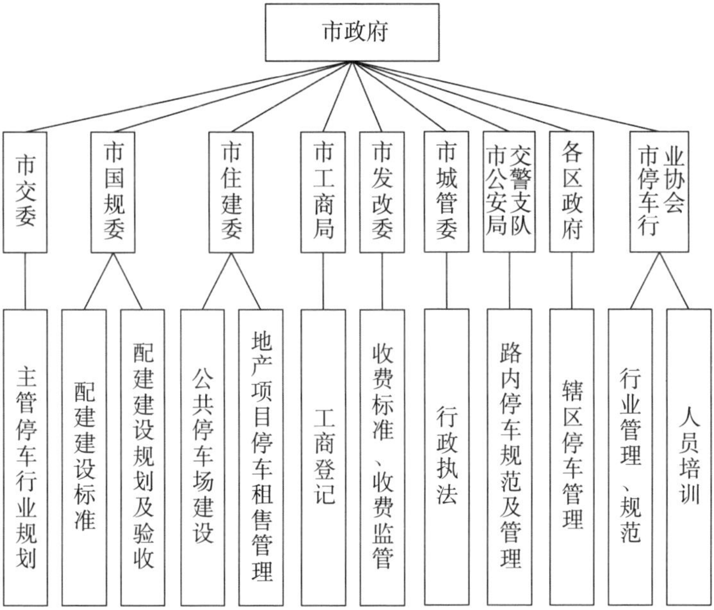

图 3－3－1 广州市停车管理机构示意

(二)存在问题

广州市以往的停车管理机构众多,各管理部门权责不清,管理职能尚未理顺,主要存在以下问题。

1. 管理部门众多,缺少统一的管理主体

广州市以往停车管理涉及的部门众多,缺少一个统一的管理机构,导致管理效率低下,难以真正形成统一合力。交通主管部门为停车场主管单位,并制定行业规划和发展政策,但是与城市停车设施密切相关的建筑物配建标准制定、公共停车场建设、停车场收费标准制定、停车执法却分别由规划部门、建设部门、发改部门和公安交通部门、城管部门等负责。建筑物配建停车位和公共停车设施约占城市停车设施总量的98%左右,配建停车设施和公共停车设施建设直接影响整个城市的停车设施供应水平,而配建标准的制定和公共停车设施建设政策的制定又直接影响这两类停车设施的建设。不同主管单位制定不同停车设施类型的建设标准和政策,难以从整个城市停车以及城市交通发展的层面考虑问题,从而导致城市停车发展战略和思路不统一,城市动态交通与静态交通无法平衡,最终体现在停车设施规划、建设、管理等相互出现偏差,城市停车发展难以有效形成合力,停车难题无法得到缓解。因此,需要建立一个城市停车管理主体,负责城市停车设施规划、建设、管理、政策制定等全面工作,并与城市交通管理部门协作,平衡动静态交通,与城市交通形成良性互动。

2. 职能部门之间缺乏长效协调机制

城市停车设施的规划、建设、运营等全过程涉及多个城市职能部门,目前城市停车主管部门与其他职能部门之间缺乏长效的协调机制,停车设施从建设到最终运营的过程中,需要协调多个部门,导致工作效率较低。另外,停车设施作为城市基础设施的一部分,在城市停车的发展需要与城市发展相适应,特别是与城市规划、城市土地利用、城市建设、城市执法等多方面动态协调,确保停车发展在总体上与城市发展保持一致,更好地为城市发展服务。从这个层面上看,也需要城市停车主管部门与相关职能部门之间建立长效的协调机制,确保城市停车平稳、可持续发展。

3. 停车执法主体不明确

目前广州市停车执法大致分为两个部门,城市管理部门负责查处擅自改变规划配建停车场和专用停车楼使用性质影响城乡规划的违法建设行为;对未经批准擅自占用城市道路人行道无照经营停车场的行为进行查处;公安交通部门负责查处道路违法乱停车行为,对未经批准擅自占用城市道路车行道无照经营停车场的行为进行查处。但对于人行道违法停车等行为,并未有任何明确规定。另外,停车执法过程中涉及两个执法部门,存在执法标准不统一、执法资源浪费和主体不明确的问题。

4. 缺少专门的停车管理法律法规

我国尚没有专门的停车场法,各地方政府出台了一些停车场管理办法等规章,在《广州市停车场条例》出台前,广州也出台了停车场管理办法等相关规定,但对于停车场管理机构以及各机构的职权并未明确规定,导致停车设施建设、管理严重滞后,停车执法的法律效力和法律地位明显不足,在执法过程中处于弱势地位。同时,也没有法律对停车执法人员的权利义务、法定职责以及履职范围等问题作出明确规定,使停车执法人员的执法缺乏明确的法律依据。

二、《广州市停车场条例》关于停车管理体制的规定与解读

(一)横向管理体制

停车场管理属于地方性事务,中央及地方各省尚未制定相关的法律、法规,因此停车场管理体制机制的设计主要结合本市的停车场行业发展和管理实际进行规定。关于停车场管理工作职责的划分,首先需要确定主管部门,由主管部门组织实施《广州市停车场条例》。目前,根据"三定"方案,广州市停车场监督管理工作是由交通行政主管部门具体负责,[1] 因此,停车场管理工作的主管部门为交通行政主管部门。

《广州市停车场条例》第 3 条明确了市交通行政主管部门的具体职责。首先,由交通行政主管部门负责组织编制、实施停车场专项规划和城市道路临时泊位设置规划,充分考虑了停车交通作为城市交通

〔1〕 交通行政主管部门负责道路运输、道路运输服务业、公共汽车电车客运、出租汽车客运、轮渡、停车场、汽车租赁、物流业的监督管理和公路、城市道路路政管理(城市道路的人行道及相关公共场地的挖掘、占道审批许可除外,下同),负责城市轨道交通的运营管理,组织制定相关政策、运营规范并监督实施,监督执行相关准入制度、技术标准,组织实施交通综合行政执法工作。

的一个子系统，有利于从交通系统整体上进行宏观把握，提升停车交通管理在城市交通管理中的地位和作用，促进城市交通各个子系统之间的有机衔接和协调。其次，由交通行政主管部门组织相关单位建设城市交通枢纽配建的公共停车场则主要是从交通枢纽一体化管理的角度统筹考虑，避免出现交通枢纽内部各类交通设施多头管理，提升交通枢纽运转效率。最后，根据2016年国家发改委《加快城市停车场建设近期工作要点与任务分工》通知要求，从行业管理的角度，为加强管理，摸清各类停车场的分布和使用情况，掌握全市的停车场资源情况，了解供需矛盾，推动广州市停车场行业管理的效率和服务能力，交通行政主管部门应当定期开展停车场资源普查工作，构建全市停车资源数据库，并将资源普查情况作为编制停车场专项规划的依据，同时为智慧停车行业的监管打好基础，向市民提供查询和引导停车服务。

此外，交通行政主管部门对停车场经营者、机动车停放者的管理手段有限，为加强管理，作为行业主管部门，有必要建立停车场经营者、机动车停放者信用记录，并规定部门之间对停车场信息实现共享。该条还明确了政府全额投资的独立建设的公共停车场组织建设主体为市交通行政主管部门；临时停车场和城市道路临时泊位的日常管理主体、停车场行业协会指导工作管理主体为市交通行政主管部门。

除了主管部门之外，想要做好停车场管理工作，还需要其他政府职能部门的合作协同，如违法停车行为（包括城市道路违法停车）的执法管理属于公安机关的职责，机动车停放服务收费管理工作属于价格行政管理部门的职责等。因此，《广州市停车场条例》第6条主要根据广州市部门“三定”方案明确的各行政管理部门的职责，对相关行政管理部门在停车场规划、建设和管理方面的职责分工的规定，重点明确了公安机关、价格部门等的具体职责。

(二)纵向管理体制

在广州,纵向行政管理体制主要包括市、区、镇(街道)三个层级。《广州市停车场条例》第4条规定了区交通行政主管部门在停车场管理工作中的主要职责是负责本行政区内停车场的日常管理工作。同时考虑在开展机动车停放的管理、停车资源调查和宣传教育等方面街道办事处以及镇人民政府可以做到网格化管理,人手更足,更易于组织开展,第6条规定了街道办事处、镇人民政府的具体职责为协助区交通行政主管部门开展对本辖区域内机动车停放、管理的工作,做好本辖区内机动车停放的管理、停车资源调查和宣传教育等工作,指导居民委员会、村民委员会、业主委员会等开展停车场的管理和服务工作。

三、国内外城市停车管理体制机制

(一)国内城市停车管理体制机制

据统计,我国内地城市停车行业负责停车政策制定和牵头管理的主管部门大致可分为四类,从主管部门的设置也可以看出这些城市对停车管理定位的思路。(1)交通委(局):主管部门是交通委、交通运输局等单位,如北京、上海、广州、成都、昆明、深圳等城市。(2)公安交通管理局(交警总队/支队):主管部门是公安交通管理部门,如天津、郑州、太原、济南、沈阳、哈尔滨、合肥、宁波、长沙、贵州、兰州、南宁、福州等城市。(3)城管局(市政局):主管部门是城管或市政市容等单位,如重庆、石家庄、长春、南京、杭州、武汉、海口、乌鲁木齐等城市。(4)建委(建设局):主管部门是建委或建设局,如西安、厦门等城市。[1]

---

〔1〕 参见贺崇明:《城市停车规划研究与应用》,中国建筑工业出版社2006年版,第37页。

1. 北京

目前,北京市涉及停车管理的政府职能部门有十多个,其中直接相关的有 7 个,包括交通行业主管部门、停车主管部门、发展改革主管部门、规划主管部门、建设主管部门和公安交通主管部门,如图 3 -3 -2 所示。其中,配建停车由规划建设部门负责;公共停车场设施建设管理由北京交通委运输管理局负责,并在各区县市政管委会备案;停车价格由市发展改革委制定;违法经营由城管进行查处;确定收取占道停车费的企业由各区县市政管委(或交通委)负责;路内停车位施划和路内违法停车查处由公安交通管理部门负责。(见图 3 -3 -2)

总体来说,内地其他城市和北京一样,停车管理处于比较分散的状态,缺乏统一的权威机构为解决停车问题提供强有力的政策措施保障。

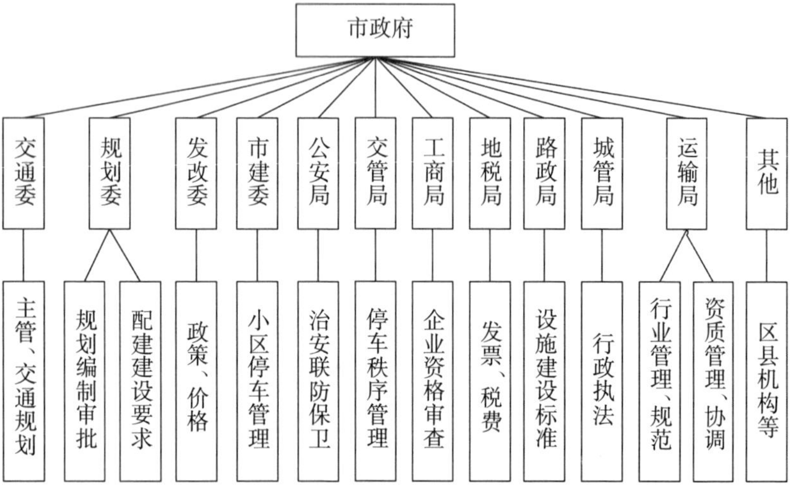

图 3 -3 -2　北京市停车管理机构示意

2. 香港特别行政区

我国香港特别行政区停车管理机构是运输署,统一负责停车宏观管理,包括制订停车发展规划、制定收费价格、对日常维护单位进行监管等,每隔数年运输署便会进行全港停车位需求研究,根据停车位供求情况,运输署还会相应地要求增加或减少建筑物配套停车位的比例。

我国香港特别行政区的路内执法监管是警务署负责,由交通警察和交通督导员对违章停车进行抄牌,赋予交通督导员协助交通警务人员维持交通秩序及执行违法停车的权利,在停车执法过程中起到了重要作用。此外,我国香港特别行政区《道路交通规例》专门对在私家道路上停车有具体详尽的规定,如果是在住宅区自用道路上违停,则由专门的物业管理公司负责,物业管理公司的保安员有权把该车锁上或者拖走。2011 年 12 月 15 日,环境保护署还出台了停车熄火规定。根据这项规定,司机停车后 60 分钟内,所驾驶车辆引擎运作不能超过 3 分钟,违者将被罚款 320 港元。也就是说,司机有需要停车,应该及时将车熄火,以免造成额外的环境污染。对政府建设的公共停车场,运输署以委托协议的形式委托企业经营,既保证了政府的工作效率又保证了政府的收入,警察负责停车执法既节省运输署的人力,又保证执法效率和执法的权威性。

(二)国外停车管理体制机制〔1〕

1. 日本

日本停车场的建设、经营和管理在有关法律中均作出了明确的规定,其中涉及停车管理的机构及具体职能如下。

(1)日本警察署:①负责制定《机动车保管场所之确保法》、《车库法》和《道路交通法》,经政府批准后,由各城市警察署实施。②购车者

〔1〕 参见贺崇明:《城市停车规划研究与应用》,中国建筑工业出版社 2006 年版,第 30 页。

自备停车位也是向当地警察署提交申请,交通安全协会(民间社团)派人现场调查后将调查结果报警察署,警察署依据调查结果签署证明书,购车者以此证明书及其他证件,才能申请汽车牌照。③负责有关停车的执法管理,其中,纠正违章停车由警察署以招投标方式委托民间机构实施。

(2)日本建设省:①负责制定《停车场法》,经政府批准后由各城市建设主管部门实施。其中,路内停车的规划与建设因占用城市道路,须听取当地警察署的意见。②停车场行业由建设省统一管理,行业协会有立体停车场工业会和装配式停车场工业会等。从管理机构及其职能可以看出,日本停车管理权限职责分明,法律依据明确,如图3－3－3所示。各部门既明确分工,又相互配合,从而保障了停车有法、有序。

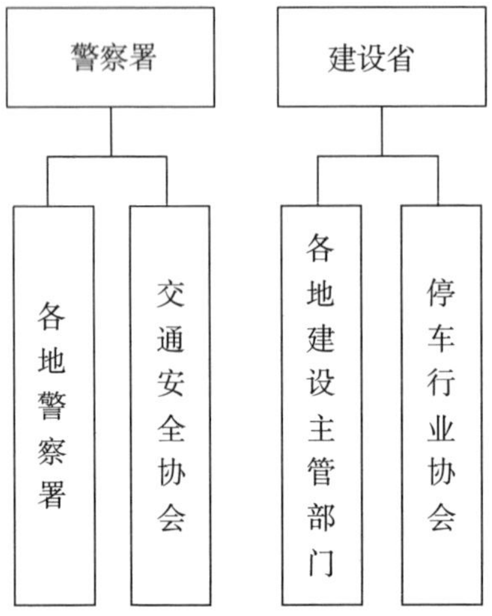

图3－3－3 日本停车管理机构

2. 美国

美国不同地区、不同州、市都拥有各自的法律、机构设置权力。但总体来说,各类管理机构的体系结构基本大同小异。如美国哥伦比亚特区,在交通部门内设立该区唯一的停车管理机构——停车管理局,在该局下设若干科室,如图 3 –3 –4 所示。该停车管理机构的特点是:职权明确,按停车涉及的各项内容设置科室,职责分级明确,停车业务和执法分开,能够相互制约。但同时,管理机构权力过大,需要完善的公务员制度和监督约束机制。美国西雅图市的停车则由警察局的停车执法员执行,该停车执法机构于 1973 年从市财政局移交出来。

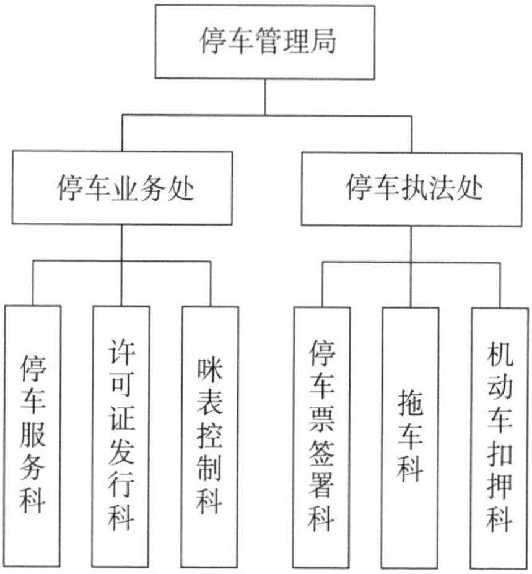

图 3 –3 –4　美国哥伦比亚地区停车管理局机构示意

3. 英国

英国停车管理部门主要由“交通警察”和“当地政府委员会”两个部门负责。在《道路交通法案》(1991 年)(Road Traffic Act 1991)颁布以前,几乎所有的停车违章均由交通警察负责,而且违章停车被认为是刑事犯罪,由刑事法庭进行裁决。但是 1991 年实施的《道路交通法案》对违章停车管理进行了改革,具体来说,停车管理的大部分权限由交通警察向当地政府转移,停车违章不再被认定是刑事犯罪,而被作为驾驶人与其所属的当地政府委员会的民事纠纷,由民事法庭进行裁决。如20世纪60年代,伦敦市就成立了由政府有关部门联合组成的“伦敦停车管理委员会”,该机构具有强制性的权力,包括停车规划、停车政策、停车建设和管理等各方面的职能。

按照职责和执法主体不同,英国的停车执法人员主要分为三类:交通警察、交通管理员和停车管理员。交通警察主要负责与交通违法有关的停车行为,如超速、酒后驾车、故意破坏停车咪表等;交通管理员一般受交通警察局的雇佣,负责查处道路红线内和公交专用车道内的占道违法行为;由当地政府委员会雇用的停车管理员,负责停车场内、校园或其他道路上的停车违章。通常做法是政府委员会和某个或某几个公司签订合同,由公司代替政府委员会具体雇用和管理停车管理员。因此,在英国的停车违章基本上是指停车管理员所属的职权范围,与我国由交通警察负责处理停车违章的状况有明显区别。

(三)国内外停车管理体制特点

根据上述国内外停车管理体制的分析,可以看出,以美国和欧洲等西方城市为代表的停车管理将权限分配给一个现有的部门(多为职能强大的城市交通部门)的框架之下,成立专门的停车管理机构对城市静态交通进行管理。该部门不仅负责停车法律的制定,还负责路内、路外停车设施的分布规划,由警察负责执法。这种管理体制有利于在战略、规划和管理等多个方面整合城市的动态交通和静态交通。而我国部分城市的停车管理模式,在战略、规划和管理的每个层面都涉及多个政府机构,而且不同类型的停车场管理也涉及不同的部门。这种体制不利于对城市静态交通的统一管理,也不利于整合城市的动态交通和静态交通,各类管理体制的特点如表3-

3 – 2 所示。西方城市的停车管理模式有其一定的优势，但由于我国政府机构职能设置的条块分割等原因，不适合完全照搬西方城市的停车管理模式。〔1〕

表 3 – 3 – 2　部分国家和地区（城市）停车管理体制特点〔2〕

国家和地区（城市）	主管机构	管理机构特点
日本	警察署、建设省	管理权限职责分明，法律依据明确；各部门既明确分工，又互相配合；充分发挥行业协会的作用。
美国哥伦比亚特区	停车管理局	职责明确，按停车涉及的各项内容设置科室；职责分级明确，停车业务和执法分开，相互制约；管理机构权力过大，需要完善的公务员制度和监督约束机制。
英国伦敦	伦敦停车管理委员会	主管机构具有强制性的权利，执法机构权责明确。
中国香港	运输署	单一停车主管机构：运输署负责停车管理，警察部门、环境署和规划署协助运输署工作；工作效率高：对政府建设的公共停车场以委托协议形式委托企业经营，既保证了政府的工作效率又保证了政府的收入；停车执行法交由警察部门负责，既节省运输署的人力，又保证执法效率和执法的权威性。
中国北京	多个部门	行业管理、职能管理和层级管理相结合；缺乏统一的权威机构；部门职能交叉，工作协调难度大。

〔1〕参见贺崇明：《城市停车规划研究与应用》，中国建筑工业出版社 2006 年版，第 41 页。

〔2〕参见贺崇明：《城市停车规划研究与应用》，中国建筑工业出版社 2006 年版，第 42 页。

第四节　停车收费机制

停车收费机制是《广州市停车场条例》制定过程中讨论最多的话题之一，特别是住宅小区停车收费机制问题，关系广大业主小区停车刚性需求，受到社会的广泛关注。

一、国家及省相关政策规定

2015年12月，国家发展改革委联合住房和城乡建设部及交通运输部发布《关于进一步完善机动车停放服务收费政策的指导意见》（发改价格〔2015〕2975号）提出，“建立完善主要由市场决定价格的机动车停放服务收费形成机制，逐步缩小政府定价管理范围，进一步健全政府定价规则，加强市场价格监管，积极发挥价格杠杆对供需关系的调节作用，促进停车设施建设，提高停车资源利用效率”。

该意见要求，“健全主要由市场决定价格的停车服务收费形成机制、推进政府定价管理制度化科学化”。市场定价机制——谁建谁收费，鼓励PPP。[1] 社会资本全额投资新建停车设施服务收费标准由经营者依法自主制定，创新政府与社会资本合作建设停车设施服务收费管理方式。政府定价机制规范价格管理，缩小定价范围，规范政府定价行为。对具有自然垄断经营和公益性特征的停车设施服务收费，需要实行政府定价管理的，要纳入地方定价目录。

---

〔1〕 Public-Private Partnership，又称PPP模式，即政府和社会资本合作，是公共基础设施中的一种项目运作模式。在该模式下，鼓励私营企业、民营资本与政府进行合作，参与公共基础设施的建设。

同时,该意见要求“加快推行差别化收费”。差别化机制——分区、分类、分时。根据停车供需差异、路网分布、公交水平、交通拥堵等,按照不同区域实行级差收费;路内高于路外,适当扩大路内、路外停车设施之间的收费标准差距;拥堵时段高于空闲时段,推行超过一定停放时间累进式加价的阶梯式收费。

在配套监管措施方面,该意见要求“推进收支信息公开”。对向停车泊位收取的城市占道费、经营权有偿使用费等,收取单位要公开相关收支信息,主动接受社会监督。对公益性停车服务设施,要积极研究探索由经营者通过网站等渠道公布收入、资金使用等信息的办法。

2017 年 5 月,广东省发展改革委、广东省住房和城乡建设厅和广东省交通运输厅根据《关于进一步完善机动车停放服务收费政策的指导意见》(发改价格〔2015〕2975 号)、中共广东省委广东省人民政府《关于推进价格机制改革的实施意见》(粤发〔2016〕16 号)等制定《关于进一步完善机动车停放服务收费政策的实施意见》并发布实施,同样明确上述机动车停放服务收费政策的指导思想及具体措施。

二、广州市停车收费机制现状及存在问题

(一)广州市停车收费机制现状

广州市停车收费调整历程大致可分为六个阶段,第一阶段是 20 世纪 80 年代,主要对自行车、摩托车保管站进行管理;第二阶段是 20 世纪 90 年代中期对汽车、摩托车、自行车保管站收费进行了整顿;第三阶段是 21 世纪初期前半段(2004 年以前),对机动车停车场停放服务收费、道路自动收费和停车设施使用收费标准进行了规定;第四阶段是 21 世纪初期后半段(从 2004 年至 2008 年),对机动车停放保管服务、商场等配套停车场和路内停车场制定收费标准;第五阶段为 2014 年至 2015 年,进行差别化停车收费调整,分类别、时段、地区实行

差别化的收费标准,通过政府调控和发挥市场调节作用相结合的办法,运用价格杠杆,适度提高中心城区停车成本,从而引导个体机动车合理使用,引导市民在中心城区尽可能选择公共交通出行,优化交通出行结构;第六阶段为2015年至今,广东省发展改革委放开住宅、商业办公等类型停车场的收费价格,实施市场调节价,政府列管的公共(益)类停车场仍实施政府定价,为未来广州市停车产业化的发展、促进社会资本投资创造了条件。[1]

(二)存在问题

1. 路内停车方面

路内停车无最高限时规定,未实现差异化价格调整;停车时段设置需要进一步优化;路边停车收费收入未公开。与国内外其他先进城市相比,广州市路内停车虽然收费标准较高,但没有拉开短时停车与长时间停车的收费级差,没有设置最高限时规定,进而导致路内停车泊位周转率不高,利用率低的现象。广州市路内停车夜间收费优惠时段为22:00~次日8:00,而市民回家的高峰时段为18:00~19:00,由于回家时间与夜间优惠时间相差较大,导致很多车主不选择路内停车泊位作为夜间停放车位,路内停车泊位深夜大多闲置。

2. 住宅停车方面

小区停车费用过高,业主维权难度大。广州的小区停车费放开价格,且对于开发商的一些限制,在《物权法》和《价格法》中难以找到相应条款进行处罚,结果导致开发商和物管方随意涨价而不受约束,即使小区业主因停车收费上涨先后投诉至发改委、街道办和派出所要求协调处理,但开发商一意孤行强行涨价,协调单位也无可奈何。此外,

---

〔1〕 参见陈越:《广州停车收费政策大事记》,载《南方日报》2018年4月25日。

小区停车价格市场调节的基础是建立在小区已经实现业主自治，业主拥有充分话语权的基础上，但是成立业委会须准备“双过半”业主的证明材料，由于很多小区回迁户、租户居多，证明材料根本无法凑齐。

3. 公共停车方面

公共服务停车场价格过于便宜，大多被周边居民占用，停车场周转率过低，其他市民享受不到相应的便利和优惠。

三、《广州市停车场条例》关于停车收费机制的规定与解读

（一）明确广州市停车收费定价方式

广州市机动车停放服务收费分别实行市场调节价、政府指导价和政府定价管理。根据《价格法》规定，市场调节价，是指由经营者（从事生产、经营商品或者提供有偿服务的法人、其他组织和个人）自主制定，通过市场竞争形成的价格。政府指导价，是指依照《价格法》规定，由政府价格主管部门或者其他有关部门，按照定价权限和范围规定基准价及其浮动幅度，指导经营者制定的价格。政府定价，是指依照《价格法》规定，由政府价格主管部门或者其他有关部门，按照定价权限和范围制定的价格，只适用供需比率大的商品或某些垄断性强的商品。

（二）明确广州市停车收费政策的总体原则和思路

《广州市停车场条例》参考了国家发改委《关于进一步完善机动车停放服务收费政策的指导意见》中关于“加快推行差别化收费。鼓励各地结合实际情况，推行不同区域、不同位置、不同车型、不同时段停车服务差别收费，抑制不合理停车需求，缓解城市交通拥堵，有效促进公共交通优先发展与公共道路资源利用”的意见，明确了差别化收费的管理原则。

对不同区域的停车设施服务收费，要根据停车供需状况差异，并考虑道路路网分布、公共交通发展水平、交通拥堵状况等因素，划分不

同区域，实行级差收费。供需缺口大、矛盾突出区域可实行较高收费，供需缺口小、矛盾不突出区域可实行低收费。对城市外围的公共交通换乘枢纽停车设施服务，应当实行低收费。广州市停车场差别化收费主要体现在三个方面：一是停车区域的差别化，将我市停车场区域分为一、二、三类地区，不同类别的区域实行不同的收费标准，提高中心城区停车成本，引导个体车辆尽可能选择城市外围停放。二是停车场类型的差别化，按照“商业”“公共”“住宅区”“室内专业”“其他”五类，分别实行不同的收费管理模式和收费标准，例如，城市道路临时泊位、换乘停车场收费实行政府定价管理；商业配套停车场收费、非建筑物配套停车场、内街内巷停车场实行政府指导价管理；室内专业停车场（政府全额或参与投资兴建的除外）机动车停放保管服务收费实行市场调节价；此外，机场、车站、码头、医院、学校、博物馆、物流园区、旅游景点、交通事故和违法车辆等停车场，实行政府定价管理，其收费原则上单独审批。三是停车时间的差别化，即白天和夜晚、繁忙时段和闲时、短时停车和长时停车执行不同的收费标准。原则上白天时段收费标准高于夜晚，繁忙时段高于闲时；对城市道路停车而言，应当强调城市道路设置停车位和停车的临时性，为鼓励短时停车，减少长时停车，实行累进式加价的收费政策予以调控停车需求，鼓励短时停车、快停快走，减少路边停车对城市交通的影响。

（三）规定停车收费价格调整机制

《广州市停车场条例》第8条规定，“市价格行政管理部门应当按照城市中心区域高于外围区域、重点区域高于非重点区域、拥堵时段高于空闲时段的原则，对实行政府指导价、政府定价管理的停车场制定差别化的收费标准，对城市道路临时泊位制定累进式加价的阶梯式收费标准，经法定程序征求意见，报市人民政府批准后，向社会公布。

市价格行政管理部门应当至少每五年对实行政府指导价、政府定价管理的停车场收费标准进行评估，评估结果作为调整收费标准的依据”。停车收费管理涉及面大、影响范围广，关系市民的切身利益，因此应结合交通、经济、环境及社会的变化发展，定期做好收费标准的评估，尤其对路内、路外停车的周转、利用、动态交通运行以及公共交通运行、大气环境、市民体验等方面进行重点评估，并以评估结果作为调整收费标准的依据。

（四）关于住宅停车收费管理的规定

自2015年住宅停车收费由政府指导价调整为市场调节价后，引发广大市民的强烈不满，有多个小区因停车费问题发生多起纠纷和不稳定事件，将住宅停车收费恢复实行政府指导价的呼声很高。目前，广州市整体停车压力较大，住宅停车缺口明显，属于刚性需求，尚不具备充分的市场竞争条件，不宜实行市场调节价。但鉴于目前国家发改委坚持实行市场调节价，广州市只能通过制定议价规则进行管理，但不排除今后修改《广东省定价目录》，再次将住宅停车收费纳入政府指导价管理。因此，《广州市停车场条例》规定，“市价格行政管理部门应当会同有关部门制定住宅停车场议价规则，经市人民政府批准后公布。住宅停车场的机动车停放服务收费纳入《广东省定价目录》时，实行政府指导价管理”。

四、国内外城市停车收费机制

（一）北京：政府定价与市场调节相结合

北京市停车场收费主要分两类：一是实行政府定价管理的停车场，包含驻车换乘停车场、占道停车场（含立交桥下停车场），实行停车计时收费，并按属地进行明码标价牌统一编号；二是实行市场调节价的停车场，针对停车资源紧张、停车矛盾突出的部分居住区，北京市规定经区县有关部门确认并公示,可以在居住区周边占道停车场划定一定区域,当地居民区的居民可凭有效证明在区域内停车,收费标准按照不高于夜间收费标准执行。总体而言,北京市停车场收费实行差别化价格管理政策,并充分发挥市场在停车资源配置、车辆使用调节中的作用。北京停车收费根据地段、车型、时段的不同收费标准也不同。按照地段繁华程度划分为三类区域,车型划分为小型车与大型车,白天时段定为7:00~21:00。[1]

(二)上海:规范统一公共停车场收费标准,道路停车收费实行分区域、分时段、阶梯收费的差异化收费方式

上海市的停车场收费政策中将停车场划分为道路停车场、公共换乘停车场和公共停车场,其中道路停车场收费政策中又区分出人工收费与咪表收费两种收费标准。相较于北京市将公共停车场价格实行市场调节价不同,上海市规范了公共停车场的停车收费标准。上海市于2015年公布《关于进一步规范本市公共停车场(库)机动车停放收费的通知》,该通知中规定公共停车场经营单位应当严格按照规定实施收费,不得擅自提高收费标准,可在规定价格水平之内自主下浮调整价格。同时该通知中规定外资公共停车场由经营单位自主制定机动车停放收费标准,并报送至所在区物价和交通管理部门;外环线外的公共停车场可由所在区(县)政府对收费标准作适当调整,书面函告市物价局和市交通委。上海市道路停车场按照内环线与外环线作为界限划分为三类区域,针对不同收费方式实行不同的收费标准,人工收费由于计时较为困难,因而实行首小时一次收费,对于咪

---

[1] 参见容军:《北京路侧停车收费政策完善及对"政策失灵"的思考》,载《交通工程》2018年第4期。

表收费则在首小时中实行时间阶梯收费；停车收费时段划分为白天时段（7:30～19:30）与夜间时段（19:30～7:30），收费方式划分为人工收费与咪表收费。此外，上海市道路停车场推出了包月收费标准，允许车辆在夜间、周末和固定节假日进行包月停放。[1]

（三）深圳：市场调节价、政府指导价和政府定价

深圳市行政区域内的机动车停车场划分为三种：住宅类停车场、社会公共类停车场和临时类停车场。机动车停放服务定价也划分为三类：市场调节价、政府指导价和政府定价。其中，住宅类停车场实行政府指导价，临时类停车场实行政府指导价，社会公共类停车场分别实行市场调节价、政府指导价和政府定价；室内专业停车场（政府全额或参与投资兴建的除外）实行市场调节价；机场、车站、码头、口岸、旅游景点等配套停车场、公交枢纽站、地铁换乘站停车场和政府全额或参与投资建设的室内专业停车场实行政府定价；商业场所、工业区、物流区配套停车场，机关、事业单位及其他公益性机构等场所配套停车场，其他社会公共类停车场实行政府指导价。实行市场调节价的停车场，经营者可根据停车场所在区域、停车位供求状况、停车场建设和经营管理成本等因素自行制定收费标准。实行政府指导价的停车场，经营者应在市价格主管部门公布的基准价和浮动幅度范围内，根据停车场所在区域、停车位供求状况、停车场建设和经营管理成本等因素制定收费标准。[2]

1. 路边临时停车收费：划分区域、时段，实行全电子化收费

深圳市针对路边临时停车收费政策划分不同类别区域，区分时段

---

〔1〕 参见邹歆、王晨、蔡润林、陈翚、张海波：《城市停车收费标准及泊位共享机制研究》，载《城市规划学刊》2017 年第 A2 期。

〔2〕 参见陆洋、吕国林：《深圳市路内停车收费管理创新与实践》，载《城市交通》2016 年第 4 期。

进行阶梯式收费，但不同于北京与上海，深圳市现已实现了路边停车的全电子化收费。考虑不同地区的土地开发强度、交通运行状况以及交通出行特征等因素，将收费分区划分为三类。一类区域：交通运行状况较差、公共交通发达、土地开发强度高；二类区域：交通运行状况尚可、公共交通服务水平较高、土地开发强度较高；三类区域：交通运行状况差、公共交通服务水平较低、土地开发强度较低。一类区域的收费标准高于二类区域，二类区域高于三类区域；工作日收费标准高于非工作日，白天的收费标准高于夜间。目前深圳市路边停车的信息发布、电子支付已通过"宜停车"APP实现，该APP提供实时查看泊位状态、精确计算停车时间、停车费电子支付等功能，为驾驶员提供了便捷的停车服务，同时提高了管理人员的监管效率，为规范执法提供了有利保障。

2. 住宅类、社会公共类停车场、商业场所配套停车场，实行政府指导价

深圳市规定了住宅类停车场的基准价格，可以上浮幅度为零，下浮幅度不限。社会公共类停车场收费标准的停车场包括：(1)政府投资建设(含合资建设)的各类机关、事业单位办公场所的配套停车场，医院、学校配套停车场，政府投资建设(含合资建设)的公园、博物馆、图书馆、青少年宫、文化宫、体育场馆、音乐厅、影剧院、会展中心、新闻单位等场所配套停车场；(2)工业区、物园区配套停车场。同样在基准价格的基础上，经营者可以在上浮幅度为零，下浮幅度不限的范围内制定具体价格。公园、医院等配套停车场按照批准的收费标准执行。此外，深圳对商业场所停车场则规定了最高收费标准，各商业场所配套停车场在不超出每天最高收费标准的基础上制

定具体收费标准。[1]

（四）东京：停车场车位供给充足，市场调节价趋于合理

日本《停车场法》明确规定买车之前必须要拥有停车位，且政府部门等公益机构、企业、商场、酒店通常会有免费的停车服务，以便纳税人办事和吸引顾客。因此，东京虽然人口密度较大，用地紧缺，但停车场车位供给十分充足，停车不是难题；而收费的停车通常为私人车位或私人停车场、街边、广场等公共停车场，停车场互相竞争，停车收费价格趋于合理，并推出各种优惠措施。相比而言，国内的停车场收费偏低，经济效益很差，政府虽然鼓励民间资本进入停车场建设，但由于投资收益太低，投资的人很少。[2]

第五节 停车场专项规划和年度建设计划的编制规则

停车专项规划和年度建设计划是城市总体规划的重要内容，停车场的规划和建设也是缓解停车难题的重要途径，是《广州市停车场条例》的核心内容之一。

一、《广州市停车场条例》关于停车场专项规划和年度建设计划的编制规则的规定与解读

（一）编制原则

各类专项规划的内容应该相互衔接、符合总体规划，并纳入控制

---

〔1〕 参见吴鸿根：《住宅小区停车收费监管机制研究》，载《上海房地》2016 年第 4 期。

〔2〕 参见曹建军：《完善停车收费价格形成机制研究》，载《中国物价》2013 年第 3 期。

性详细规划。停车场专项规划与国民经济和社会发展规划、城市总体规划以及土地利用总体规划相衔接,符合上位规划。停车场专项规划应明确各类停车场发展定位,《广州市停车场条例》确定了停车场专项规划应以建筑工程配建停车场为主,独立建设停车场为辅,临时停车场和城市道路临时泊位为补充的原则;同时停车需求分析应综合考虑城市功能分区的区位特征、用地属性和公共交通发展等情况,使停车场建设和公共交通形成有效衔接。年度建设计划编制以停车场专项规划为主要依据。

(二)编制主体和编制程序

根据停车行政管理体制机制,停车场专项规划应由市交通行政主管部门依据国民经济和社会发展规划、城市总体规划以及土地利用总体规划等组织编制,同时为促使我市的停车场专项规划的尽快出台,《广州市停车场条例》明确了停车场专项规划的出台时间为《广州市停车场条例》实施之日起的两年之内。且由于停车场专项规划涉及空间布局和用地需求,根据《广东省城乡规划条例》规定,专项规划涉及土地利用和空间布局的,应当经市规划行政管理部门审查,报市人民政府批准后,纳入城乡规划。

年度建设计划由市建设行政管理部门会同市交通行政主管部门、区人民政府等根据停车场专项规划,组织编制政府投资的停车场的年度建设计划,报市人民政府批准后实施。

(三)编制内容

近十年我市公共停车场建设进程缓慢,须通过立法手段明确政府组织建设公共停车场的责任,以缓解市民停车难的问题,因此,《广州市停车场条例》明确规定了停车场专项规划内容应当包括城市停车总体发展策略、停车场供给体系和引导政策、公共停车场的布局、规模和建设时序等内容。

年度建设计划根据停车场专项规划编制，其内容应当包括停车场类型、责任单位、建设主体、建设时序、投资规模、资金来源和停车泊位数量等。

（四）实施主体

《广州市停车场条例》规定城市交通枢纽配建的公共停车场由市交通行政主管部门负责组织相关单位建设，其他政府投资的独立建设的公共停车场和临时停车场由市建设行政管理部门负责组织相关单位建设。市、区人民政府应当在储备土地中确定一定数量的用地用于公共停车场建设。区人民政府应当根据年度建设计划及时制定和组织实施本行政区域的具体实施方案。

二、国内停车场专项规划及建设计划编制规则

（一）北京

北京市明确由市交通行政主管部门会同市规划国土行政主管部门，组织编制机动车停车设施专项规划。交通行政主管部门在定期普查的基础上，依据城市总体规划和城市综合交通体系规划，结合城市建设发展和道路交通安全管理的需要，组织编制机动车停车设施专项规划。停车设施专项规划应当确定城市停车总体发展战略，分区域发展策略，统筹地上地下，合理布局停车设施，明确控制目标和建设时序，并将停车设施与城市交通枢纽、城市轨道交通换乘站紧密衔接，经依法批准后，纳入控制性详细规划。区人民政府根据本市机动车停车设施专项规划，制订本行政区域的停车设施规划及年度实施计划，并组织实施。市规划国土、市交通行政主管部门应当制定新建、改建、扩建公共建筑和居住小区等配建停车泊位的标准，明确上限、下限，并建立动态调整机制。建设单位新建、改建、扩建公共建筑、居住小区，应当按照国家有关规定和本市确定的泊位配建标准、规划指标，配建机动车停车设施。配套建设的停车设施应当与主体工程同步设计、同步施工、同时验收、同时交付使用。[1]

(二)上海

上海市公共停车场(库)专项规划由市交通行政主管部门根据本市综合交通规划和交通需求状况,会同市规划国土、建设行政管理部门编制,经报市政府批准后,纳入相应的城乡规划。公共停车场(库)专项规划确定的停车场(库)用地属道路广场用地,未经法定程序调整,不得改变用途。公共停车场(库)和专用停车场(库)的设计方案,应当符合国家和本市停车场(库)的设置标准和设计规范。停车场(库)设置标准和设计规范,由市交通行政主管部门会同市公安交通、规划国土行政管理部门编制,经市建设行政管理部门批准后实施。[2]

(三)天津

天津市的公共停车场专业规划由市规划行政主管部门组织相关部门、区县人民政府编制,报市人民政府审批。公共停车场专业规划应当根据城市总体规划、城市道路交通安全管理和城市建设发展的需要进行编制,并根据本市发展的实际情况适时调整。区县人民政府定期将本行政区域内公共停车场年度建设计划报送市建设行政主管部门,公共停车场专业规划由市规划行政主管部门组织相关部门、区县人民政府编制,报市人民政府审批。区县人民政府定期将本行政区域内公共停车场年度建设计划报送市建设行政主管部门,市建设行政主管部门对全市公共停车场建设工作进行监督检查。[3]

---

〔1〕 参见《北京市机动车停车条例》,2018 年 5 月 1 日实施。

〔2〕 参见《上海市停车场(库)管理办法》,2013 年 1 月 1 日实施。

〔3〕 参见《天津市机动车停车管理办法》,2015 年 5 月 21 日实施。

第六节　停车场建设的引导和激励机制

为加快城市停车场特别是社会公共停车场、机械式停车设施的建设，进一步推动停车产业化的发展，国家自2015年相继出台了《关于加强城市停车设施建设的指导意见》（发改基础〔2015〕1788号）、《关于加强城市停车设施管理的通知》（建城〔2015〕141号）、《加快城市停车场建设近期工作要点与任务分工》（发改基础〔2016〕159号）等一系列政策文件，涉及停车设施规划建设、用地保障、简化审批程序、投融资等多个方面，为我国停车场建设和产业化发展提供基本完善的政策保障体系。为保证公共停车场、机械式停车设施规划建设与经营管理等各项政策体系贯彻落实，研究制定市级层面的停车场建设的引导和激励机制、具体措施非常必要。

一、公共停车场建设引导和激励机制

（一）国家部委相关政策

1. 国家发展改革委《关于加强城市停车设施建设的指导意见》（发改基础〔2015〕1788号）

2015年8月，国家发展改革委、财政部、国土资源部等七部委下发《关于加强城市停车设施建设的指导意见》（发改基础〔2015〕1788号）（以下简称《1788号意见》），要求充分调动社会资本积极性，加快推进停车设施建设，有效缓解停车供给不足。

《1788号意见》明确了停车设施建设重点，以居住区、大型综合交通枢纽、城市轨道交通外围站点（P＋R）、医院、学校、旅游景区等特殊地区为重点，在内部通过挖潜及改造建设停车设施，并在有条件的周

边区域增建公共停车设施。

七部委在《1788 号意见》中提出要鼓励社会参与,一方面通过各种形式广泛吸引社会资本投资建设城市停车设施,大力推广政府和社会资本合作(PPP)模式;另一方面鼓励企事业单位、居民小区及个人利用自有土地、地上地下空间建设停车场,允许对外开放并取得相应收益。同时,要求各地降低停车设施建设运营主体和投资规模的准入标准。企业和个人均可申请投资建设公共停车场,原则上不对泊位数量做下限要求。

在盘活存量土地资源方面,《1788 号意见》提出,对企事业单位、居民小区、个人利用自有出让土地建设停车设施,规划部门要充分考虑停车需求的合理性,办理用地性质和容积率等规划调整手续。鼓励利用公共设施地上地下空间、人防工程等地下空间建设停车设施,增强土地的复合利用。相关部门分层办理规划和土地手续,投资建设主体依据相关规定取得停车设施的产权。

在创新投融资模式方面,《1788 号意见》提出,鼓励采用政府和社会资本合作(PPP)模式,政府投入公共资源产权,与社会资本共同开发建设,采用放弃一定时期的收益权等形式保障社会资本的收益;允许在不改变土地用途和使用权人的前提下将部分建筑面积用作便民商业服务设施,收益用于弥补停车设施建设和运营资金不足。

《1788 号意见》要求简化审批程序,最大程度地减免停车设施建设运营过程中涉及的行政事业性收费;充分发挥价格杠杆的作用,完善停车收费政策,逐步缩小政府定价范围,全面放开社会资本全额投资新建停车设施收费;同时要求新建或改扩建公共停车场,建成营业后,减少并逐步取消周边路内停车泊位,加强违法停车治理,保障公共停车场有效需求,提高收益水平。

2. 住建部《关于加强城市停车设施管理的通知》(建城〔2015〕141号)

2015年9月,住房和城乡建设部发布了《关于加强城市停车设施管理的通知》(建城〔2015〕141号),通知中提出要加强停车设施经营管理:促进各类经营性停车设施企业化、专业化经营。坚持市场化原则,鼓励路内停车泊位和政府投资建设的公共停车场实行特许经营,通过招标等方式,公开选择经营主体,将已经建成的停车设施项目转交社会资本运营管理。

3. 国家发展改革委《加快城市停车场建设近期工作要点与任务分工的通知》(发改基础〔2016〕159号)

2016年2月,国家发改委印发了《加快城市停车场建设近期工作要点与任务分工》(发改基础〔2016〕159号),进一步对《1788号意见》进行了细化分工,从规划建设、简化审批程序、用地保障、投融资等方面提出了明确的工作要点和要求。

停车设施规划建设方面,《关于加强城市停车设施管理的通知》提出明确规划重点,以居住区、大型综合交通枢纽、城市轨道交通外围站点(P+R)、医院、学校、旅游景区等特殊地区为重点,在内部通过挖潜及改造建设停车场,并在有条件的周边区域增建公共停车场。鼓励建设停车楼、地下停车场、机械式立体停车库等集约化停车设施,并按一定比例配建电动汽车充电设施。

简化停车场投资建设、经营手续办理程序方面,深化行政审批制度改革,简化投资建设、经营手续办理程序,提高工作效率,按照规定办理时限和程序完成项目业主或投资主体提出的停车场建设项目的审批(或核准)。对于小型或利用自有用地建设的停车场,鼓励实行备案制。

用地保障方面，鼓励利用公共设施、人防工程、综合管廊等地上地下空间建设停车场。支持房地产开发企业配建停车场，引导停车产业化。做好用地保障，中心城区功能搬迁等腾出的土地应规划一定比例预留用于停车场建设。

投融资方面，鼓励地方因地制宜通过建立基金等方式，加大对停车场建设的支持。积极探索停车场产权、专项经营权、预期收益质押担保增信措施，支持企业通过发行企业债券、项目收益债券、可续期债券等方式融资。

4. 住房城乡建设部、国土资源部《关于进一步完善城市停车场规划建设及用地政策的通知》（建城〔2016〕193 号）

2016 年 8 月，国家住房城乡建设部、国土资源部联合下发《关于进一步完善城市停车场规划建设及用地政策的通知》（建城〔2016〕193 号）（以下简称《193 号通知》），要求鼓励社会资本参与，加快城市停车场建设，逐步缓解停车难问题。

该通知明确可充分结合城市地下空间规划，利用地下空间分层规划停车设施，在城市道路、广场、学校操场、公园绿地以及公交场站、垃圾站等公共设施地下布局公共停车场，以促进城市建设用地复合利用。

关于停车场用地性质，该通知明确单独新建公共停车场用地规划性质为社会停车场用地。为鼓励停车产业化，在不改变用地性质、不减少停车泊位的前提下允许配建一定比例的附属商业面积，具体比例由属地城市政府确定，原则上不超过 20%。通过分层规划，利用地下空间建设公共停车场的，地块用地规划性质为相应地块性质兼容社会停车场用地。

在加强规划管理方面，该通知明确鼓励超配建停车场，新建建筑超过停车配建标准建设停车场以及随新建项目同步建设并向社会开放的公共停车场(地下停车库和地上停车楼,配建附属商业设施除外),在规划审批时可根据总建筑面积、超配建的停车泊位建筑面积、公共停车场建筑面积等情况,给予一定的容积率奖励。同时鼓励增建公共停车场,在符合土地利用总体规划和城市总体规划前提下,机关事业单位、各类企业利用自有建设用地增建公共停车场可不改变现有用地性质及规划用地性质。增建方式包括利用自有建设用地地下空间、既有建筑屋顶、拆除部分既有建筑新建、既有平面停车场改加建等,在符合消防等相关要求的前提下增建后地块的建筑高度、建筑密度等指标可由城市政府有关部门按照程序依法进行调整。在简化停车场建设规划审批方面,明确在满足结构、消防安全等条件下,既有其他功能建筑改建为停车场的,可简化规划审批流程。临时公共停车设施(含平面及机械设备安装类)由城市政府建设和规划等相关部门通过联席会议(或相关综合协调制度)进行审定,不需要办理相关审批手续。

关于用地供应方面,该通知明确符合《划拨用地目录》的停车场用地,可采取划拨方式供地,不符合的,应依法实行有偿使用。对新建独立占地的、经营性的公共停车场用地,同一宗用地公告后只有一个意向用地者的,可以协议方式供应土地。协议出让价不得低于按国家规定确定的最低价标准。鼓励租赁供应停车场用地,各地可以制定出租或先租后让的鼓励政策和租金标准。城市公共交通停车场用地综合开发配建商业服务设施,采取划拨方式供地的,配建的商业服务等用地可按市场价有偿使用。出让土地建设公共停车场的,可根据城市公共停车场客观收益情况评估并合理确定出让地价。在城市道路、广场、公园绿地等公共设施下建设停车场,以出让等有偿方式供地的,可按地表出让建设用地使用权价格的一定比例确定出让底价。同时明确加大停车场建设中节地技术和节地模式的政策支持力度，如对新建建筑充分利用地下空间，超过停车配建标准建设地下停车场，并作为公共停车场向社会开放的超配部分，符合规划的，可不计收土地价款。

（二）广州市相关政策实施现状及问题

1. 相关政策落实情况

2009 年 6 月广州市政府出台《广州市关于鼓励停车场建设的若干意见》，文件提出：（1）鼓励行政企事业单位内部停车场对外开放。（2）鼓励地铁换乘配建停车场，采用划拨方式供地，新建线路地铁换乘配建停车场可计入项目成本列支，已建线路地铁换乘配建停车场可单独申请立项。（3）鼓励利用闲置、“烂尾”、“退二进三”企业地块建设停车场，由地块所在区（县级市）的建设和市政部门统筹实施，地面停车场配套商业建筑面积与停车功能建筑面积之比应控制在 0.25（含 0.25）以下，地下停车场配套商业建筑面积与停车功能建筑面积之比应控制在 0.5（含 0.5）以下，涉及配套商业的，按规定计收土地出让金。（4）鼓励公共绿地配建（加建）地下停车场，可采取所有权与经营权分离的方式，产权归政府所有，经营权可向社会公开拍卖，拍卖收入实行“收支两条线”，全额上交财政。建成后的停车场按规定办理产权证。停车场建设资金可通过社会融资、合作建设、政府投资等多种渠道解决。停车场的维护资金原则上用经营权拍卖收入解决，缺口部分在城市维护费中安排。（5）支持公共配套停车场建设，符合划拨用地目录的，采用划拨方式供地；停车场可相应配套商业，地面停车场配套商业建筑面积与停车功能建筑面积之比应控制在 0.25（含 0.25）以下，地下停车场配套商业建筑面积与停车功能建筑面积之比应控制在 0.5（含 0.5）以下，引入社会资金建设的停车场，建成后由投资单位按协议约定负责经营管理；使用政府财政资金建设的，建成后通过公开拍卖停车场经营权引入专业公司经营管理，拍卖经营权收入实行“收支两条线”，全额上交财政。

2. 存在的问题

政府投资力度有限，公共停车场建设滞后。近年来，广州市虽然完成了停车发展专项规划，但从实施情况来看，系统规划的公共停车场点位没有真正落到实处，公共停车需求高、停车难集中的市中心繁华地带土地成本、征拆成本过高，政府投入社会公共停车场项目的建设资金缺乏，建设施工难度大，造成公共停车场的推进建设严重滞后。目前广州市区现有专门的公共停车场数量少、总体规模小、系统性差，难以充分发挥公共停车场在城市停车格局中应有的作用。

优惠政策不够系统全面，社会力量投资积极性低。公共停车场项目建设的投资成本较高，不包括拆迁费用的情况下，每车位建设总成本按照不同的类型需 5 万 ~ 25 万元，建设成本高、投资回收率低导致社会资金投入积极性不高。虽然，以往广州市也提出了一些鼓励公共停车设施建设的政策措施，但相关优惠政策不系统、不全面，可操作性不强，难以吸引开发商、单位或个人等社会力量的积极投资建设。

（三）《广州市停车场条例》关于公共停车场鼓励政策的规定与解读

1. 关于土地供应方式的规定与解读

广州市公共停车场建设严重滞后，主要原因在于用地问题难以解决，以浔峰山公共停车场为例，由于停车场的建设用地迟迟不能解决，导致建设停滞多年。只有解决用地问题，才能从根本上解决广州市公共停车场严重不足的问题，因此，在法规中明确不同类型的公共停车场的供地方式。

土地供应方式共有三种。

（1）划拨方式：划拨用地是我国特有的项目建设用地的取得方式

之一,是有审批权限的各级政府根据我国《土地管理法》和《城市房地产管理法》的有关规定和 2001 年 10 月 22 日国土资源部令第 9 号令《划拨用地目录》,向符合划拨用地条件的建设项目(项目使用的单位)无偿供应的土地。划拨用地的使用年限是永久的(终止日期为批准供地的本级政府认为应该依法收回时止)。

(2)协议出让方式(特殊):根据 2003 年 6 月 11 日国土资源部第 21 号令《协议出让国有土地使用权规定》第 2 条规定,政府与土地使用者以协议方式签订土地使用权出让合同,土地使用者支付相应的出让金,国家把一定期限的国有土地使用权让渡给土地使用者。第 21 号令第 3 条采取排除法确定了协议出让的适用范围,即只适用于除法律、法规、规章规定必须招标、拍卖、挂牌以外的情况,实践中主要是工业用地、仓储用地及政府为调整经济结构、实施产业政策而需要给予优惠、扶持的项目等。但同一地块有两个或者两个以上意向用地者的,协议出让随时可以向招标拍卖挂牌出让“转换”。

(3)招标、拍卖、挂牌方式(一般):该方式是我国土地使用权的主要出让方式。《招标拍卖挂牌出让国有土地使用权规定》(2002 年 5 月 9 日国土资源部令第 11 号)第 4 条明确了招标拍卖挂牌的范围,规定商业、旅游、娱乐和商品住宅等各类经营性用地,必须以招标、拍卖或者挂牌方式出让。前款规定以外用途的土地的供地计划公布后,同一宗地有两个以上意向用地者的,也应当采用招标、拍卖或者挂牌方式出让。

根据住房城乡建设部、国土资源部《193 号通知》“规范停车设施用地管理中细化停车场供地政策”的规定,符合《划拨用地目录》的停车场用地,可采取划拨方式供地,不符合的,应依法实行有偿使用。对新建独立占地的、经营性的公共停车场用地,同一宗用地公告后只有一个意向用地者的，可以协议方式供应土地。协议出让价不得低于按国家规定确定的最低价标准。供应工业、商业、旅游、娱乐、商品住宅等经营性用地配建停车场用地的，应当以招标、拍卖或者挂牌方式供地。标底或者底价不得低于国家规定的最低价标准。

因此，政府全额投资的公共停车场，是城市市政公用基础设施，符合划拨用地条件，建设用地使用权可以通过划拨方式供应；而在工业、商业、旅游、娱乐等经营性用地内建设公共停车场的，按照上述规定，建设用地使用权应当通过招标、拍卖或者挂牌方式供应；对新建独立占地、经营性的公共停车场用地，同一宗用地公告后只有一个意向用地者的，按照上述规定，建设用地使用权可以通过协议方式供应；其他情况则采用法律、法规规定的供应方式。

2. 关于利用地下空间建设公共停车场的规定与解读

参考国家发改委、财政部、国土资源部、住建部、交通运输部、公安部、银监会《1788 号意见》第 9 条的规定，"盘活存量土地资源。对企事业单位、居民小区、个人利用自有出让土地建设停车设施，规划部门要充分考虑停车需求的合理性，办理用地性质和容积率等规划调整手续。鼓励利用公共设施地上地下空间、人防工程等地下空间建设停车设施，增强土地的复合利用。相关部门分层办理规划和土地手续，投资建设主体依据相关规定取得停车设施的产权"，为盘活存量土地资源，广州市鼓励开发利用地下空间建设公共停车场。在开发利用地下空间的同时，也应当确保地下停车场的安全，对建设地下停车场进行安全论证，并对建设要求作出严格规定：一是征得地面设施所有权人的同意，提出建设方案，并依法办理规划、土地、消防等手续；二是依照前款规定建设公共停车场的，应当符合国家、省、市有关建设标准和规范，不得影响道路、广场、绿地、人防工程等原有设施的使用功能和安全；同时明确按照鼓励建设的原则，简化审批程序，提高审批效率。

3. 关于建设公共停车场的鼓励措施的规定与解读

为提高社会力量投资建设公共停车场的积极性，广州市参考其他城市的做法，结合本市的实际情况，规定政府采取资金支持、附属商业配建、土地出让金减免等方式促进措施鼓励社会力量公共停车场建设，提高社会力量投资公共停车场的积极性。

根据《193 号通知》第 2 条第 5 项规定："明确停车场用地性质。单独新建公共停车场用地规划性质为社会停车场用地。为鼓励停车产业化，在不改变用地性质、不减少停车泊位的前提下允许配建一定比例的附属商业面积，具体比例由属地城市政府确定，原则上不超过20%。"《广州市停车场条例》提出社会力量投资建设公共停车场的，在不改变用地性质、不减少停车泊位的前提下，可以配建一定比例的附属商业设施，符合国家的相关政策。

根据《193 号通知》第 2 条第 6 项规定："鼓励超配建停车场。新建建筑超过停车配建标准建设停车场以及随新建项目同步建设并向社会开放的公共停车场（地下停车库和地上停车楼，配建附属商业除外），在规划审批时可根据总建筑面积、超配建的停车泊位建筑面积、公共停车场建筑面积等情况，给予一定的容积率奖励，具体规定由城市政府规划部门根据实际情况研究制定。其中，停车楼项目应符合日照、绿化、消防等相关标准。"《广州市停车场条例》提出新建项目同步建设地下公共停车场和已建项目需要扩建地下公共停车场的，地下停车库的面积不计入容积率，符合国家的相关政策和广州市实际情况，有利于社会力量投资公共停车场的积极性。

(四)国内外相关政策实施情况

1. 美国

对于停车设施建设方面,除了建设者自筹资金之外,地方政府也负责筹措资金。地方政府多采用发行地方债券作为融资手段,以其信用为担保在民间资金市场上为停车场建设筹资。除发行地方债之外,美国停车市场化措施还包括:(1)“受益征税区”,是指在停车场服务范围内的企业和不动产所有者,按统一费率或按受益程度的大小,缴纳税款,目的是保障停车状况的改善。(2)“工作地停车税”,是指对提供工作地停车位超过一定数量的企业,按停车位数目征税,允许税收转嫁,目的是缓解交通拥堵。(3)停车场代建费,如果开发商达不到最小停车位配建标准,那么可以支付一定费用给当地政府作为公共停车设施建设基金。(4)停车场基金资金源于各种停车活动,包括停车执法,用于城市路内和路外停车场的运转融资。

2. 日本

日本城市停车场的建设非常发达,允许和鼓励家庭式私家停车场建设,在资源允许的情况下,建设的车位可以自用,也可以出租给需要的人,以增加收入。日本一直坚持“限制路上停车场、大力发展路外停车场”的政策,制定吸引民间投资的政策措施。主要有三个方面:一是税制减免,不同程度减免各种类型停车场经营企业的所得税、法人税、地价税、不动产税、固定资产税、事业资产税和建设税等,部分可以全免,部分则可减半征收。二是财政补助,对建设公共停车场的民间企业给予停车场规划费、建设费等的补助,按照所建停车场的用途和性质给予一定的财政补助,最高的补助率可达50%。三是利息减免,实行鼓励性融资政策,简化手续,提高效率,为投资者创造一个良好的外部环境,如采取长期低息贷款方式鼓励私人停车场的建设,按照所建停车场的用途和性质,由道路整备资金、道路开发资金、民间都市再开发基金、日本开发银行的特别利率融资、NTT股票销售收入的资金等提供无息和低息贷款。特别是日本对民间建设经营性停车场的停车收费实行自己管理、自行定价,只对政府投资建设的停车场和道路停车的收费标准进行控制,使民间停车场可以获得合理的经营利润,民间建设经营停车场的积极性非常高。通过积极实行各项鼓励政策,不仅有利地促进了停车场的建设和发展,更为重要的是达到了积极引导民间资本投向停车产业的目标。

3. 北京

2014年12月北京市发改委发布的《关于印发鼓励社会资本参与机动车停车设施建设意见的通知》,对于公益性停车设施,按照"政府出地、市场出资"的公私合作模式(PPP),吸引社会投资人参与。当测算收益水平低于约定收益,由区、县政府给予支持,市政府重点支持中心城区的三甲医院、行政功能聚集区、世界文化遗产等区域公益性停车设施建设,资金补助比例不超过项目总投资的30%。北京交通委牵头出台《关于鼓励老旧居住区挖潜建设立体停车设施的意见》文件,建立立体停车位奖励为5000元/个。

4. 重庆

2014年12月重庆在《关于鼓励投资建设公共停车场的指导意见》中,对公共停车设施加大财政支持:(1)减免相关规费,新建、改扩建公共停车场项目(含配建附属经营设施)全额免缴城市建设配套费、防空地下室易地建设费、绿化赔偿费等行政事业性收费。建设项目按停车泊位配建标准超额配建的停车面积全额免缴城市建设配套费。(2)加大资金补助,都市区各区安排财政资金专项补助公共停车场建设，市级财政按照“以奖代补”方式支持建设公共停车场。

5. 成都

2017年10月成都市出台《关于加强全市停车设施建设管理的实施意见》明确在土地供应、资金补助、经营环境等方面享有优惠政策。(1)土地供应：社会资本投资新建独立占地的、经营性的公共停车设施用地以及在城市道路、广场、公园绿地等城市公共设施下投资新建独立占地的、经营性的地下公共停车设施用地，均应采取招标、拍卖、挂牌方式公开出让。同一宗用地公告后，只有一个意向用地者的，可以按照规定采取协议方式出让。(2)财政资金奖补：成都市规定社会力量投资建设公共停车设施按照《成都市停车设施财政奖补标准》给予财政资金奖补，适用范围包括锦江区、青羊区、金牛区、武侯区、成华区。(3)优化经营环境：在商业配建方面，独立占地大型公共停车设施(停车泊位数大于或等于300个)，在不改变用地性质、不减少停车泊位数的前提下，可兼容配套商业设施，兼容商业比例不超过总建筑面积的15%。(4)停车收费：放开社会资本全额投资新建停车设施收费(具有自然垄断经营特征的停车设施除外)。(5)停车管理：完善公共停车设施周边市政公用设施和停车诱导设施，公共停车设施建成后，逐步取消其周围500米范围内路内停车泊位。

6. 南京

2014年12月南京市政府办公厅下发《南京市鼓励公共停车设施建设优惠政策的若干规定》，鼓励多种渠道参与公共停车设施建设，缓解“停车难”。该文件明确新建的公共停车设施泊位数达到100个(含)以上的，在符合经批准的城乡规划前提下，原则允许配建不超过

30%的商业面积,具体比例由规划、国土等部门对项目建设方案进行综合测算,并统一纳入土地出让条件;公共停车设施建设还可免缴城市基础设施配套费等市权范围内的相关行政事业性收费,并在竣工验收合格后,由市、区两级财政对停车设施建设资金实行一次性奖励补助,具体补助标准为地下停车库补助 2 万元/泊位,地上停车楼补助 1 万元/泊位。

7. 郑州

2015 年 8 月郑州市出台《关于进一步加快市区公共停车场建设管理工作的指导意见(试行)》。该文件明确把公共停车场建设纳入市政基础设施建设范畴。充分发挥政府和市场的作用,由市、区(管委会)政府每年安排一定的资金用于公共停车设施建设,实施奖励补贴政策,鼓励和吸引社会资本共同参与公共停车场的开发、建设和经营。

具体政策包括以下几个方面。(1)土地供应政策:政府每年在储备的土地中确定一定数量的用地,专项用于引进社会资本建设公共停车场;财政性资金投资建设的公共停车场可通过划拨方式供地,可采取 PPP 形式进行建设;国有公司和国有控股公司独立建设公共停车场可采取协议出让方式提供土地,在取得土地使用权后也可采取 PPP 形式进行建设;社会力量投资建设地面公共停车场可按交通运输用地采取招、拍、挂的方式提供土地;在符合城市总体规划的前提下,鼓励土地使用者利用自有土地投资建设公共停车场,既可在集体建设用地上建设临时公共停车场,也可通过 BOT、租赁、合作经营等方式引入其他投资主体进行建设。(2)税费减免政策:在公园、绿地、市政道路、广场、学校操场、行政事业单位利用自有土地建设地下公共停车场免交土地使用税,免收临时占道费、临时占用城市绿地补偿费等。(3)优化经营政策：社会力量通过招、拍、挂取得土地使用权，新建公共停车场泊位达到100个以上(含100个)的地上停车楼和地下停车场，可配建不超过总面积1/4的附属商业配套面积，涉及地铁站点周边换乘停车场建设的，配套面积比例可适当提高，最高不超过总面积的1/3；新建公共停车场自营业之日起，取消该停车场半径300米范围内的路面停车泊位，并实施硬隔离措施，同步完善停车场周边市政配套设施和停车诱导设施。(4)奖补政策：公共停车场奖补政策主要用于社会投资建设部分。一是固定停车场的奖补。采取招、拍、挂或协议出让方式建设公共停车场未享受商业开发政策的，奖补标准原则上不超过建设总额的25%，专项用于对外开放的公共停车场建设。二是临时停车场的奖补。规模在100个以上的，投入使用6个月以上每泊位150元补助，在经营终止时一次性补给。三是其他停车场的奖补。鼓励单位、社区居民楼院利用自有用地新建的对外开放的立体公共停车场，在办理完善相关手续基础上每泊位补助5500元。

二、机械式立体停车设施建设引导和激励机制

(一)国家部委和地方各省市相关政策情况

总体而言，目前国内城市对于机械式立体停车设施的建设持鼓励态度，许多城市出台了相关优惠政策，越来越重视机械式立体停车设施的推广。2015年8月，国家发展改革委等七部门联合印发的《关于加强城市停车设施建设的指导意见》明确提出，“鼓励建设停车楼、地下停车场、机械式立体停车库等集约化的停车设施，并按照一定比例配建电动汽车充电设施，与主体工程同步建设”。住建部也于2015年9月颁布《城市停车设施建设指南》，规定了机械式立体停车库设计规范方面的内容。

各省市出台了有关机械立体停车的相关政策,鼓励和推广机械停车。(见表3－6－1)如北京针对老旧小区停车难问题,颁布了《关于鼓励社会资本参与机动车停车设施建设意见》《关于规范机械式和简易自走式立体停车设备安装及使用的若干意见》;上海市颁布了《机械式停车库(场)设计规程(DGJ 08－60)》;天津市颁布了《天津市机动车机械式停车规划设计导则》。

表3－6－1　各地机械式停车设施相关政策规定

城市	室外机械立体停车架的界定	室外机械立体停车架的建筑退缩	机械停车设施的建筑面积、容积率鼓励政策	机械停车设施的报建优化流程
北京	特种设备	对相邻建筑通风、采光、日照或噪声有影响的,设置单位应当与利害关系人签订协议并协商予以合理补偿。	/	自有用地范围内、免予办理建设工程规划、用地、环评、施工等许可手续。
上海	/	/	/	对于利用自有土地建设机械式立体停车设施的,原则上按照特种设备(起重机械)流程执行。
天津	/	/	/	集中联审、限时办结。
武汉	/	/	新建停车配套设施不计容、不缴纳土地出让金、免缴城市基础设施配套费。	仅办理选址意见、建设工程规划许可和规划验收。

续表

城市	室外机械立体停车架的界定	室外机械立体停车架的建筑退缩	机械停车设施的建筑面积、容积率鼓励政策	机械停车设施的报建优化流程
杭州	/	/	单位利用自有用地建设公共停车场，项目类别定性为构筑物工程，其建筑面积不纳入容积率计算范围。新建项目超过配建标准建设的停车泊位建筑面积不计入容积率；随建设项目同步配建的公共停车场建筑面积不计入项目容积率。	绿色审批通道：方案设计和初步设计“二合一”审批；工图实行集中联审、限时办结；临时停车场审批以联席会议纪要代替项目的规划、用地等审批。
南京	/	/	在符合规划建筑密度、高度控制的前提下，地上立体停车楼在符合梁底净层高不超过 2.4 米、无实体围护结构的条件下，可不计入地块容积率，但地上立体停车楼的基底应计入建筑密度，且计入后的总建筑密度应符合规划设计条件要求。	/
厦门	/	/	在符合周边日照要求的前提下，新建建筑配建车位超过规划部门审批的配建标准，超出部分计算容积率，可不缴纳相关增容费用，且不得分割转让。	开辟绿色通道，简化流程，推行并联式评审。

续表

城市	室外机械立体停车架的界定	室外机械立体停车架的建筑退缩	机械停车设施的建筑面积、容积率鼓励政策	机械停车设施的报建优化流程
济南	/	/	/	15 日内召开联席会议
温州	/	/	/	召开联审会议,联审会议形成的纪要和部门意见将作为下一步修改完善的依据,不另行办理相关部门的审批。
西安	/	/	已建成小区或单位利用其边角地块插建、增建的机械式公共停车库,在对周边建筑无影响的前提下,不计入建筑密度,不纳入容积率计算。	对大型机械停车库(车位数大于 100 个),项目单位取得用地后,只颁发规划部门建设工程许可证,取消颁发施工许可证,机械车库设备安装按照国家去质检部门技术要求即可;对小型机械停车库(车位数小于 100 个)和平面停车场,在土地权属清晰、土地业主同意的前提下,不再办理规划、用地等审批手续,有关部门直接对项目设计方案和实施方案进行审批。

(二)广州市相关政策实施现状及问题

机械立体停车设施与传统停车设施相比,具有空间利用率高、投资少、环境效益好、对地形适应性强和安全性高等优势,对于解决各大城市停车供需矛盾日益尖锐的停车难问题具有重要的意义。从 2001

年至今,广州市专门开展了机械式停车库规划,并在公共停车场专项规划中以及历次修改的停车配建实施标准中,均明确了积极推广建设机械式立体停车设施。由于缺乏地方性规划管理审批的具体细则,缺乏相关的技术标准和规范、相应的政策支持,科学合理的价格体系尚未建立,且受到传统停车习惯的影响和安全问题等多方面的因素,使新型机械立体停车设施没有得到有效的推广,也未发挥应有的功能作用。

2008 年 10 月,广州市颁布了《关于鼓励建设经营机械式立体停车场的意见》,力图在政策方面推动机械立体停车库(场)的建设。但对于不同的机械停车设施没有制定分门别类的实施细则,制约了结构简单的机械停车架的建设。

从规划管理层面的特点,将机械式立体停车设施分为以下三类。

一是附建式机械立体停车库。与其他建筑物结合建造并共用或部分共用整体系统,主要为该建筑物(设施)服务的地上或地下机械车库建筑。根据附建式机械立体停车库与主体建筑物(设施)的关系,将其分为三类:附建地下机械车库、建筑内部机械车库和附建建筑机械车库。

二是独立式机械立体停车楼(库)。不依附于其他建筑,有上盖及围闭墙体(含玻璃幕墙)或位于独立的地下空间,利用机械来存、取停放车辆的整个停车设施。由于其含有围闭墙体,应按建筑工程进行管理。根据独立式机械立体停车楼(库)所处的位置,将其分为独立式机械停车楼和独立式地下机械停车库。

三是室外机械式立体停车架。设立在室外空地上的,采用机械式立体停车设备、无上盖及围蔽墙体,通透式的停车框架。目前广州市仍将其规定为构筑物管理。

1. 现行机械立体停车设施管理体制

广州市目前已建成的机械立体停车设施主要为配套的附建式机

械立体停车库。附建式机械立体停车库的规划管理机构中,除主体建筑的规划报建外,附建的机械立体停车设施按特种设备进行管理,涉及安监、质监、消防等部门的审批管理。独立机械停车库、室外机械式立体停车架的管理机构中,除了特种设备的管理机构外,还涉及市交委、市国规委、市公安局、市建委、市物价局等部门的管理审批。对于附建式机械立体停车库、独立式机械立体停车楼(库)和室外机械式立体停车架等机械立体停车设施,目前规划管理流程中将其分为特种机械设备、建筑工程两大类。其中附建地下机械车库、建筑内部机械车库与主体建筑同时建设的附建建筑机械车库,被视为特种设备进行管理,规划管理流程简单;对于增建附建建筑机械车库、独立式机械立体停车楼、室外机械立体停车架,视为建筑工程进行管理,规划管理严格。

现状已有相关流程对广州市目前的规划管理流程进行简化,如对于附建式机械立体停车库,免于单独进行规划报建;对于其他机械立体停车库,在规划报建、工程审核阶段实行并联审批、限时办结的措施缩短审批时间。

特种设备涵盖了附建地下机械车库、建筑内部机械车库、与主体建筑同时建设的附建建筑机械车库。其审批程序相对简单,只要质量监督部门颁发合格证,物价部门批准收费就可以使用,主管部门为广州市质量技术监督局特种设备安全监察处。

建筑工程涵盖了新建附建建筑机械车库、独立式机械立体停车楼、室外机械立体停车架。地面停车场建设机械停车泊位,根据《广州市规划局关于明确机械式停车场规划报建验收等程序指引相关事项的通知》,对于有上盖、围闭墙体的机械式停车库工程,属于建筑工程,应到规划部门申领《建设工程规划许可证》及办理规划验收手续;对于室外机械立体停车架，根据《广州市城乡规划程序规定》第63条的规定，机械式停车架为构架物，仍属于规划管理范畴，且不属于第36条所规定的免予许可范围，故室外机械立体停车架也应到规划部门申领《建设工程规划许可证》及办理规划验收等手续（见图3－6－1）。

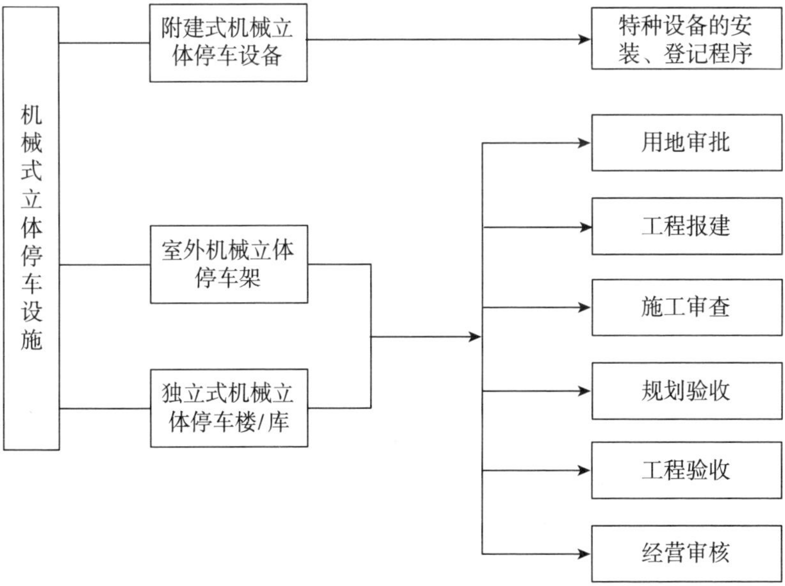

图3－6－1 广州市现行机械立体停车设施报建流程

2. 现行收费管理的规定

《关于鼓励建设经营机械式立体停车场的意见》提出，"列入政府定价或政府指导价管理的机械式立体停车场，可在规定的机动车停放保管服务收费标准的基础上适当上浮，具体收费标准由价格主管部门审批"。

《广州市物价局关于优化调整停车场差别化收费有关问题的通知》（穗价〔2014〕97号）提出，"机械化立体停车场收费标准可适当上浮。机械化立体停车场由于成本较高,可在规定的同类停车场机动车停放保管服务费标准的基础上适当上浮,具体浮动幅度报价格主管部门审批”。

3. 存在问题

目前,广州市关于机械式立体停车设施的鼓励政策主要存在以下问题。

机械立体停车设施的建设与经营管理涉及众多主管部门的介入,仍存在“多头管理”、审批流程较长等问题。

上层次的法律法规对机械式立体停车库进行了完整清晰的要求,广州市地方政府规章也力图通过“资金补助、广告投放”等政策推广机械式停车设施的发展,但对于不同的机械停车设施没有制定分门别类的实施细则,制约了结构简单的机械停车架的建设。

广州市目前已经出台了简化机械停车设施审批流程的规定并取得了一定的效果,下一步可结合国内城市经验对部分审批流程进一步优化,着力推进其发展建设。

(三)《广州市停车场条例》关于机械式立体停车场鼓励政策的解读

相对于传统的平面停车场,机械式立体停车场具有占地面积小、空间利用率高等优点,是在有限的土地资源条件下缓解我市“停车难”问题的有效途径,《广州市停车场条例》第 23 条分别从报建程序、不动产登记、收费管理等三个方面规定了鼓励建设机械式立体停车场的主要措施。

1. 关于报建程序的规定与解读

《广州市停车场条例》第 23 条规定:“申请安装机械式立体停车设备的,国土、规划等行政管理部门应当简化审批程序,提高审批效率。”从简化审批程序、提高审批效率方面提出机械式立体停车设施的鼓励政策。

广州市现行的机械式立体停车设施除附建式、机械式立体停车设备外,报建流程主要包括用地审批、工程报建、施工审查、规划验收、工程验收和经营审核等六个环节,机械停车设备按照特种设备管理流程还需经特种设备的安装、登记和验收程序,涉及的行政管理部门包括规划、建设、工商、质量监督和物价等多个行政管理部门,流程较为复杂,尤其是对于室外机械立体停车架缺乏明确的界定,导致在具体的规划管理过程中,只能参照机械立体停车库(楼)的规定要求进行审批,造成了中心城区少有地块能满足加建条件,室外机械立体停车架的选址遇到了很大困难,制约了结构简单的机械停车架的建设。

因此,对现行的机械式立体停车设备简化审批程序很有必要。

附建式机械立体停车楼(库)目前已经不需要单独规划报建,与建筑主体一起报建,流程不必再行优化。对新建建筑采用机械立体停车设备或建成项目改建机械立体停车设施的,可按附属建筑及特种设备安装进行管理,进一步优化审批程序,不再按照建筑物办理基建程序手续。

报建独立式机械立体停车楼(库)应改变当前机械立体停车设施审批过于分散的弊病,对常规流程进行优化简化,如开辟绿色通道,实行初步设计与建筑方案"二合一"审查,节省审查环节;实行多部门集中联审、并联审查、限时办结;在自有用地内新建机械立体停车库(楼)的,可以免于办理用地许可等。

室外机械式立体停车架,2015 年 8 月,国家发改委、财政部、国土资源部、住房城乡建设部、交通运输部、公安部、中国银监会印发的《1788 号意见》,提出"对于小型或利用自有土地建设的停车场,鼓励实行备案制",简化行政审批程序。参照北京、上海的经验,简化报建手续，如已建成小区或单位利用其边角地块插建、增建的机械立体停车架，设置简易程序办理报批报建手续。

2. 关于不动产登记的规定与解读

《广州市停车场条例》第23条规定："机械式立体停车设备符合不动产登记要求的，可以按照其实际用地范围和不动产登记的有关规定办理确权登记手续。"

住房城乡建设部、国土资源部《193号通知》中提出，"停车场权利人可以依法向停车场所在地的不动产登记机构申请办理不动产登记手续，不动产登记机构要依据《不动产登记暂行条例》机器实施细则等法规规章政策，积极做好停车场登记发证服务工作"。

参照北京、杭州、厦门和成都等城市的经验，已通过竣工验收，并且手续齐全的机械停车设施可以以基本单元办理产权登记。基本单元指有固定界限、可以独立使用，并且有明确、唯一编号的建筑物或特定空间。机械停车设施基本单元可以是栋、层、组(间)或建筑物局部附建式机械立体停车库等有固定界限的部分。符合房地产登记要求的，可以按照其整体空间投影的占地面积办理确权登记手续。机械停车设施可将其进行整体转让或整体抵押，不得分割转让或销售。借鉴南京等地做法，允许机械立体停车设施进行使用权交易，通过交易提高资源配置水平和效率。

3. 关于收费管理的规定与解读

《广州市停车场条例》第23条规定，"实行政府定价或者政府指导价管理的机械式立体停车设备的机动车停放服务收费标准可以适当上浮"。符合广州市《关于鼓励建设经营机械式立体停车场的意见》和《广州市物价局关于优化调整停车场差别化收费有关问题的通知》(穗价〔2014〕97号)的有关调整思路。

三、临时停车场建设引导和激励机制

(一)《广州市停车场条例》相关政策解读

本条例第22条明确鼓励设置临时停车场的规定。根据《广州市闲置土地处理办法》(广州市人民政府令第23号,自2010年3月1日起施行)第17条规定,“已领取国有土地使用证的闲置土地,用地单位提出申请的,可以按照下列方式安排临时使用:(一)由用地单位负责建设、养护临时绿地、广场等;(二)临时用作停车场。经批准临时用作停车场的,用地单位应当按照《广州市停车场管理办法》的规定办理相关手续”。因此,“鼓励单位或者个人利用待建土地、存量建设用地等场所设置临时停车场”,以增加停车位供给,能够在一定程度上缓解中心城区停车资源紧缺的问题。

本条第2款是鼓励住宅区利用共有场地设置临时停车场,以解决住宅区停车场不能满足业主停车需求的问题。早期建设的住宅区,由于车位配建标准低,加上车辆不断增加,普遍出现车位无法满足业主需求的情况,根据《物权法》、《物业管理条例》和《广州市物业管理暂行办法》的规定,允许其根据业主自治的原则,利用共有场地设置临时停车场。其中《物权法》规定,“建筑区划内,占用业主共有的道路或者其他场地用于停放汽车的车位,属于业主共有”,并明确决定事项,如“制定和修改建筑物及其附属设施的管理规约、有关共有和共同管理权利的其他重大事项,应当经专有部分占建筑物总面积过半数的业主且占总人数过半数的业主同意”。《广州市物业管理暂行办法》(广州市人民政府令第100号,自2014年5月1日起施行)第85条规定,“占用业主共有的道路或者其他场地用于停放汽车的车位,属于业主共有,未经专有部分占建筑物总面积过半数的业主且占总人数过半数的业主同意,建设单位、物业服务企业不得擅自出售或者出租”。居住区停车需求是基本刚性需求,"住宅区配建的停车场不能满足业主停车需求的,经专有部分占建筑物总面积过半数的业主且占总人数过半数的业主同意,可以利用建筑区划内业主共有部分设置临时停车场"的规定,符合广州市实际情况,对于缓解居住区尤其是早期建设住宅区的停车难具有重要意义。

(二)国内其他城市相关政策实施情况

北京市在《北京市机动车停车管理办法》(北京市人民政府令第252号,自2014年1月1日起施行)对设置临时停车场的条件、组织实施部门等进行了明确和规定,为临时停车场的设置提供了可操作性较强的实施办法,具体为"既有居住区配建的停车场不能满足业主停车需求的,按照物业管理的规定经业主同意,可以统筹利用业主共有场地设置临时停车场;居住区不具备场地条件的,区、县人民政府可以组织相关部门按照规定在居住区周边街坊路或者胡同设置临时停车场";"不能满足居民停车需求的区域,区、县人民政府可以组织相关单位利用待建土地、空闲厂区、边角空地等场所,设置临时停车场";"设置临时停车场,不得占用消防车通道及地下管线检查井等市政基础设施,不得妨碍消防设施和市政基础设施的正常使用,不得影响已批开发项目建设的进度"。

杭州市在《杭州市机动车停车场(库)建设和管理办法》提出了临时停车场设置的设置条件和有关程序。明确规定,"在停车供需矛盾突出的区域,有关单位或个人可利用待建土地、空闲厂区、开放式场地等场所,设置临时停车场,其设置人应按本办法第24条规定办理相关手续,并按公安机关交通管理部门提出的备案意见设置。在人行道红线外至合法建筑物之间开放式场地设置临时停车场,机动车需经人行道驶入停车的,公安机关交通管理部门在办理备案时应征求市政设施行政主管部门的意见,由临时停车场设置人委托市政养护单位按规定标准对人行道实施硬化并承担实施费用”。

扬州市在《扬州市市区机动车停车场管理暂行办法》明确了占用住宅小区业主共有的道路或场地设置机动车停放泊位的限制条件和要求。该暂行办法提出,“现有停车场不能满足业主需求的,由业主大会或者业主大会授权的业主委员会决定,可以占用业主共有的道路或者其他场地用于停放机动车辆,但其设置不得占用、堵塞、封闭疏散通道、安全出口、消防通道,不得影响其他车辆和行人的正常通行”。

第七节　停车位配建指标制定和实施规则

配建停车场是城市设施供应的主体,在停车场总量上占据很大的比例,明确停车配建指标制定、调整主体,合理选择确定停车配建指标,确定建筑工程配建停车场的要求,是非常重要的。

一、广州市配建指标及修订变化情况

(一)近年来广州市配建指标制定及修订情况

广州市停车配建指标自 2001 年以来经过数次调整,历经几个发展阶段,以适应不同时期社会经济发展和停车的增长需求。

阶段一:2001 年以前。

广州市最早执行的停车设施配建标准为 1988 年由公安部和建设部发布的《停车场规划设计规则》(试行),该规则对当时合理引导停车资源的配置起到了重要的指导作用。但是由于机动化水平较低,停车矛盾并不突出,与后来的社会经济以及机动化发展水平相比,该规则规定的建设项目类型少、配建指标过低、区位体现不明显,已远远不

能够适应停车设施配建需要。

阶段二:2001～2007年。

随着我国机动化水平的而不断提高,该规则所要求的停车配建指标已经不符合交通发展需求和趋势。2001年广州市开展了《建筑物停车配建指标研究》,主要针对当时执行的该规则标准难以适应广州市发展需要的情况,而编制的一套适合广州实际情况的配建指标,对推进停车设施的建设起到了很大的作用。通过2002年7月至2007年11月的试行,广州市的配建停车位数量有较大幅度的增加,配建停车位占停车位总量的比例从67%上升到76%,在城市停车供应中的主体地位不断巩固。

阶段三:2007～2013年。

“十五”期间,广州市经济总量持续稳步增加,城市空间不断拓展,机动车拥有量持续增长。随着广州市城市交通发展环境的变化,尤其是全市小汽车保有量的快速增长,城市面临的停车供需矛盾日益突出,给广州市整体交通环境带来很大压力。与此同时,2001年制定的停车配建指标在试行过程中也暴露了一些问题,如住宅停车配建指标偏低,停车管理区过于复杂,部分指标的可操作性不强等。为解决现行指标与城市交通发展形势之间存在的矛盾,优化完善停车配建指标体系十分必要。考虑到未来广州市小汽车保有量仍将快速增长,以及2007年1月1日起市区范围内道路全面“禁摩”的影响。2007年广州市开展了《广州市停车配建指标实施检讨》,通过提高住宅停车配建指标,简化停车管理分区等方式,有效缓解了原有指标与城市交通发展形势之间存在的矛盾,并明确了停车配建管理A区、B区的边界范围。该指标施行至今,广州市的配建停车位数量有了较大幅度的增加,在城市停车供应中的主体地位不断巩固,对改善广州中心城区停车起到较好作用。

阶段四:2013 年以后。

近年来,为解决现行指标与城市空间发展趋势之间存在的矛盾,以及小汽车限购政策下城市交通发展形势的改变,广州市在 2007 年完成的《广州市停车配建指标实施检讨》的基础上,按照分区域、差别化的原则,并结合区域的交通需求管理策略进一步修订建筑物停车位配建标准,于 2013 年进行了广州市停车配建指标优化研究。

2018 年 7 月,广州市国土资源和规划委员会印发《广州市建设项目停车配建指标规定》。

(二)广州市现行配建指标具体内容

1. 适用地域

广州市域,即荔湾区、越秀区、天河区、海珠区、白云区、黄埔区、番禺区、花都区、南沙区、增城区、从化区。

2. 指标管理分区

广州市行政区域内根据交通特征划分为 A、B 两个管理分区。A 区范围包括 4 个区域:广州中心区,即环城高速公路以内的地区;黄埔区中心区,即广园快速路以南、天河区界以东、石化路以西、珠江岸线以北的地区;番禺区中心区,即市桥街东、西环路及市桥水道的围合区域;花都区中心区,即京广铁路以东,迎宾大道以南,天贵路以西,新街河以北的地区;B 区范围为除 A 区以外的规划建设地区。

3. 停车配建指标

停车配建指标如表 3 – 7 – 1 所示。

表 3-7-1　广州市建设项目配建停车位指标

建筑物类型	分类（等级）	计算单位	机动车		非机动车	其他类型停车泊位
			A 区	B 区		
住宅类	商品房、自建住房	泊/100 平方米建筑面积	1.0～1.2	1.2～1.8	≥1.0	每 10,000 平方米建筑面积应设置 1 个临时接送车位（出租车上落客泊位）；超过 20 万平方米建筑面积时，超出部分每 3 万平方米建筑面积设置 1 个临时接送车位（出租车上落客泊位）。大型居住区应结合出入口分散布置临时接送车位（出租车上落客泊位），每处不宜超过 10 个泊位。
	公租房	泊/100 平方米建筑面积	0.5～0.8	≥0.8	≥1.5	
	宿舍	泊/100 平方米建筑面积	0.2～0.3	≥0.4	≥2	
宾馆类	酒店、宾馆	泊/100 平方米建筑面积	0.3～0.4	≥0.5	≥0.25	每 10,000 平方米建筑面积应设置 1 个装卸货泊位。 每 10,000 平方米建筑面积应设置 1 个临时接送车位（出租车上落客泊位）。 每 10,000 平方米建筑面积应设置 1 个旅游巴士停车位。
	招待所	泊/100 平方米建筑面积	0.1～0.12	≥0.15	≥0.25	应设置 1 个临时接送车位（出租车上落客泊位）。
办公类	行政办公	泊/100 平方米建筑面积	0.6～0.8	≥1.2	≥0.7	每 10,000 平方米建筑面积应设置 1 个装卸货泊位。 每 10,000 平方米建筑面积应设置 1 个临时接送车位（出租车上落客泊位）。
	商务办公	泊/100 平方米建筑面积	0.5～0.7	≥0.9	≥0.7	

续表

建筑物类型	分类（等级）	计算单位	机动车		非机动车	其他类型停车泊位
			A 区	B 区		
商业类	商场、配套商业设施	泊/100 平方米建筑面积	0.5～0.6	≥0.8	≥1	每 5000 平方米建筑面积应设置 1 个装卸货泊位。每 5000 平方米建筑面积应设置 1 个临时接送车位（出租车上落客泊位）。
	批发交易市场	泊/100 平方米建筑面积	0.8～1.2	≥1.5	≥1	每 2000 平方米建筑面积应设置 1 个装卸货泊位。每 5000 平方米建筑面积应设置 1 个临时接送车位（出租车上落客泊位）。
	大型仓储式超市	泊/100 平方米建筑面积	1.0～1.5	≥2.5	≥1	每 3000 平方米建筑面积应设置 1 个装卸货泊位。每 5000 平方米建筑面积应设置 1 个临时接送车位（出租车上落客泊位）。
	独立餐饮、娱乐设施	泊/100 平方米建筑面积	1.0～1.5	≥2.5	≥1	每 3000 平方米建筑面积应设置 1 个装卸货泊位。每 1000 平方米建筑面积应设置 1 个临时接送车位（出租车上落客泊位）。
文化类	影剧院	泊/100 座位	3～5	≥5	≥3	每 200 个座位应设置 1 个临时接送车位（出租车上落客泊位）。
	会议中心	泊/100 座位	3～5	≥10	≥3	每 200 个座位应设置 1 个临时接送车位（出租车上落客泊位）。 每 500 个座位应设置 1 个旅游巴士停车位。

续表

建筑物类型	分类（等级）	计算单位	机动车		非机动车	其他类型停车泊位
			A 区	B 区		
文化类	博物馆、图书馆	泊/100 平方米建筑面积	0. 3 ~ 0. 4	≥0. 8	≥3	每 5000 平方米建筑面积应设置 1 个装卸货泊位。 每 3000 平方米建筑面积应设置 1 个临时接送车位（出租车上落客泊位）。 每 5000 平方米建筑面积应设置 1 个旅游巴士停车位。
	青少年宫	泊/100 平方米建筑面积	0. 4 ~ 0. 5	≥0. 8	≥3	每 5000 平方米建筑面积应设置 1 个装卸货泊位。 每 3000 平方米建筑面积应设置 1 个临时接送车位（出租车上落客泊位）。 每 5000 平方米建筑面积应设置 1 个旅游巴士停车位。
	展览馆	泊/100 平方米建筑面积	0. 4 ~ 0. 6	≥0. 8	≥2	每 5000 平方米建筑面积应设置 1 个装卸货泊位。 每 2000 平方米建筑面积应设置 1 个临时接送车位（出租车上落客泊位）。 每 3000 平方米建筑面积应设置 1 个旅游巴士停车位。
体育类	体育场馆	泊/100 座位	4 ~ 5	≥6	≥15	每 500 个座位应设置 1 个临时接送车位（出租车上落客泊位）。 每 1000 个座位应设置 1 个旅游巴士停车位。

续表

建筑物类型	分类（等级）	计算单位	机动车		非机动车	其他类型停车泊位
			A 区	B 区		
医院类	综合医院、专科医院	泊/100 平方米建筑面积	0.8 ~ 1.0	≥1.0	≥3	每 10,000 平方米建筑面积应设置 1 个装卸货泊位。 每 5000 平方米建筑面积应设置 1 个临时接送车位（出租车上落客泊位）。 每 10,000 平方米建筑面积应设置 1 个救护车位。
	独立诊所	泊/100 平方米建筑面积	0.6 ~ 0.8	≥1.0	≥3	每 2000 平方米建筑面积应设置 1 个临时接送车位（出租车上落客泊位）。
	疗养院	泊/100 平方米建筑面积	0.3 ~ 0.5	≥0.5	≥3	每 10,000 平方米建筑面积应设置 1 个装卸货泊位。 每 10,000 平方米建筑面积应设置 1 个临时接送车位（出租车上落客泊位）。
	敬老院、福利院	泊/100 平方米建筑面积	0.3 ~ 0.4	≥0.4	≥3	
学校类	幼儿园、小学	泊/100 平方米建筑面积	0.1 ~ 0.15	≥0.15	≥3	每 3000 平方米建筑面积（A 区）或 2000 平方米建筑面积（B 区）应设置 1 个临时接送车位（出租车上落客泊位）。 应设置 1 ~ 3 个学校巴士上落客车位。
	中学	泊/100 平方米建筑面积	0.1 ~ 0.15	≥0.15	≥8	
	大、中专院校	泊/100 平方米建筑面积	0.5 ~ 0.8	≥0.8	≥5	每 10,000 平方米建筑面积应设置 1 个临时接送车位（出租车上落客泊位）。 每 10,000 平方米建筑面积应设置 1 个学校巴士上落客车位。

续表

建筑物类型	分类（等级）		计算单位	机动车		非机动车	其他类型停车泊位
				A 区	B 区		
游览类	文物古迹、主题公园		泊/10,000 平方米占地面积	4 ~ 8	≥12 ~ 15	≥30	每 10,000 平方米占地面积应设置 1 个临时接送车位(出租车上落客泊位)。 每 10,000 平方米占地面积应设置 1 个旅游巴士上落客车位。
	一般性城市公园、风景区		泊/10,000 平方米占地面积	1 ~ 2	4 ~ 6	≥20	每 20,000 平方米占地面积应设置 1 个临时接送车位(出租车上落客泊位);超过 20 万平方米占地面积时,超出部分每 5 万平方米占地面积设置 1 个临时接送车位(出租车上落客泊位)。 每 10,000 平方米占地面积应设置 1 个旅游巴士上落客车位;超过 20 万平方米占地面积时,超出部分每 3 万平方米占地面积设置 1 个旅游巴士上落客泊位。
交通枢纽类	汽车站		泊/1000 名设计旅客容量	2 ~ 3	≥4	≥3	每 400 名设计旅客容量应设置 1 个临时接送车位(出租车上落客泊位)。
	客运码头		泊/1000 名设计旅客容量	5 ~ 8	≥8	≥8	
	轨道交通车站	一般站	泊/100 名远期高峰小时旅客	—	0.2	6 ~ 8	设置 1 ~ 2 个临时接送车位(出租车上落客泊位)。
		换乘站		—	0.3	3 ~ 5	
		枢纽站		—	0.4	4 ~ 6	

续表

建筑物类型	分类（等级）	计算单位	机动车		非机动车	其他类型停车泊位
			A 区	B 区		
工业仓储类	工业厂房、仓储设施	泊/100 平方米建筑面积	0.1～0.2	≥0.3	≥1	（或）每 100 名职工应设置 20 个非机动车位。 每 1500 平方米建筑面积应设置 1 个装卸货泊位；超过 1500 平方米建筑面积时，超出部分每 4000 平方米建筑面积设置 1 个装卸货泊位。

注：

1. 表中“建筑面积”无特别说明的，均指“计算容积率建筑面积”。

2. 公租房指政府为低收入家庭提供的具有社会保障性质的住房（包括政策性租赁住房），但不包括两限商品住房和部队、企事业单位自建住房等。

3. 新建学校按全部教学行政用房的建筑面积计算配套停车泊位数量，改扩建学校按新增教学行政用房的建筑面积计算配套停车泊位数量。

4. 表中“其他类型停车泊位数量”为指导性指标（幼儿园、小学、综合医院、专科医院等建筑物应按第 14 条规定执行），可根据实际情况灵活设置。

二、《广州市停车场条例》关于停车配建指标的规定与解读

（一）指标制定和调整的规定

根据《广州市停车场条例》第19条规定，“市规划行政管理部门应当综合考虑人口规模和密度、土地开发强度、机动车保有量、道路交通承载能力和公共交通服务水平等因素，制定建设项目停车位配建指标，并向社会公布。市规划行政管理部门应当至少每五年组织对建设项目停车位配建指标进行评估，根据评估结果及时进行调整，并将调整后的建设项目停车位配建指标向社会公布。市规划行政管理部门进行评估时应当征求市交通行政主管部门、市公安机关交通管理部门、市建设行政管理部门、区人民政府和社会公众的意见，征求社会公众意见的时间不得少于十五个工作日”。

首先，配建停车是广州市停车的主体，停车配建指标的高低直接影响广州市基本车位的数量，为确保满足刚性停车需求，规定市规划行政管理部门应当制定建设项目停车位配建指标。

其次，停车配建指标不应是一成不变的，应根据城市机动化水平、城市发展形态和城市交通管理政策等因素的变化，定期评估停车配建指标的合理性、适应性，并根据评估结果进行调整。《广州市停车场条例》对停车配建指标评估调整时间、意见征询等进行了规定。

停车配建指标的调整原则包括以下几个方面：

1. 要结合城市的发展特点，立足于现状调查和各种建筑类型的需求分析；

2. 要充分借鉴国内外其他城市的修订经验；

3. 要适应机动车增长趋势，配建标准要符合建筑物停车需求变化的态势，体现指标的前瞻性和适度超前性；

4. 能体现配建停车标准的区域差别化；

5. 根据城市不同发展阶段的停车需求和策略变化，定期进行一次系统的停车需求研究和对现行标准的分析检查，根据实际情况对指标进行相应的修订，以保证配建标准的合理性；

6. 配建标准制定与实施与城市交通发展政策紧密协调，体现“以静制动”的交通需求管理策略。

（二）建筑工程配建停车场的规定

根据《广州市停车场条例》第 20 条规定，“建设单位应当按照建设项目停车位配建指标的要求，配建停车场。建设工程配建的停车场应当与主体工程同步设计、同步规划报建、同步规划验收、同步交付使用，并符合本市城乡规划技术规定以及有关技术标准。规划行政管理部门在核发建设工程规划许可证和办理规划核实时，应当同步审核配建的停车场是否符合建设项目停车位配建指标的要求；不符合建设项目停车位配建指标要求的，不予核发建设工程规划许可证或者建设工程规划验收合格证。规划行政管理部门在办理规划核实时，应当审核商住一体建设项目配建的住宅停车位的具体位置。建设单位租售商住一体建设项目配建停车位的，应当在租售方案中明确标示配建住宅停车位的数量和具体位置”。

目前，广州市建筑工程配建停车场的管理流程如下：在建设项目的修建性详细规划审查阶段及建设工程规划许可证核发阶段，规划行政管理部门按照地块规划条件、《广州市城乡规划技术规定》及相关技术标准的要求落实项目停车位配建指标，并在规划复函及建设工程规划许可证的附件中予以明确。在规划验收阶段，规划行政管理部门按照《广州市城乡规划技术规定》等相关技术标准要求，对照地块规划条件、修建性详细规划、报建等进行核实，并在规划复函及建设工程规划验收合格证的附件中予以明确。确保建设工程配建的停车场应当与主体工程同步设计、同步规划报建、同步规划验收、同步交付使用。

广州市存在建设单位随意调整商住两用楼宇住户与商场的停车位使用分配比例损害住户的情况比较多，为保障住户的停车需求需要，有必要对商住一体建设项目的建设单位予以规范，明确标示配建住宅停车位的数量和具体位置。

三、国内外配建指标借鉴[1]

（一）国内城市配建指标

1. 香港特别行政区

20世纪70年代中期，香港提出了建筑物设置停车位标准；1991年香港规划署展开“第一次需求研究”，检讨及修订了泊车位供应标准，颁布了《香港规划标准与准则》；2002年香港运输署开展“第二次需求研究”，对原有的《香港规划标准与准则》做出了检讨与修订，通过制定新的《香港规划标准与准则》，使未来开发项目及重建项目更能配合有关的泊车和上下客货需求，从而降低项目对附近道路网的交通影响。

香港在制定停车配建标准时，充分体现了停车需求管理和政策导向的作用，其配建原则是：住宅区应尽可能充分满足当前及未来的停车需求，而公共设施和商业场所则限制到满足其经营要求的最低限度，同时，在距离地铁车站500米范围内的开发项目，适当降低配建指标，体现了鼓励使用公共交通、限制使用小汽车的交通政策。

2. 中国台湾地区

我国台湾地区的“建筑技术规则”对新建、改建、改造、改变用途、

[1] 参见张晓东、李爽：《北京市建筑物配建机动车停车位指标修订研究》，载《道路交通与安全》2014年第14期；叶敏、盛志前：《国际停车配建规划策略研究》，新型城镇化与交通发展——2013年中国城市交通规划年会暨第27次学术研讨会。阮金梅：《国内外停车配建标准比较研究》，载《交通工程》2012年第1期。

增建建筑物辐射范围的停车空间作了规定。20 世纪 80 年代以前其规定分类还较粗略，基本上分为三类，并以建筑总面积来计算配建停车位。20 世纪 80 年代后期，“建筑技术规则”经历了一次修订，普遍提高了配建标准，且考虑建筑所在区的人口密度、商业中心区、娱乐区、交通设施地区、公共场所等的人口集中和车辆集中程度不同分别修订了原有标准。1995 年我国台湾地区再次对“建筑技术规则”进行了修订，设置标准分类进一步细化，建筑分类增至五类，各分类又分成不同组别，在各类建筑物停车位标准中增加了客货装卸车位和摩托车位标准。

3. 内地

2015 年，住房和城乡建设部发布《城市停车设施规划导则》，要求各地研究制定建筑物配建停车位标准。《城市停车设施规划导则》中关于配建停车位的要求如下：

5.6　建筑物分类与配建停车位标准

5.6.1　需配建停车位的建筑物应按照土地使用性质划分大类，按照建筑物类型、使用对象及各类建筑物停车需求特征细分建筑物子类，并根据城市的发展特点调整。

5.6.2　建筑物配建停车位标准的制定应结合城市特点开展专题研究，体现停车位总量控制和分区差别化原则：

（1）各类建筑物配建停车位标准应按照差别化原则合理设定下限与上限控制标准。

（2）城市中心区的停车配建标准应低于城市外围地区。中心区、公共交通发达地区的商业、办公等建筑物应设置上限标准，合理控制停车设施规模。

（3）在相同区域内公交服务水平高的地区，可降低配建停车位标准。轨道站点500米半径覆盖区域内建筑物停车配建标准比其他区域进一步降低。

(4)机场、港口、公交枢纽、体育设施等大型公共建筑物,以及其他重大建设项目通过开展交通影响评价,专题论证和确定配建停车位规模。

(5)考虑停车位的共享和高效利用,城市综合体等多种性质混合的建筑物配建停车位规模可小于各单种性质建筑物配建停车位规模总和,不应低于各种性质建筑物需配建停车位总规模的80%。

(6)对于新建或改建的住宅项目,若周边邻近300米范围内地块存在基本停车位缺口,可适当增补该项目停车配建标准并对周边共享使用。原则上不超过标准配建数量的20%,且增配量不能对周边道路交通产生显著影响。

(7)建筑物停车位配建标准应根据需要,结合城市停车设施专项规划编制进行调整。

近年来,北京、深圳、上海、南京等城市先后完成了对建筑物配建停车标准的修订,主要采用单因素相关分析法,通过对城市中各种类型用地的详细停车调查、统计分析,得出基于不同用地特性的停车需求量,为确定建筑物配建泊位设置标准提供依据。

大部分城市建筑物停车配建指标均按建筑物类型不同进行分类,主要大类包括住宅类、医院类、办公类、学校类、文化体育设施类、商业设施类、工业设施类、游览场所类、交通枢纽类等,并根据各个城市的具体情况区分更细致的若干个小类。同时,根据各个城市的分区特性,对城市停车区域进行分区管理,一般来说,中心区配建指标有上限值、下限值,外围区配建指标仅有下限值。

（二）国外配建指标[1]

1. 美国

美国交通工程师协会（ITE）数十年来根据积累的大规模的调查样本数据，对各类建筑物停车需求及配建指标开展了详细的连续研究，连续3次推出系统的《停车生成率研究报告》（Parking Generation），各个城市在《停车生成率研究报告》的基础上，对停车需求开展调查研究，并结合本地区的实际停车需求和停车发展政策制定地方建筑物机动车泊位配建指标建议值。

近年来，美国在放松最小配建值的同时，部分城市开始取消下限、引入停车上限、路外配建和路内停车总量控制等新停车配建指标。如旧金山市规定路外停车设施面积不能超过总建筑面积的7%，俄勒冈州波特兰市规定每400平方英尺（约37平方米）设置1个停车泊位，相当于每2个办公人员配置1个停车泊位。

2. 英国

英国将建筑工程停车配建指标按居住者和来访者分别进行考虑，其中商业、办公等类型的建筑工程则根据区位的不同，分中心区和非中心区进行考虑。

英国TRL研究结果显示：提高公交服务频率仅减少1%～2%私家车辆出行，停车价格翻倍减少20%私家车辆出行，减少一半的停车位供给导致30%的出行者不采用小汽车出行。据此，伦敦市在约10,000公顷内的伦敦停车地区对新建办公楼与商店的配建停车场设置了停车配建上限，限制过多停车供给。

---

〔1〕参见叶敏、盛志前：《国际停车配建规划策略研究》，新型城镇化与交通发展——2013年中国城市交通规划年会暨第27次学术研讨会。

3. 法国

巴黎对地铁车站500米范围内的各种用地设定停车上限。巴黎市内公共交通系统十分发达，平均每500～600米布设有一个地铁站，平均每1.5～2公里布设一个区域铁路站。依据其发达的轨道交通系统，巴黎对停车配建指标进行了倾向支持公交发展的调整。2001年取消东区公租房一车一位规定，公租房房和车位租售分开。随后进一步取消了停车配建的下限，设定停车配建上限每100建筑平方米配建一个车位，在地铁车站周围500米内建筑的配建车位数可获得100%的折减，即开发商可不予配建停车位或凭其意愿配建不超过上限的停车位数量。

4. 日本

日本的配建标准分类较为简单，但对新建、扩建和改建进行了区分。日本在停车场配建指标管理中，为配合“购车自备车位”政策的执行，保证车辆在出发地有固定的停车位，对住宅区停车场的配建标准提出较高的要求，商品房和出租房住宅区停车位数量需要达到住户数的100%和70%。

5. 新加坡

新加坡在进行配建指标分类时，综合考虑了区位的因素，各分区均采用不同的分类标准，中心区远远低于非中心区。新加坡从限制小汽车出行的角度出发，建筑工程停车配建标准不高，且执行上非常严格，建筑物如未按标准配置停车位，需要按停车泊位的缺乏数缴纳建设差额费，且不同地区采用不同的差额费标准，中心区的建设差额费远高于非中心区。

（三）对广州的启示

国外发达国家的停车政策已经从供给满足需求逐步向停车需求

管理转变。国际停车配建指标调控停车需求的策略总结起来可以概括为:指标从下限到上限,用地从统一到分区,分布从辐射到递增。

1. 设定停车配建指标上限

美国、欧洲等国家,在其城市中心区或划定的 CBD 区域范围内,降低甚至取消配建指标下限值,转而控制停车配建指标上限值及路内、路外停车位总量,从而限制过多的停车供给,主要目的是减少私家车出行,鼓励公共交通方式出行。

2. 停车配建上下限指标区域差异化

结合公共交通系统可达性或者根据用地在城市中的不同区位,设定差异化的区域停车配建上下限指标,鼓励小汽车出行者选择公共交通工具出行在欧洲得到了普遍的应用。

3. 配建指标由中心区向外区从辐射到递增

中心区通常是城市交通较为拥堵的区域,也是城市历史文化保护重点区域,减少中心区配建指标,特别是商业办公配建指标,可缓解中心区交通拥堵。

城市配建停车位是城市停车需求的供给主体,科学合理地制定停车配建指标是实施停车需求调控的重要步骤,支撑城市可持续的机动化发展。目前广州市停车发展尚处于设施短缺、被动配给、停车泊位数量远远落后于机动车拥有量的阶段,基本停车位供给不足,因此,必须提高配给停车位供给,严格限制配建停车位下限值;而考虑中心城区交通拥堵、停车需求管理、中心城的公共交通便利程度等问题,中心区需控制配建停车位上限值。[1]

---

〔1〕 参见叶敏、盛志前:《国际停车配建规划策略研究》,新型城镇化与交通发展——2013 年中国城市交通规划年会暨第 27 次学术研讨会。

第八节　停车场建设和管理规范

停车场的建设，必须符合城市规划和保障道路交通安全畅通的要求，应按照有关标准和规范设置交通标志、标线和停车服务设施等，合理设置出入口，大力推动停车新设施新技术应用。对不符合标准和规范要求的，应及时提出建议并作出处理决定，消除隐患。

一、国家部委相关政策

（一）《停车场规划设计规则》（试行）

1988 年，公安部与建设部制定《停车场规划设计规则》（试行），1989 年开始实施。该规划提出机动车停车场内必须按照国家标准《道路交通标志和标线》设置交通标志，施划交通标线，机动车停车场的出入口应有良好的视野。机动车停车场车位指标大于 50 个时，出入口不得少于 2 个；大于 500 个时，出入口不得少于 3 个。出入口之间的净距须大于 10 米，出入口宽度不得小于 7 米。

（二）《停车场建设和管理暂行规定》

1988 年，公安部与建设部制定《停车场建设和管理暂行规定》，1989 年开始实施，提出停车场的建设，必须符合城市规划和保障道路交通安全畅通的要求，其规划设计须遵守《停车场规划设计规则》（试行）。停车场的设计方案（包括有关的主体工程设计方案），须经城市规划部门审核。并征得公安交通管理部门同意，方可办理施工手续。停车场竣工后，须经公安交通管理部门参加验收合格方可使用。

（三）《城市公共停车场工程项目建设标准》

2010年，住房和城乡建设部、发改委制定《城市公共停车场工程项目建设标准》（JB128—2010）。提出城市公共停车场工程项目可由停车基本设施、建设设备、安全防护与环境保护设施、管理设施和服务设施构成。特大、大型停车场应建设停车引导、电子监控等信息系统及防灾安保系统，应考虑新能源汽车对停车场设施的需求。

（四）《机械式停车库工程技术规范》

2015年2月，住房和城乡建设部制定《机械式停车库工程技术规范》（JGJ/T 326—2014），对机械式停车库作了一般规定。机械式停车库分为升降横移类、简易升降类、平面移动类、巷道堆垛类、垂直升降类停车库。该规范对施工与安装、工程验收、运行维护等作了技术规定。

（五）《车库建筑设计规范》

2015年5月，住房和城乡建设部制定的《车库建筑设计规范》（JGJ 100—2015）对基地和总平面作了相关规定。该规范分别对机动车库、机械式机动车库、非机动车库作一般规定、出入口、停车区域、构造措施等提出了设置技术规范，包括给水排水、采暖通风、电气系统。

（六）《关于加强城市停车设施建设的指导意见》

2015年8月，国家发展改革委、财政部、国土资源部等七部委制定《1788号意见》，提出坚持市场运作，通过政府规划引导、政策支持，按照市场化经营要求，以企业为主体加快推进停车产业化；坚持改革创新，完善管理体制机制，探索多种合作模式，有效吸引社会资本；坚持集约挖潜，鼓励既有停车资源的开放共享，有效利用、充分发掘城市地上和地下空间资源，建设立体停车设施；坚持建管同步，完善路内停车泊位管理，提升停车信息化水平，加强违法行为治理。

（七）《城市停车设施建设指南》

2015年9月，住房和城乡建设部制定《城市停车设施建设指南》，提出停车设施的必要组成部分包括停车基本设施、建筑设备、安全防护与环境保护设施，此外，可以根据停车设施的规模及功能要求选择管理设施和服务设施。停车设施的交通工程设施可分为交通管理设施与交通安全设施，交通管理设施包括标志、标线、信息系统和运行监控系统等，交通安全设施包括护栏、隔离设施、防撞设施等。并对停车库和停车场、机械式停车库、路内停车泊位、居住区挖潜改造、停车换乘设施、电动汽车充电设施等作出了相关规定。

（八）《关于加强城市停车设施管理的通知》

2015年9月，住房和城乡建设部制定《关于加强城市停车设施管理的通知》（建城〔2015〕141号）。通知提出，要加强停车设施建设管理，强化规划编制、严格建设管理；加强停车设施经营管理，推进专业化经营、加强运营服务监管；促进信息化、智能化管理，提高信息化水平、提高智能化服务水平；严格路内停车泊位管理，合理施划、完善收费政策；规范居住区停车管理，明确居住区停车管理责任、改善居住区停车秩序、鼓励错时共享停车；开展重点地区停车综合治理，把握综合治理的重点、违法停车综合治理、居住区停车综合治理。

（九）《加快城市停车场建设近期工作要点与任务分工》

2016年2月，国家发展改革委制定《加快城市停车场建设近期工作要点与任务分工》（发改基础〔2016〕159号），提出明确规划重点，以居住区、大型综合交通枢纽、城市轨道交通外围站点（P+R）、医院、学校、旅游景区等特殊地区为重点，在内部通过挖潜及改造建设停车场，并在有条件的周边区域增建公共停车场。鼓励建设停车楼、地下停车场、机械式立体停车库等集约化停车设施，并按一定比例配建电动汽车充电设施。推动停车与互联网融合发展，加强不同停车管理信息系统的互联互通、信息共享，强化对系统平台监督，促进停车与互联网融合发展，支持移动终端互联网停车应用的开发与推广，鼓励出行前进行停车查询、预定车位，实现自动计费支付等功能，提高停车资源利用效率，减少因寻找停车泊位而产生的交通需求。

二、近年来广州市停车场建设和管理规范总结分析

近年来，广州市先后出台了《广州市停车场管理办法》《广州市政府关于鼓励停车场建设的若干意见》《广州市城乡规划技术规定》《广州市建设项目停车配建标准管理规定》等地方性规范和标准。

（一）《广州市停车场管理办法》

《广州市停车场管理办法》（2003 年制定，2008 年修订）提出公安部门负责对停车场出入口设置、场内交通标志和标线、消防、车辆行驶安全秩序实施监督管理。申请机动车停车场《道路运输经营许可证》的企业或者个体工商户，应当向该停车场所在地的区、县级市交通行政管理部门提交场内交通标志和标线以及消防、环保等符合规定的批准文件。营业性机动车停车场需要合并、分立、迁移、改名、变更经营范围以及停业、歇业的，经营者应当依照《广东省道路运输管理条例》第 9 条的规定到相关行政管理部门报批或者办理有关手续，并应当到原许可收费的物价部门办理手续。

（二）《广州市政府关于鼓励停车场建设的若干意见》

《广州市政府关于鼓励停车场建设的若干意见》（穗府办〔2009〕34 号）提出对有停车需求及有条件设置停车泊位的住宅小区，在满足人、车通行的前提下，遵循不扰民、不堵塞交通、不影响消防通道畅通的原则，在住宅区内适合划线的道路两侧或空地设立临时停车泊位，同时完善交通标识标线。

（三）《广州市城乡规划技术规定》

《广州市城乡规划技术规定》(2015 年广州市人民政府令第 133 号)提出停车场(库)出入口应当设置缓冲区间,缓冲区间和起坡道不得占用规划道路,闸机不得占用规划道路和建筑退让范围。严格控制直接正对主干路设置停车场(库)出入口。社区停车场(库)可独立用地,也可设于大型建筑地下并应集中设置。出入口应设于城市次干路、主路上,不应直接与主干路连接,100～500 泊位的停车场(库)车辆出入口不应少于 2 个,大于 500 泊位的停车场(库)车辆出入口不应少于 3 个,并应设置人流专用出入口,各出入口之间净距应大于15 米,出入口的宽度,单向行驶时不应小于 5 米,双向行驶时不应小于 7 米。居住社区停车(含机动车与非机动车)配套应按相关建筑物停车配建标准设置。

（四）《广州市建设项目停车配建标准管理规定》

《广州市建设项目停车配建标准管理规定》于 2018 年 7 月市国规委印发实施。该规范提出建设项目配建停车场(库)设计应满足内外交通组织、车库建设设计及防火、机械式停车场安全、城市道路交通标志标线设置等方面的规范要求。

三、《广州市停车场条例》关于停车场建设和管理规范的规定与解读

《广州市停车场条例》中关于停车场建设和管理规范,主要有第 21 条、第 24 条、第 25 条、第 29 条、第 30 条、第 35 条。本条例对停车场的硬件设施设置、建设工程规划许可证和经营性停车场备案管理等做出了具体规定。

（一）停车场硬件设施设置要求

该条例第 21 条规定,公共停车场、专用停车场应当按照规范设置停车场标志牌;使用混凝土、沥青或者砂石等进行地面硬底化处理;设

置交通标志、标线，对停车泊位实施编号管理；安装车轮定位器；配备通风、照明、排水等设施设备；规范设置停车场出入口；设置视频监控、出入口控制、车牌识别等安全技术防范系统；配建、加装电动汽车充电基础设施；设置并标明肢体残疾人专用的无障碍停车位；配置消防设备、设施等。

该条例第25条规定，安装机械式立体停车设备，应当符合用地、建筑等相关要求和技术标准，不得占用市政道路、消防通道，不得影响结构安全、消防安全和通行安全。该条例第35条规定，停车场的出入口设置不符合有关标准或者规范，应当及时提出建议和或作出处理决定，消除隐患。

1. 停车场标志牌。参考《城市道路路内停车管理设施应用指南》，设有收费停车泊位的路段应设置停车信息牌，停车信息牌应自上而下标明允许停车标志、允许停车时间、停车信息牌编号、停车泊位编号、收费标准、计费规定、监督电话和管理单位等。记载停车场的统一编号和车位数量，指引车辆停放者及时掌握停车场的位置和车位信息。

2. 地面硬底化处理。根据《城市道路工程设计规范》的规定，停车场铺面应满足稳定、耐久、平整、抗滑和排水的要求。

3. 交通标志、标线。机动车停车场内必须按照国家标准《道路交通标志和标线》设置交通标志，施划交通标线。交通标志宜采用附着式标志安装方式，条件受限时也可采用单柱、悬臂或门架式标志安装方式。交通标志不应侵占行车与停车限界。交通标线包括标划和设置于停车场地面的各种线条、箭头、文字、立面标记、凸起路标与轮廓标等。特大、大型、中型城市停车设施应以交通标线区分停车位、行车道、禁行(停)位及场内分区等。

4. 车轮定位器。根据《车库建筑设计规范》的规定，为了在停车位内安全停车，宜设车轮挡，其位置与机动车前悬或后悬的尺寸有关，车轮挡宜设于距停车位端线为机动车前悬或后悬的尺寸减 0.2 米处，其高度宜为 0.15 米，且车轮挡不得阻碍楼地面排水，应断开或下部漏空。

5. 通风、照明、排水设备。根据《城市停车设施建设指南》《车库建筑设计规范》等规范的要求，停车库、场应优先采用自然采光，当自然采光无法满足要求时，应设置照明，并宜采用节能电源。车库内的生产给水、生活给水和消防给水系统应分开设置；生产、生活用水量应符合现行国家标准《建筑给水排水设计规范》（GB 50015—2003）的规定；冲洗用水宜优先采用中水。车库消防用水及灭火设施应符合现行国家标准《汽车库、修车库、停车场设计防火规范》（GB 50067—2014）和《建筑设计防火规范》（GB 50016—2014）的规定。

6. 出入口。基地出入口及停车库、场出入口应符合《城市停车设施建设指南》《车库建筑设计规范》的技术要求，如基地主要出入口的宽度不应小于 4 米，与城市道路连接的出入口地面坡度不宜大于 5%，相邻停车库、场基地出入口之间的最小距离不应小于 15 米，且不应小于两出入口道路转弯半径值，还应设置减速安全设施。停车库、场出入口宽度，双向行驶时不应小于 7 米，单向行驶时不应小于 4 米。

7. 安全技术防护系统。根据《城市公共停车场工程项目建设标准》《车库建筑设计规范》等规范的要求，城市公共停车场运行监控系统应具备入口车位信息显示及出口收费显示、出入车挡控制、出入车辆识别控制、自动计费收费管理、保安对讲报警、视频安防监控、分区车辆统计等功能，运行监控系统宜独立运行，通过中央控制室实施智能化管理，亦可与其他管理监控系统联网。

8. 充电基础设施。根据《城市停车设施建设指南》《车库建筑设计规范》等规范要求,停车设施应按照有关标准和要求配置电动汽车充电设施,配建比例应结合电动车辆的发展需求、停车场规划及用地条件综合确定。充电设施接口应设置电池充满自动断电装置。

9. 无障碍停车位。根据《城市公共停车场工程项目建设标准》《车库建筑设计规范》等规范的要求,无障碍停车位应布置在距停车场无障碍出入口最近的位置,车位宽度应为普通车位的1.5倍,应采用无障碍标识指引。

10. 消防设备设施。根据《汽车库、修车库、停车场设计防火规范》等规范的要求,城市公共停车场应设置有效的预防和救灾设施,包括消防安全,消防通道、疏散出入口、自动灭火装置和防排烟设备等。

11. 机械式停车设备。根据《机械式停车库工程技术规范》等规范的要求,机械式停车设备的尺寸和汽车的出入方式等各不相同,停车库的铺面和空间尺寸需依据设备要求进行设计,并需满足停车设备安装就位所需要的工作面及检修要求的空间和通道,同时还需考虑配套的消防、电气、照明、通风、采暖等设施的空间要求。

(二)规划许可与经营备案制度

《广州市停车场条例》第24条规定,在现有停车库内部安装机械式立体停车设备的,建设单位无须申领建设工程规划许可证。在室外安装机械式立体停车设备的,建设单位应当申领建设工程规划许可证,但符合相关条件的,建设单位无须申领建设工程规划许可证。该条例第29条规定,公共停车场、专用停车场和临时停车场经营者应当在工商登记后20个工作日内向停车场所在地的区交通行政主管部门提交下列资料,办理备案手续。第30条规定:公共停车场、专用停车场和临时停车场经营者变更备案事项或者停业、歇业的,应当向原备案机关备案,停车场停止使用的,应当提前向社会公告。

根据《关于加强城市停车设施管理的通知》的规定，各城市相关部门要深化行政审批制度改革、简政放权、转变职能、主动服务，简化投资建设、经营手续办理程序，提高工作效率，按照规定办理时限和程序完成项目业主或投资主体提出的停车设施建设项目的审批（或核准）。对于小型或利用自有土地建设的停车场，鼓励实行备案制。各地最大程度地减免停车设施建设运营过程中涉及的行政事业性收费。

四、我国大城市以及其他国家停车场建设和管理规范借鉴

（一）国内大城市停车场建设和管理规范

1. 北京

北京市制定了《公共停车场工程建设规范》（DB11/T 595—2008），提出了建设基本要求，鼓励建设机械化停车设施。规定了公共停车场出入口安全视距、设置位置、数量、服务半径等。对用地与建筑标准、建筑设备、交通工程设施、安全防护与环境保护等作了相关规定。

北京市还制定有《机械式停车库（场）设计规程》（DB11/T837—2011），对机械式停车库（场）提出了选址原则与总平面布置，规范了建筑标准和工程设计、建筑设备、交通工程设施、安全防护与环境保护等设置技术。

2. 上海

上海市制定了《上海市停车场（库）管理办法》规定了公共停车场（库）和专用停车场（库）的设计方案，应当符合国家和本市停车场（库）的设置标准和设计规范。公共停车场（库）经营者应当依法办理工商、税务登记手续，并办理备案手续。公共停车场（库）经营者变更登记事项或者歇业的，向原备案部门办理备案手续。公共停车场（库）歇业的，经营者应当提前 5 日向社会公告。上海市实行公共停车信息系统联网管理。

上海市制定了《机械式停车库(场)设计规程》(DG/TJ 08 - 60—2017),对机械式停车库(场)作了基本规定,规范了建筑和结构、交通设计、设备设置和安全措施、公用设施等设置技术。

上海市贯彻《关于加强城市停车设施建设的指导意见》的实施意见,提出推进停车信息化建设。推进公共停车信息系统建设,加快既有电子收费系统的升级改造,提高停车泊位信息采集发布的实时性和准确性。加大停车高新科技开发应用力度,促进咪表停车系统、智能停车诱导系统、自动识别车牌系统等开发和应用。鼓励基于移动终端的功能开发和应用推广,实现停车信息查询、停车泊位预约、电子支付等服务功能,提高停车资源利用效率。鼓励新兴运营服务商投运停车信息服务建设,开展多样化的停车信息采集与应用。

3. 重庆

重庆市制定了《重庆市停车场管理办法》(2016 年),规定停车场应当按照停车场设置规范和标准,建设照明、通信、排水、通风、消防、安全防范、无障碍设施、充电设施等停车场配套设施,并设置相应的标识和交通安全设施。办法中还要求公共停车场、建筑物配建停车场经营管理者应当在停车场投入使用后 30 日内,报所在区县(自治县)市政主管部门备案。公共停车场、建筑物配建停车场经营管理者变更备案事项的,应当重新办理备案手续。公共停车场、建筑物配建停车场不得擅自停止使用或者改变用途。

4. 深圳

深圳市制定了《深圳停车场规划建设和机动车停放管理条例》(2004 年),规定停车场的设计方案应当征求市公安交管部门的意见,并经规划部门审核后,建设部门方可办理施工手续。申请开办经营性停车场的,应当向市公安交管部门申请《深圳市经营性停车场许可证》,未经主管部门同意,经营性停车场不得擅自变更、注销,如须变更或者注销的,应当办理相关手续。停车场应当根据需要具备照明、排水、通风、消防、防盗等条件或者必要的设施。

深圳市制定了《深圳市停车设施建设专项规划(2018—2020年)》,对停车设施选址原则、建设规模、平面布置做了基本要求,并规定停车设施的必要组成部分包括停车基本设施、建筑设备、安全防护与环境保护设施,停车设施的交通工程设施包括标志、标线、信息系统和运行监控系统等;交通安全设施包括护栏、隔离设施、防撞设施等。

(二)其他国家停车场建设和管理规范

1. 美国

美国有专门的停车管理机构,权责明确,停车管理机构负责制定建设标准、设计要点、运营管理要求,私人开发商负责建设,非常便于停车的统一建设管理。[1]

2. 日本

日本较早采取了停车诱导系统来疏导停车需求,通过诱导系统显示附近停车场泊位情况、进行路径引导,或通过通讯手段预约停车位,提高现有停车位利用率,改善道路交通状况。1995年,日本东京新宿地区建设了日本首例成熟的停车诱导信息系统(PGIS),目前东京道路两侧的电子显示牌都会显示该地区的停车位情况。[2]

3. 新加坡

兴建智能化多层停车楼,停车楼选址主要在远离城中心的“边缘”

〔1〕 参见李雪梅、许红:《鼓励城市机动车停车设施民营化的国内外政策比较》,载《工业经济论坛》2016年第3期。

〔2〕 参见王泽河、樊月珍、毛恩荣:《先进的城市停车诱导系统的研究》,载《计算机工程与设计》2006年第2期。

地带,空间综合利用率高,并且有效地解决乱停乱放造成的交通混乱及停车位紧张的问题。停车楼管理系统能够读取各个停车位上的汽车车牌号码,输入车牌号码,电脑便会立刻显示出汽车停放的具体位置,比较便利。[1]

4. 韩国

首尔城市交通本部引进了移动应用软件 & 网络及以 GIS 为基础的停车场管理分析系统。该系统可以与智能手机的导航应用软件(olleh navi、T - map、U + navi)自动连接,提供导航服务,包括提供2056 处公营、民营停车场的 24. 6 万个停车位及停车费、开放时间、优惠等基本信息,提供 80 处公营停车场的 1. 5 万个停车位及停车场车辆出入状况等信息。

5. 法国

制定合理的配建控制机制,设置停车供给上限。如巴黎规定公交车站 500 米范围内不允许建设停车场。如果要建设新的路外停车场,则必须对路内停车泊位进行削减,把道路资源用于拓宽人行道和自行车道。

6. 瑞士

苏黎世规定如果在城市中心区建设停车场必须通过交通影响评价,以确保新建停车场不会吸引更大交通量而导致交通拥堵,且空气质量不会超标。严格控制市中心的停车泊位数量,停车场一般设置在中心区边缘,通过这样的措施有利城市中心经济发展与环境保护。[2]

---

〔1〕 参见成晋、杨蕾:《城市居住区内停车形式初探——新加坡 MSCP 之借鉴》,载《城市开发》2002 年第 4 期。

〔2〕 参见戴帅、虞力英:《城市停车管理的启示与建议》,载《道路交通管理》2013 年第 7 期。

第九节 停车场经营者和车辆停放者的责任

明确停车场经营者和车辆停放者的责任是规划停车场管理、规范停车行为的有效手段和途径,《广州市停车场条例》对此均作了详细而明确的规定。

一、广州以往规定及实施中存在的不足

广州市 2008 年出台的《广州市停车场管理办法》对停车场经营者和车辆停放者的责任有相关的规定,主要包括:

停车经营者应当遵守的各项规定和不能违反的事项,如维护停车秩序、制定应急预案等,但缺乏信息公开等方便停车用户监督查询的内容,由于信息不公开,实施过程中缺乏用户和社会的监督,违章经营现象未能得到很好的控制。

机动车停放者因遵守的各项规定,如按规定缴费、禁止携带危险物品进入停车场等,条款内容相对简单、各类情况和措施描述不够细致,且切缺乏对特殊人群(如肢体残疾人群)专用车位保障的针对性条款,实施过程中依然存在停车随意、压线停车、占道及占用特殊人群车位停车等现象。[1]

二、《广州市停车场条例》关于停车场经营者和车辆停放者责任的规定与解读

《广州市停车场条例》在 2008 年《广州市停车场管理办法》的基础上,结合北京、上海、深圳等城市的经验,增加信息公开、社会监督和

---

〔1〕 参见《广州市停车管理政策研究》,广州市交通运输研究所,2016 年。

特殊人群专用停车保障等方面的内容，细化了机动车停放者应遵守的各项规定，进一步完善了关于停车场经营者和车辆停放者的责任。主要包括以下两个方面：

（一）停车场经营者责任

停车场经营者在经营停车场的同时，应当承担相应的责任。如在停车场入口显著位置公告停车场名称、营业执照、收费标准、车位数量和监督电话等信息，以便用户查询和监督。向机动车停放者出具收费专用发票，对进出车辆进行登记，保持停车场内通道畅通，维护停车秩序，妥善保管车辆出入、视频监控等记录。制定各类管理制度和对应突发事件的应急预案。商住一体建设项目的停车场，经营者应当公布商业、住宅停车位的配建标准。实行政府定价、政府指导价管理的停车场，经营者应当按照规定的收费标准收费。实行市场调节价管理的停车场，经营者应当按照公布的收费标准收费。采用计算机计费管理的停车场，经营者应当向停车信息管理系统实时上传泊位信息、车牌识别信息、车辆进出时间和收费标准。

（二）机动车停放者责任

机动车停放者在享受停车服务的同时也应当遵守相应的规定，以维护停车场的正常运作。首先，需按照场内交通标志、标线有序停放车辆，不得损坏停车场相关设施、设备，并按照标准支付机动车停放服务费。其次，不得驾驶装有危险物品或者其他违禁物品的车辆进入停车场，不得违规占用人行道、消防通道、无障碍设施通道等设施。不得占用无障碍停车位，影响肢体残疾人群对专用停车位的使用。

三、国内外大城市相关规定

（一）北京：最大限度满足中心城区停车需求

北京市要求中心城范围内向社会开放并收费的停车场应 24 小时

开放(规定实行限时的临时停车场除外),以最大限度地满足中心城区广大市民的停车需求。此外,向社会开放的停车场明示停车场名称、服务项目、收费标准、车位数量及监督电话。收费须出具专用发票,并对停车管理员进行专业培训、考核。为停车人进出提供明确的引导,同时为残疾人提供必要服务。停车人应当服从引导,停车不得超出停车泊位,不得损坏停车设备,按照规定缴纳停车费用。

(二)上海:规范经营、建立信用征信系统

上海市停车场经营者工作人员需规范着装、佩戴服务牌证,需按照规范在停车场(库)入口处与收费处公示收费标准及监督电话。引导车辆有序进出和规范停放,维护停车秩序。制定停放车辆、安全保卫、消防、防汛等管理制度以及突发事件的应急预案。机动车驾驶员及其随车人员应当服从工作人员的指挥,有序停放车辆。不得损坏停车设施、设备。不得停放装有危险物品或者其他违禁物品的车辆,机动车驾驶员不按照规定支付停车费的信息,应当纳入本市个人信用征信系统。

(三)深圳:安全第一、凭证停放

深圳市规定停车场管理单位须在出入口显著位置明示停车场标志、服务项目、收费标准、停车场管理责任和管理制度,负责进出车辆的查验、登记,维护场内车辆停放秩序和行驶秩序,使用税务统一发票,做好停车场防火、防盗等安全防范工作,协助疏导停车场出入口的交通。另外,机动车驾驶人进入经营性停车场应当领取停放凭证,交纳停放服务费,并做好车辆防盗的必要安全措施,妥善保管停放凭证。

(四)东京:停车信息化程度高、违章处罚严格

东京的所有停车场在大街上都有醒目的停车引导标志,自动显示

停车场的空满状态、价格信息等，大部分停车场上传空满状态到停车网站、手机终端、车载GPS导航设备等，驾车者在网上、手机、车载GPS上随时可以查看就近的停车场的空满、价格等信息。警察和民间监督员可以对违章停车执法处罚，民间监督员由企业申请，政府考核批准后，由企业聘人承担，企业管理。由于处罚严格，加上司机比较自觉，所以违章停车的现象很少，道路虽然狭窄，但交通通畅。

第十节　住宅停车场管理规则

住宅停车场的管理，应规范住宅停车场的权属，明确小区建设单位、居民业主等的职责和义务，合法合规确定停车收费机制，保障住宅停车管理双方的合法权益，相关政府部门应当加强指导和协调，及时处理住宅停车管理纠纷。

一、近年来广州市住宅停车场设置与管理中的问题

（一）停车配建不充足

由于部分小区规划缺乏前瞻性，小区停车配套规划建设与快速发展的经济社会不相适应，小区车位少、车辆多。小区停车资源紧张，不能满足停车需求。另外，部分业主的车库改作住宿、商业等其他用途。业主有车库，但因车库出口处无序停车、车辆进出库极为不便等原因，导致车辆不能停入车库，小区车位资源未得到充分利用，使本来紧缺的车位更加紧张。部分业主因此无处停车而破坏绿化带、占据消防安全通道等现象时有发生。

（二）停车位只售不租

从小区建设和管理看，由于车库售价昂贵而出租低廉，为求利益

最大化,少数开发商地下车位只售不租,在相对高价车位的影响下,居民大多选择地面停车,影响行人与车辆正常通行。

(三)收费价格不合理

广州住宅停车收费价格有不断上涨的趋势,特别在放开价格管理,实施市场定价后,出现“普遍涨价”“大幅涨价”,甚至“价格飙升”等现象,导致消费者不满情绪增加。

(四)提价程序不规范

居民住宅小区停车收费调整,绝大部分小区是由经营者(物业管理公司)内部制定后直接告示执行,依政策规定由物业管理公司提议并经“双过半”业主同意后提价的仅占极少部分,相关服务价格调整,普遍未按照有关法律法规和政策的要求执行,凸显当前经营者在停车收费定价提价中的随意性。而消费者在既没有选择,又不具备参与议价定价权的情况下,对经营者的随意涨价十分无奈和不满,因此不断引发矛盾纠纷。

二、《广州市停车场条例》关于住宅停车场管理的规定与解读

实践中出现建设单位对住宅停车位只售不租的情况,引发不少社会矛盾,有必要明确规定建设单位享有所有权的车位、车库尚未出售的,应当予以出租。同时对擅自制定、提高停车收费标准的行为进行规制。

(一)出售与出租

《广州市停车场条例》第34条规定,住宅建筑区划内,规划用于机动车停放的车位、车库尚未出售的,建设单位应当予以出租。车位、车库出售或者出租的,应当首先满足业主的需要。

根据《物权法》的要求,建筑区划内,规划用于停放汽车的车位、车库应当首先满足业主的需要。建筑区划内,规划用于停放汽车的车

位、车库的归属，由当事人通过出售、附赠或者出租等方式约定。根据《广东省物业管理条例》的要求，物业管理区域内，规划用于停放汽车的车位、车库，应当首先满足本区域业主的需要，建设单位应当首先出租给本区域业主、物业使用人。

《广州市停车场条例》的规定符合上位法及相关法律法规的规定。

（二）协商议价

《广州市停车场条例》第 34 条规定，未按照住宅停车场议价规则的规定进行协商议价的，建设单位、停车场经营者不得制定、提高机动车停放服务收费标准。所在地的街道办事处、镇人民政府应当对协商过程进行指导和协调。价格行政管理部门应当对未依法协商议价，擅自制定、提高机动车停放服务收费标准的行为进行查处。

根据住房和城乡建设部《关于加强城市停车设施管理的通知》（建城〔2015〕141 号），规范居住区停车收费行为，委托停车服务企业或物业服务企业提供停车管理服务并收费的，收费价格严格按照停车服务合同的约定执行。根据广东省发改委、住房和城乡建设厅制定的《关于放开住宅小区、商业配套、露天停车场停车保管服务收费等有关问题的通知》（粤发改价格〔2015〕483 号），住宅小区机动车停放保管服务收费实行市场调节价，具体收费标准由物业服务企业、停车服务企业等停车场经营者与业主或使用人通过合同或其他方式约定。

（三）临时停车场收费标准

《广州市停车场条例》第 34 条规定，利用住宅建筑区划内业主共有部分设置临时停车场的，机动车停放服务收费标准应当经专有部分占建筑物总面积过半数的业主且占总人数过半数的业主同意。临时停车场所得收益应当主要用于补充专项维修资金，或者按照业主大会的决定使用。

根据《物权法》的要求，占用业主共有的道路或者其他场地用于停放汽车的车位，属于业主共有。决定共有和共同管理权利的其他重大事项，应当经专有部分占建筑物总面积过半数的业主且占总人数过半数的业主同意。因此，上述规定符合相关法律规定。

三、我国大城市以及其他国家住宅停车场管理借鉴

（一）国内大城市住宅停车场管理借鉴

1. 北京

根据北京市《关于调整我市机动车停车场收费标准的通知》[京价（收）字〔2002〕326 号]，居住小区地下停车库按年、按月包租停车位，收费标准实行市场调节价，经营者制定或变更收费标准需与小区业主委员会协商取得一致意见后，持具有法律效力的协议到物价部门办理核准手续后方可收费。

根据 2014 年《北京市机动车停车管理办法》，既有居住区配建的停车场不能满足业主停车需求的，按照物业管理的规定经业主同意，可以统筹利用业主共有场地设置临时停车场；居住区不具备场地条件的，区、县人民政府可以组织相关部门按照规定在居住区周边街坊路或者胡同设置临时停车场。不能满足居民停车需求的区域，区、县人民政府可以组织相关单位利用待建土地、空闲厂区、边角空地等场所，设置临时停车场。设置临时停车场，不得占用消防车通道及地下管线检查井等市政基础设施，不得妨碍消防设施和市政基础设施的正常使用，不得影响已批开发项目建设的进度。居住区的配建停车场应当优先满足业主的停车需要。实行停车收费的，应当执行价格管理的规定。

2. 上海

根据《上海市住宅物业管理区域机动车停放管理暂行规定》（沪房地资物〔2004〕476 号），建设单位按规划要求配置的停车设施向业主、

使用人出租的,执行物价部门规定的收费标准;业主大会决定对车辆在全体共用部分停放收费的,参照物价部门规定的标准收费。业主大会成立前,物业管理区域内的车辆停放收费,执行物价部门规定的收费标准。

根据2012年《上海市停车场(库)管理办法》,利用闲置空地开设经营性临时停车场的经营者,应当按照本办法的规定,办理工商、税务登记和备案手续。本市停车场(库)服务收费根据不同性质、不同类型,分别实行市场调节价、政府指导价、政府定价。

2015年,上海市发改委响应国家号召,修改了《上海市定价目录》,将住宅小区停车费从目录中删除,这意味着建设单位对属于自己的停车位的出租定价不再实行政府定价。

3. 重庆

根据2014年《重庆市公共停车服务收费管理办法》、2015年《重庆市停车场管理办法》,停车服务收费应当按照科学配置资源、合理调节供求、规范管理收益的原则,综合考虑区域位置、停车场设施等级、停放时段、服务条件、供求关系等因素,分别实行政府指导价、政府定价和市场调节价。公共停车服务收费采取临时停放和包月停放两种计费方式。临时停放计时收费,包月停放按月收费。根据2014年《重庆市物价局关于公共停车服务收费有关问题的通知》(渝价〔2014〕175号)第3条规定:"其他公共停车场停车服务收费实行政府指导价。政府指导价标准由价格主管部门制定公布。具体收费标准由停车场经营者在政府指导价范围内自行规定。"

4. 深圳

根据2004年《深圳停车场管理条例》,住宅区应当配建停车场,没有或车位不够时,物业管理单位应当在市公安交管部门的指导下,在住宅区内划定停车位。住宅区的机动车停车场产权可分属建设单位、业主共有、个人所有。停车服务费实行政府定价，其收费标准按照下列情形确定：(1)住宅区停车场产权属建设单位的，停放服务费的收费标准由市价格部门根据停车场建设成本和经营管理成本等情况确定。(2)住宅区停车场产权为业主共有的，停放服务费的收费标准应当征求业主委员会的意见，由市价格部门根据停车场管理成本确定，停放服务费收入的盈余部分为该住宅区全体业主共有。

2017年12月，根据广东省发展改革委员会、广东省住房和城乡建设厅、广东省交通运输厅《关于进一步完善机动车停放服务收费政策的实施意见》(粤发改规〔2017〕5号)等有关规定，深圳市发改委制定了《关于完善我市机动车停放服务收费政策的通知》(深发改〔2017〕1518号)，提出停车收费区别不同情况分别实行政府定价(含政府指导价，下同)和市场调节价。住宅小区停车设施停车收费原则上实行市场调节价。鉴于目前住宅小区的机动车停放服务尚不具备形成有效竞争的条件，住宅小区停车收费标准的制定和调整适用以下规定：(1)停车设施已依法经过产权登记的，停车收费标准的制定或者调整由停车设施所有权人按照市场原则，通过合同等方式与停车设施委托管理方协议约定。(2)停车设施未依法经过产权登记的，停车收费标准的制定或者调整应作为涉及业主利益的重大事项，按照物业管理相关法律法规由业主大会依法决定。凡未依法履行业主大会决定程序的，停车收费暂按原有关规定执行。未依法成立业主大会的住宅小区，可由区住建部门会同街道办事处，在征求该住宅小区业主或使用人意见并取得过半数书面同意后，指定当地社区工作站代行业主大会职责，与停车设施经营者协商确定停车收费标准。(3)住宅与非住宅共用(含城中村)的停车设施内，对住宅业主或非业主房屋使用人的停车收费按照上述住宅小区停车收费有关政策执行。

5. 我国台湾地区

我国台湾地区“立法”将小区停车位划分为三种：法定停车位、自行增设停车位和奖励增设停车位。在台湾地区，“法律”对开发商建造“法定”停车位的义务进行了强制性的规定，可以说“法定”停车位是依照“法律”的强制规定而设置的，这类车位没有自己独立的产权，常可以通过协议来约定将特定的车位、车库交给特定的业主使用。自行增设停车位指的是开发商根据需求，在区分所有的建筑物内，所自行增设的车位、车库。自行增设的车位如果在构造上或者使用上具备独立性，那么这些车位可办理初始登记，在取得车位的产权证书后才可以自由买卖。自行增设的车位通常设置在小区的共有部分，故应与“法定”停车位的权属相同，也是属于小区全体业主或部分的小业主所共有。奖励增设停车位是指满足小区业主的停车需求，鼓励开发商依据一定的系数或标准，在投资建造小区之时投入更多的资金用于另行增加车位、车库。此类车位和车库使用权益上具有“公众使用”的性质，具有独立的产权，可以单独移转，自由买卖，其建造的目的是增加车位数量，缓解小区停车的压力。

（二）其他国家住宅停车场管理借鉴

1. 美国

在美国，无论是开发商还是业主都没有权利单独买卖专有部分的车位车库，美国法律同时对开发商在住宅小区修建商用经营车位车库予以严格的打击，但存在住宅小区外的车位车库属于独立存在的区分所有物时，开发商可以把车位车库单独买卖流转的例外。

2. 德国

住宅小区内的车位和车库应当由小区内的每个业主共同享有其

使用权,除非该车位和车库作过特别划分。也就是说,在住宅小区的业主没有固定车位、车库,且在不影响其他的共有权人行使所有权的情况下,可以就任意车位和车库行使使用权。但是如果对小区内的车位、车库作过特别划分的,那么对车位、车库的使用通常可以采用两种方式进行使用:第一种是与小区业主的协商或者与业委会的约定来将某一固定车位、车库给予特定的业主使用。第二种方式为根据车位、车库数量及小区业主数量之间的比例来对每位业主对车位、车库的所有权或使用权进行确定,即可以认定住宅小区的地面停车场为业主共同所有,地下车库作为有独立所有权之客体进行出售,根据车位、车库的配置比来确认每户业主拥有多少个车位、车库。〔1〕

3. 法国

在法国,车位、车库的所有权归开发商所有,并不是小区业主共有的性质,如果小区业主或者小区业主之外的人需要车位或车库,则从开发商手中直接购买。但出售车位、车库必须遵循业主优先的原则,即开发商有义务优先将车位、车库出售给小区业主,在部分业主因未购置汽车而导致车位、车库有剩余时,才可将多余的车位、车库出售给非小区业主的其他人。

第十一节　城市道路泊位的设置和管理规则

路内停车是在道路用地控制线内划定的供车辆临时停放的场地,

〔1〕 参见胡蓉:《小区车位、车库权属问题研究》,华东政法大学2015年硕士学位论文。

作为公共停车设施的补充，对于缓解公共停车不足发挥重要作用，其特点是设置简单，使用方便，用地紧凑，投资少，适宜车辆临时停放，但它会减少道路的有效宽度，降低道路容量，对道路运行产生一定的影响。因此，路内停车设施应进行科学合理的规划、建设和管理，解决一部分短时间停车需求，同时减少对道路交通运行影响。

一、广州市路内停车设置、管理现状及存在问题

（一）路内停车发展历程[1]

1. 支付市政道路有偿使用费阶段

2010 年，广州市占用市政道路设置路内停车泊位，需支付市政道路有偿使用费，标准为每年、每泊位 2800 元。属于市财政投资建设的市政道路上所产生的有偿使用费全额上缴市财政、属于市城投集团投资建设的市政道路上所产生的有偿使用费留给该集团、内街内巷所产生的有偿使用费留给广州市各区，其中上缴市财政部分由市财政局安排用于市城投集团非经营性项目贷款的还本付息（穗财综〔2010〕135 号）。

2. 支付经营权有偿使用费阶段（特许经营阶段）

2011 年，广州市开始计划实施路内停车泊位特许经营。停车场（含城市道路停车泊位）的行业管理维持由广州市、区交通行政主管部门行使不变，城市道路（市财政和市城投集团投资部分）停车泊位经营权出让的组织工作由财政局委托市城投集团进行（穗府会记〔2011〕31 号）。市城投集团全权委托市建投公司负责实施广州市中心城区道路停车泊位经营权出让、标后监督管理和收费征缴等工作（穗城投运〔2011〕968 号）。

---

〔1〕 参见廖妍：《广州市城市道路路内停车泊位管理相关问题研究》，载《法制博览》2016 年第 2 期。

2011年年底，广州市建投公司在广州市产权交易所完成了招标工作，并于2012年3月28日与中标单位广州市电子泊车管理有限公司及广州市德生咪表管理有限公司分别签署了经营合同，其中，电子泊车公司中标经营越秀区、荔湾区、黄埔区市财政、市城投集团投资道路车位，德生公司中标经营天河区、海珠区、白云区市财政、市城投集团投资道路车位，2012年4月开始按市区经营的车位数缴交经营权有偿使用费。

3. 特许经营权到期后过渡阶段

2012年3月广州电子泊车公司和广州德生咪表公司经招投标取得中心城区城市道路咪表泊位经营权，经营权于2017年3月31日到期。经市人民政府同意，决定对经营权到期的路段泊位（183条路段的5295个泊位）在过渡期间暂时停止经营和收费，市发展改革委此前对经营期满路段核发的收费证明同时停止执行。

另外，长堤大马路、大沙头路、六榕路、教育路、德政路、东湖西路、明月二路、光塔路、菊湖街、桨栏路、杉木栏路、光复路、大沙头三马路等13条路段的674个路内咪表泊位仍处于特许经营期内，继续由原咪表单位经营，收费仍按现行标准执行。

（二）路内停车泊位发展规模及分布

截至2017年3月底（特许经营权到期），广州市中心区共计设置路内停车泊位9137个，其中，咪表收费停车泊位5932个，人工收费停车泊位3205个。2017年4月至12月，中心区各区按照“严格管控、优化调整”的工作思路，根据道路更新改造和交通管理的需求，陆续对55条原咪表路段泊位进行调整撤销，涉及减少咪表泊位1349个。

因此，截至2017年年底，广州市中心区共计设置路内停车路段252个，泊位7809个，其中，免费停车路段141个，泊位3909个，咪表收费停车路段13个，泊位674个，内街内巷停车路段98个，泊位3226个。

(见表3－11－1、图3－11－1)

表3－11－1　中心区路内停车泊位规模〔1〕

单位:个

区域	免费路段		收费路段		内街内巷		合计	
	路段	泊位	路段	泊位	路段	泊位	路段	泊位
越秀区	77	2273	10	518	42	773	129	3564
荔湾区	17	352	3	156	24	570	44	1078
海珠区	31	880	—	—	28	1649	59	2529
天河区	8	253	—	—	1	60	9	313
白云区	5	78	—	—	—	—	5	78
黄埔区	3	73	—	—	3	174	6	247
合计	141	3909	13	674	98	3226	252	7809

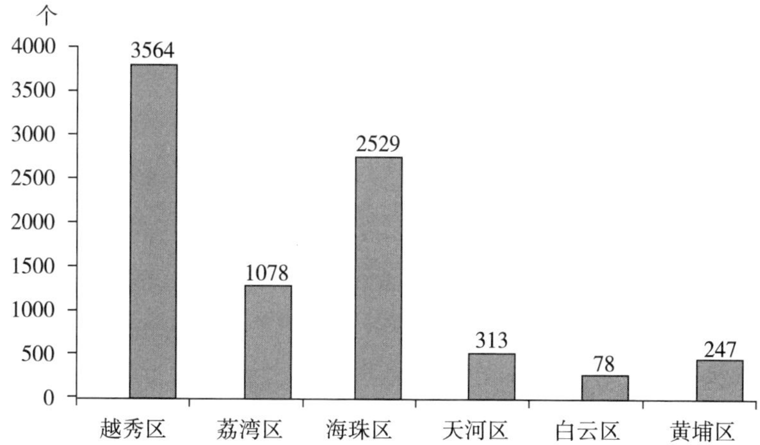

图3－11－1　中心区路内停车泊位分布

〔1〕数据源于广州市交通委员会网站。

(三)停车收费标准[1]

1. 停车区域划分

差别化停车收费区域划分是根据广州市城市道路相关交通运行指标、道路路网分布以及城区重点商业繁华区域布局情况,并综合考虑城市交通、经济和社会发展等因素综合确定的。

(1)一类地区

内环路以内的区域以及永福路、广园东路、禺东西路,再接广园东路以南,华南快速干线以西,新港路以北,西接昌岗中路至工业大道接新滘西路以东区域。

(2)二类地区

主要包括除了一类地区以外我市现有城区区域,主要为环城高速(东南西环,部分北环)、广清高速、华快三期、华南快速以内的区域。此外,黄埔区的茅岗路连接蟹山西路以东,广园快速以南,石化路以西,港前路以北区域,以及番禺区的西环路以东、东环路以南、以西,长堤路沿市桥水道以北区域均为二类地区。

(3)三类地区

除一、二类地区以外的区域为三类地区。

2. 咪表停车场停放服务收费标准(见表3-11-2)

咪表停车场指设置了咪表计费设施的路内停车场,其收费实行政府定价管理。市物价局、市交委将会同相关部门另行研究制定与交通运行状况挂钩的咪表停车场收费标准联动调整方案,报市政府批准后执行。未完成咪表设置的人工收费路内停车场,按咪表停车收费标准执行。

---

〔1〕 资料源于《广州市物价局关于优化调整停车场差别化收费有关问题的通知》。

表 3-11-2 咪表停车场停放服务收费标准

单位:元/辆

<table>
<tr><th rowspan="2">地区</th><th colspan="2">白天</th><th colspan="3">夜晚</th><th rowspan="2">24 小时最高限价(元)</th></tr>
<tr><th>收费时段</th><th>收费标准(元/15 分钟)</th><th>收费时段</th><th>收费标准(元/15 分钟)</th><th>最高限价(元)</th></tr>
<tr><td>一类</td><td>8:00~22:00</td><td>4</td><td>22:00~次日 8:00</td><td rowspan="3">1</td><td rowspan="3">10</td><td>128</td></tr>
<tr><td>二类</td><td rowspan="2">8:00~19:00</td><td>3</td><td rowspan="2">19:00~次日 8:00</td><td>96</td></tr>
<tr><td>三类</td><td>1</td><td>32</td></tr>
</table>

注:1. 大车、超大型车按实际占用停车位个数收费。

2. 军警车辆、实施救助的医院救护车及市政工程和抢修车辆免费。

3. 计费时段中不足 15 分钟的部分按 15 分钟计算。

4. 24 小时最高限价为车辆连续停放 8 小时的收费标准。

3. 内街内巷停车场收费标准(见表 3-11-3)

内街内巷停车场收费实行政府指导价管理。

表 3-11-3 内街内巷停车场停放服务收费标准

单位:元/辆

<table>
<tr><th rowspan="2">地区</th><th colspan="3">小车</th><th colspan="2">摩托车</th></tr>
<tr><th>每半小时</th><th>12 小时限价</th><th>月保</th><th>按次收费(12 小时)</th><th>月保</th></tr>
<tr><td>一类</td><td>2</td><td>12</td><td>450</td><td rowspan="2">—</td><td rowspan="2">—</td></tr>
<tr><td>二类</td><td>1.5</td><td>9</td><td>300</td></tr>
<tr><td>三类</td><td>1</td><td>6</td><td>200</td><td>1</td><td>40</td></tr>
</table>

注:1. 以上收费标准为最高限价,可以下调。

2. 大车、超大型车按实际占用停车位个数收费。

3. 停车不超过 15 分钟的车辆,军警车辆、实施救助的医院救护车及市政工程和抢修车辆免费。

4. 连续停放超过 15 分钟的车辆,其计费时段中不足半小时的部分按半小时计算。超过 3 小时不足 12 小时的按 12 小时限价计算,连续停放超过 12 小时的按上述标准累加收费。

（四）存在问题

1. 路内泊位利用率不高

广州市城市路内停车平均停放时间普遍过长，泊位的周转率低，仅2.655车次/天。路内停车资源被过度利用，而与之对应的路外停车场多数处于不饱和状态，有限的停车资源利用不均衡。北美国家的路内停车泊位周转率为3.8车次/天，其中，咪表停车泊位周转率为5.5车次/天；在欧洲，免费路内停车泊位的平均停车时间为4.5小时，周转率为2.24车次/天，而路内咪表停车泊位的平均停车时间为1.6小时，周转率为5.62车次/天；在日本东京，路内停车泊位周转率为5.03车次/天，路外停车场为2.3车次/天。

2. 停车收费不合理

原有咪表停车泊位及内街内巷停车泊位仅根据所在区域不同划分三类停车收费标准，原有咪表停车泊位收费标准以15分钟计，内街内巷停车泊位收费标准以半小时计，每个收费时段收费标准一致，无最高限时规定，无差异化价格调整，进而导致路内停车平均停放时间普遍过长，泊位周转率不高，利用率低。

3. 停车泊位形式单一

路内停车泊位暂未区分“停车”和“泊车”的概念，“停车”是指驾驶员不离车，为乘客或货物上下车做短暂停留；“泊车”是指驾驶员熄火离车时间较长甚至过夜。现状停车泊位仅为“泊车”泊位，缺乏临停快走的“停车”泊位。

4. 部分泊位施划不符合规范

《城市道路路内停车泊位设置规范》（GA/T 850—2009）等规范规定，“机动车单侧道路高峰小时V/C≥0.9的路段，不可设置路内停车泊位”、“医院、学校、幼儿园、托儿所出入口两侧机动车道各50米范围内,其他机关、团体、企业事业单位和居民住宅区出入口两侧5米范围内、公共汽车站、加油站、变压器、消防栓、消防队门前以及距离上述地点30米以内的路段、除使用上述设施的,不应或不宜设置停车位”。目前,广州市部分路内停车泊位在学校、医院、消防栓、公交站等规定距离内施划,不符合规范要求。同时,部分泊位未考虑设置路内停车泊位对城市道路运行的影响,在高峰小时V/C比大于0.9的路段设置全天准停泊位。

5. 违规占道普遍存在

违规占道停车现象普遍存在,违规停车占用了大量的非机动车道、人行道甚至机动车道,侵占了非机动车、行人、机动车的通行空间,对动态交通造成影响,也带来较大的安全隐患。同时,相关职能部门及属地街道办事处等行政事业单位占用城市停车泊位现象较普遍,部分批发市场周边还存在货车非法占用停车泊位等情况。

6. 行政管理体制不顺

停车行业为多头管理,缺少统一的主管单位,在管理过程中容易造成新的交通阻塞点。广州市与停车相关的行政部门包括交通、公安、规划、建设、国土、价格、消防、质监、安监等多个部门,目前存在各部门之间欠协调管理,监管不到位的问题,另外就是停车场规划、建设、经营管理的审核单位多,审批程序烦琐,审批单位相互制约,效率低,严重影响停车场建设的正常发展。

7. 停车法规体系不完善

首先,国家层面尚无停车管理专项法律(如日本的《停车场法》),广州市停车场规划建设及监督管理缺乏基本的法令依据;其次,《广东省道路运输管理条例》、《广州市城乡规划技术规定》及《广州市城市道路临时占用管理办法》等停车管理相关法律法规仅能作为广州市停车管理事宜及《广州市停车场管理办法》编制的辅助性文件，其效果相对有限；最后，广州市关于停车管理信息化、停车场管理的监督、停车行为规范等方面的专项法规规章存在缺失，广州市地方性停车管理法规体系尚未形成。

二、《广州市停车场条例》关于城市道路泊位的设置和管理规则解读

（一）城市道路临时泊位设置规划管理

《广州市停车场条例》第 38 条至第 42 条要求交通行政主管部门编制城市道路临时泊位设置规划，并详细规定了编制和调整设置规划的主体、内容、要求和程序等。

由于广州市中心城区内各区的交通情况相似，关联度高，应当进行整体谋划，统一编制泊位规划，但从化区、增城区等外围区域交通情况与中心城区差异大，适宜由当地区政府自主采取灵活处理措施，因此特别规定市交通主管部门只负责制定中心城区内的泊位规划。同时，城市道路临时泊位不应是一成不变的，应根据城市道路车流量、停车需求变化等进行相应的评估和调整。根据《广东省城乡规划条例》的相关规定，路内泊位规划和调整应当重视公众参与。

根据《消防法》《道路交通安全法实施条例》《广州市未成年人保护规定》《广州市城市道路临时占用管理办法》等法律法规规定，参考其他城市停车场管理办法，《广州市停车场条例》规定了城市道路临时泊位设置规范，明确了禁止设置的路段、区域，建立了城市道路临时泊位调整、撤销机制。

（二）明确城市道路临时泊位的管理主体和职责

《广州市停车场条例》第 43 条明确了城市道路临时泊位施划管理的规定。取消现有的由泊位经营者划设停车泊位的做法，规定由政府部门进行统一施划，以解决目前路内停车泊位随意划设问题，也更为

符合《道路交通安全法》和《广东省道路交通安全条例》的规定。该条第2款援引《广东省道路交通安全条例》的有关规定,明确禁止单位和个人擅自划定道路停车泊位。

《广州市停车场条例》第44条规定中心六区城市道路临时泊位由市交通行政主管部门负责管理,外围五区城市道路临时泊位由所在区交通行政主管部门负责管理。第45条第1款规定外围五区交通行政主管部门的职责。

城市道路临时泊位的管理主体与城市道路泊位设置规划的编制主体一致,有利于形成城市道路临时泊位一体化规划、建设、管理模式,中心六区城市道路临时泊位的规划、建设、管理由市交通行政主管部门及相关部门负责,外围五区城市道路临时泊位的规划、建设、管理由各区交通行政主管部门及相关部门负责。

(三)明确城市道路临时泊位的收费性质

为加强对不缴纳城市道路泊位使用费等违规行为的监管,确保城市道路停车资源得到公平合理使用和保证所有泊位使用费上缴财政。《广州市停车场条例》第46条明确城市道路临时泊位使用费实行收支两条线管理。

城市道路临时泊位作为路外停车场的补充,应当强调城市道路设置停车位的临时性,实行累进式加价的收费政策予以调控停车需求,鼓励短时停车、快停快走,减少路边停车对城市交通的影响。同一区域停车设施,区分停车设施所在位置、停车时段、车辆类型等,按照"路内高于路外、拥堵时段高于空闲时段"的原则,制定差别化服务收费标准。适当扩大路内、路外停车设施之间的收费标准差距,引导更多使用路外停车设施。因此,《广州市停车场条例》第8条第2款规定城市道路临时泊位实行累进式加价的阶梯式收费标准,通过经济手段,鼓励短时停车、快停快走，减少路边停车对城市交通的影响。

为保障道路公共资源的合理利用，参考其他城市停车场管理办法，规定免收城市道路泊位使用费的情形。为满足交通客运换乘场站、医院、学校和其他客流集中的公共场所短时临时停车的需求，规定有条件的道路设置免费临停快走区域，供市民临时停车，同时禁止机动车临停快走区域超时停放，《广州市停车场条例》第47条参考《广东省物价局关于机动车停放保管服务收费管理办法》（粤价〔2009〕236号）、《深圳市机动车道路临时停放管理办法》（深圳市人民政府令第263号，自2014年5月1日起施行）及《北京市机动车停车管理办法》（北京市人民政府令第252号，2014年1月1日起施行）等相关管理办法，规定免收城市道路临时泊位使用费的车辆类型及临停要求。

（四）明确交通部门和公安机关交通管理部门可以委托管理和执法

关于城市道路临时泊位委托执法的规定，《广州市停车场条例》参考深圳市城市道路临时泊位的管理和执法模式，即深圳市交通运输委员会是机动车道路临时停放的主管部门，负责道路停车及道路停车设施的规划、设置和管理，委托直属事业单位深圳市道路交通管理事务中心负责具体实施日常管理工作。市公安机关交通管理部门负责道路停车的交通安全管理，依法查处违反《深圳市机动车道路临时停放管理办法》规定的道路停车违法行为，委托道交中心行使机动车道路临时停放管理方面的部分行政执法职权。因此，《广州市停车场条例》第45条第2款规定，交通行政主管部门可以委托具备法定条件的组织负责城市道路临时泊位的日常管理工作。同时根据《行政处罚法》的相关规定，广州市城市道路临时泊位的执法工作可以由交通行政主管部门和公安机关交通管理部门委托符合《行政处罚法》规定条件的组织负责，对城市道路临时泊位使用人违规停车等违法行为进行行政处罚。

（五）新旧模式合理衔接

《广州市停车场条例》第66条规定本条例实施前，市、区人民政府已将城市道路临时泊位经营权转让的，在本条例实施后转让合同期限未届满的，合同双方应当协商解决。转让合同期限届满后，市、区人民政府应当收回城市道路临时泊位经营权。

2017年3月，广州市中心区已有183条路段的5295个泊位的城市道路咪表泊位经营权到期，经营权由市、区人民政府收回。目前，尚有13条路段的674个路内咪表泊位仍处于特许经营期内，继续由原咪表单位经营，合同期限未届满的，合同双方应当协商解决。转让合同期限届满后，市、区人民政府应当收回城市道路临时泊位经营权。这是根据广州城市道路临时泊位经营权现状提出的关于城市道路临时泊位的特别规定，对已有的管理模式与直接管理模式作了合理的衔接。

（六）规定城市道路临时泊位使用人的义务，明确相关法律责任

城市道路临时泊位停车秩序与道路交通畅通和安全紧密相关，有必要提出严格要求，既方便市民停车办事，又对“大交通”影响减至最低。根据《道路交通安全法》《治安管理处罚法》《广东省道路交通安全条例》《广州市公共信用信息管理试行办法》等法律法规规定，参考其他城市停车场管理办法，规定城市道路临时泊位使用人的义务，规定违反城市道路停车管理行为的法律责任。《广州市停车场条例》第48条规定，城市道路临时泊位使用人应当遵守停放时段、停放车辆类型、停放方向、停车缴费等方面的要求。第63条规定，违反停车义务性规范的，由交通行政主管部门或者公安交通行政管理部门进行处罚。

三、国内外城市路内停车设置、管理借鉴

(一)国内城市路内停车发展经验

1. 香港特别行政区

规划:咪表的设置方案由香港运输署提出并征求警务处、地方区议会意见,最后由运输署根据各方面意见编制出最终方案并加以实施。

规模:香港政府在不妨碍交通的地点设立了约1.8万个路旁临时停车位,全部采用电子咪表计费(约有9800个咪表),而且对车位设置了时间限制,以保证路内停车位不会长时间被占用,让更多的人能够停车办事。

收费:电子泊车咪表都以15分钟为一个泊车时间单位,每15分钟收费2元(远比停车场每小时收费二三十港元要少得多),为提高停车位的周转率,车位设置了时间限制:黄色咪表为半小时,咖啡色1小时,蓝色最长也不过2小时。目前全港大部分路边咪表车位的收费时间为星期一至星期六8时至24时,以及星期日及公众假期10时至22时,其余时间则不收费。

管理和执法:香港政府采取招标承包方式,将路边泊车咪表承包给私人企业管理、经营,政府从经营者变为对承包者的监控者,保留对收费价格、利润率调节的控制权。政府对经营方式不乱加干涉,也不给予补贴,在利润税收政策给予优惠。香港的咪表使用执法主体是警察,并配有身着咖啡色服装的辅警辅助执法(只对违规停车辅助执法),辅警可对未付费或超时停车车辆粘贴罚单,车主不在规定时间内交纳罚金将面临法院的强制执行并交纳高昂的罚金滞纳金。

2. 澳门特别行政区

规划:澳门的咪表主要分为三类,用不同颜色立杆区分,其中1小时咪表为蓝色立杆("蓝柱"),2小时咪表为黄色立杆("黄柱"),5小

时咪表为灰色立杆(“灰柱”)。“黄柱”“灰柱”的设立,由特区政府根据区内是否有公共停车场、私人大厦内有没有附设停车场以及商业活动的时间与规模等因素来选择安装咪表种类。一般而言,繁忙商业路段多见“黄柱”,一般住宅路段多见“灰柱”。“蓝柱”为 2015 年 9 月新增的咪表泊位,“蓝柱”依循三方面原则作选点设置,商业较频繁的区域,以提供短暂停泊空间方便市民办理短暂事务。选点周边设有公共停车场,能配合未来推动泊车路外化的泊车管理策略预留弹性。优先考虑繁忙地区相对车流较少的路段,以降低因提高路边泊车位流动性可能带来对道路通行之影响等。

规模:澳门全区共有 37 个公共停车场,共 23,836 个泊位,其中汽车泊位 13,714 个,摩托车泊位 10,122 个。澳门共有 10,618 个咪表停车位,其中汽车咪表 9400 个,摩托车咪表停车位 1218 个。

收费:“蓝柱”收费方式为每 10 分钟 1 元(澳门元,下同),“黄柱”收费方式为每半小时 1 元,“灰柱”收费方式为每小时 1 元。另外,澳门的咪表路段实行每日 22:00 至次日 9:00 免费停车,此举方便了附近居民夜间停车,提高了夜间咪表车位的利用率,减少夜间乱停放现象。

管理和执法:澳门政府制定了完善的泊车管理制度保证咪表的正常有序运营。根据《澳门特别行政区公共泊车服务规章》,咪表公司作为经营单位,负责维护设备的正常运转及日常经营管理。事务局为咪表的管理部门,负责咪表车位的规划和对咪表公司的监管。治安警察局是对咪表车位上滥泊违泊车辆唯一的执法部门。这种三位一体的管理模式明确了管理者、执法者、经营者权责,保证了咪表泊车能够高效规范运转。

澳门咪表泊位由政府招投标确定经营单位,经营单位出资建设电子收费设施(澳门咪表管理公司从美国购置了带缴费闪烁提示功能的自动收费咪表设备),以及聘请管理人员。群众在咪表泊位停车,自觉投币,刷卡。在澳门仅需数十人,就可以运营10,538个泊位的咪表公司。

澳门警察部门对咪表违规停车执法监管到位,警察经常巡查咪表,发现停车超过准停时间1小时即视为滥泊,当即锁车,锁车3小时仍不见车主前来处理,违泊车辆将被拖走,对违规泊车行为有很强的抑制效果。该措施有多项好处,一是规范了公众使用咪表车位的自觉缴费行为,保障咪表泊位的良性经营发展;二是节省了用于咪表收费的大量人力资源成本;三是避免因人工收费问题产生的误差。

3. 北京

规划:北京市交通行政主管部门会同市规划等行政主管部门,依据城市总体规划和城市综合交通体系规划,结合城市建设发展和道路交通安全管理的需要,组织编制停车场专项规划,与控制性详细规划相衔接,经依法批准后实施。

规模:截至2016年4月底,目前北京市机动车保有量560万辆,停车位约302万个,其中经营性停车位由各区备案管理,约192万个,含备案路侧停车位4万余个,非法经营性停车位约110万个。

收费:自2016年1月1日起,北京市驻车换乘停车场、占道停车场(含立交桥下停车场)停车计时收费实行政府定价管理,按照现行程序办理相关手续,并按属地进行明码标价牌统一编号。2017年11月30日之前,北京市4086个路侧停车电子收费试点全部上线运行,广大车主需要通过电子渠道完成停车付费。其他占道停车泊位仍采取人工收费模式。

管理和执法:北京市交通行政主管部门主管本市的停车管理工作,负责组织制定本市机动车停车管理的相关政策,并会同相关部门对机动车停车管理工作进行综合协调、检查指导、督促考核。公安机关交通管理部门负责本市道路停车秩序管理和道路停车泊位的设置。

4. 上海

规划：道路停车场的设置方案由上海市、区（县）公安交通管理部门会同交通行政主管部门、建设行政管理部门编制。

规模：目前，上海在16个行政区的1304条路段设置了道路停车场，共计泊位5.66万个，其中，新黄浦区、闵行区泊位数最多，分别为23,196个、9128个，松江区、崇明区泊位数最少，分别为305个、270个。

收费：上海市从2005年3月1日起实施新的《上海试点区域道路停车场和路外公共停车场（库）收费标准和计费办法》，对本市中心城区停车收费标准进行调整。黄浦、静安、卢湾、徐汇四个中心城区，道路停车小型车白天停车1小时收费标准15元；超过1小时后以半小时为计费单位，收费标准为10元。夜间停车按次计费，收费标准为每次10元。按小时计费，不足1小时按1小时计，超过1小时按1小时递进，超过8小时至24小时之内按8小时计。连续停放超过24小时，超过部分按上述标准重新计算。自2017年起，在上海市范围内，所有道路停车全部实行统一标准的人工POS机收费，方便停车人用交通卡支付停车费。如果没有带交通卡，停车人支付现金后，停车管理人员将用配备的交通卡代停车人支付。

管理和执法：上海市交通行政主管部门是本市停车场（库）的主管部门，负责本办法的组织实施，并对市管停车场（库）实施监督管理。区（县）交通行政主管部门按照规定职责，负责其管辖范围内停车场（库）的监督管理。上海市、区（县）交通行政主管部门对违反本办法的行为，按照规定予以处罚。

5. 深圳

规划:深圳市交通运输管理部门是机动车道路临时停放的主管部门,负责道路停车及道路停车设施的规划、设置和管理。

规模:目前,深圳10个区共设置泊位3.42万个,其中,宝安区、龙岗区泊位数最多,分别为8687个、7298个,坪山区、大鹏新区泊位数最少,分别为527个、359个。

收费:目前,深圳市路边临时停车收费标准按分区执行。例如,一类区域,工作日从7时30分至20时,首半小时3元,0.5~3小时为6元/半小时,之后每半小时10元;非工作日从10时至20时,首半小时1.2元,0.5~3小时为2.4元/半小时,之后每半小时4元。其余时段路边免费停车。深圳市综合运用射频、手机通讯以及泊位自动监控等技术,采取"射频+手机"模式,即远期以射频技术为发展方向,近期以手机付费为主要实施手段。

管理和执法:深圳市交通运输管理部门负责道路停车及道路停车设施的管理,并委托依法成立的管理公共事务的组织(以下简称道路停车管理单位)负责具体实施日常管理工作。深圳市公安机关交通管理部门负责道路停车的交通安全管理,依法查处违反本办法规定的道路停车违法行为,并可以委托道路停车管理单位实施与道路停车违法行为相关的行政处罚。

(二)国外城市路内停车发展经验

1. 东京

收费:限时停车,每次只准停30~60分钟。高收费政策,并采取累进计费制,占路停车费用非常昂贵。

执法:路内停车超过1小时罚款6000日元(约合人民币480元)。严厉处罚违章停车,坚决实施拖吊作业,罚款金额高达20万日元,远超普通国民负担能力，有效调节了停车需求。

2. 悉尼

收费：道路停车收费全部采用咪表，在标志牌上显示使用何种咪表收费，而停车收费标准通常则显示在咪表上。不同地区的停车收费标准是不同的，最贵的市中心区域 4.4 澳大利亚元/小时，外围相对便宜，付费时段通常为 15 分钟或者 30 分钟。

执法：道路停车违章由专门的抄牌官负责，抄牌官是市政府的雇员，不属于警察。违章罚款数量根据违章的性质而定，未付费和超时处罚 50 澳大利亚元，在清扫街道的时间里停车处罚 150 澳大利亚元，占用残疾人车位处罚可达 400 澳大利亚元。

3. 旧金山

规模：旧金山市目前共有 2.88 万个配有收费咪表的停车位。

收费：2011 年 4 月，旧金山市试点推出实时停车查询系统“SF park”，该系统第一阶段覆盖 7000 个有收费表停车位和 15 个由旧金山市交通局管理的停车场，这 15 个停车场有 1.225 万个车位。“SF park”一大亮点是利用弹性收费制。该系统通过安置于街道和停车场的无线感应器汇总车位占有率数据，及时掌握停车位状况，并根据车位的需求程度自动调整及显示收费价格。“SF park”适应需求的定价是对停车需求进行重新分配并且减少转圈寻找车位和二次停车。

4. 巴黎

限时：巴黎市对于停车设施有着明确的分工，路外停车设施主要满足长时间停车需求，路内泊位则主要满足短时停车需要。从 20 世纪 50 年代后期开始，巴黎政府规定市中心停车限定 2 小时。

收费：巴黎市的路边停车位，从周一到周六 9 时到 19 时之间收费，夜间和周日免费。收费分三个区，也就是从巴黎中心向外扩张的三个大圆,每小时费用从3.6欧元依次递减到2欧元。而到了8月,在巴黎旅游客人最少,巴黎本地居民也出外避暑的时候,市区的一部分街道上可以全天免费停车,地下停车场也会降低收费。

执法:目前,巴黎市内违章停车一次罚款35欧元,高于调整后的全国基准罚款额(17欧元)一倍多。收缴的违章停车罚款53%归地方财政所有,47%上缴国库用于道路积水设施建设。

5.伦敦

规划:伦敦在确定路内停车情况时制定了几个准则:10米宽的街道,双向车流不超过400辆/小时可以停车;单行线街道,若车流少于600辆/小时,且相邻步行车道上人流不拥挤、过街者不多时,允许单向停车;在一天内流量变化的街道上,当流量低于某一水平时,并不妨碍交叉路口,不会引起很大的延误,可根据具体情况确定停车点。

收费:伦敦路内停车费用一般1小时4~5英镑,付费方式是在道路旁边的机器上付费,付费后把停车票放在汽车挡风玻璃内。

执法:伦敦交通管理部门严格规定,凡是不按照要求、在规定之外的时间里停车的车主,罚款低则30英镑,高的可达120英镑。那些因为严重违章停车而致使汽车被拖走、或者被铁索锁住的车主,除了罚款外,还需要缴纳一大笔拖车、锁车费用。

(三)对广州的启示

从以上国内外城市路内停车的发展经验来看,国内城市在路内停车的规划、管理、技术、执法等方面与国外发达城市有明显的差距。通过学习国外发达城市的成功经验,对照国内城市的不足之处,可以为广州市路内停车的发展提供借鉴。

1.明确路内停车规划编制主体,合理设置路内停车泊位

根据城市各行政职能部门的职责,明确路内停车规划编制主体,

根据城市交通发展战略、城市交通规划及停车管理政策的要求，及城市路网状况、交通运行情况、路外停车规划及路外停车设施建设状况，合理设置路内停车泊位。

2. 控制路内停车的规模，优化停车泊位配置比例

在公交出行方式比重较高，道路交通拥挤日趋严重的中心区，必须控制路内停车规模，减少对宝贵的道路资源的进一步占用。重点应放在结合路外停车设施的供应，调整路内停车的布局优化。

3. 限制路内停车时间，提高停车位的使用效率

制定中心区内持续路内停车时间的上限，对于超过停车时间的机动车辆通过行政管理手段给予严厉的惩罚。通过路内停车时间的控制，提高车位周转率，充分发挥路内停车设施的作用，缓解停车供需矛盾。

4. 实施区域差异化收费，调节停车需求

适时适度提高停车收费标准总水平，增加中心城区机动车使用成本。利用价格杠杆，引导个体车辆多选择城市外围停放，引导市民尽可能选择公共交通方式出行。进一步推进停车收费标准差别化政策，提高停车位的使用效率，适时调整广州市收费区域级别划分，并加强和规范对占用道路停车经营的管理。

5. 提高路内停车收费，缓解交通拥堵

在市中心采取逐步到位方式，大幅提高路内停车点白天的停车收费基价。同时采取累进计费制，后两小时的平均收费价格远远高于第一小时，通过收费调整，提高路内停车周转率和路外停车的使用率。并且通过提高收费，减少机动车的出行，达到缓解道路交通拥堵的目的。

6. 采用先进的管理技术，规范经营管理

利用高新技术规范路内停车设施的经营管理。这既可以提高停

车效率,也有助于改善秩序和城市形象,还有助于实施先进的停车管理措施,如限制停车时间和提高高峰时段的使用成本等。

7.加强停车执法,规范停车秩序

各城市对于道路停车场的执法主体不尽相同,多数是交通警察,部分城市是由专门的执法人员实施。道路停车执法主体不仅负责处罚乱停车,而且负责处罚在道路停车泊位内不付费停车或者超时停车。通常不付费或超时被发现的概率很高,而且对于拒不接受处罚的行为有强制措施,比如,通过法庭强制执行相联系,与个人信用、车辆管理等联系起来,采取锁车的措施。具有成功经验的国内外城市都是采取上述强制措施中的一项甚至几项并用,对于违法行为产生了强大的威慑力。

第四章 社会评价

第一节 专家评述

一、《广州市停车场条例》标志着广州市停车管理进入了崭新阶段[1]

《广州市停车场条例》于2017年12月27日广州市第十五届人民代表大会常务委员会第十一次会议通过,2018年3月30日广东省第十三届人民代表大会常务委员会第二次会议批准。2018年4月23日,广州市人大常委会公布了《广州市停车场条例》,2018年10月1日起施行。这标志着广州市停车管理进入了崭新阶段。

此次颁行的《广州市停车场条例》,与2001年颁布实施的《广州市城市道路自动收费停车设施使用管理试行办法》和2008年修订后实施的《广州市停车场管理办法》相比,最大的进步便是根据广州新的形势需要和社会法治需求,将停车管理现行政府规章上升为地方性法规。对停车管理进行立法,这在全国也属前列,是广州市交通法制建设的重要举措。

---

〔1〕 刘少坤,交通与发展政策研究所(ITDP)中国区副主管,致力于推动中国城市可持续交通发展,是ITDP中国区慢行交通、绿道、停车管理项目负责人,同时也是快速公交(BRT)系统、公共自行车项目的咨询专家。

停车治理工作是重要的交通管理问题，常常成为社会热点。加强停车管理，依法规范行业健康发展，已成为广州市的迫切需要。面对新时期广州市日益复杂化的停车管理工作，《广州市停车场条例》从停车设施规划建设、管理体制机制和执法监管等方面入手，准确而详细地设置条文规定，综合多方面手段解决停车管理问题。《广州市停车场条例》共6章68条，包括总则，停车场的规划和建设，公共、专用和临时停车场的使用和管理，城市道路临时泊位的使用和管理，法律责任，附则，有着诸多的亮点：

1. 在总体策略上，注重停车问题，加强停车场的规划和建设，规范停车场的使用和管理，同时也着眼于促进城市交通协调发展。

一是首次提出引导公众绿色出行，促进城市交通协调发展，不孤立地就停车论停车，而是将城市停车放在城市综合交通体系内整体考虑。二是保障道路通行功能，道路停车临时泊位的设立必须符合规划，并定期评估，具体规定了不得设置道路停车泊位的情形。三是采用差别化的停车资源供给及收费策略，在停车场建设和公共交通设置方面形成有效衔接。明确停车收费城市中心区域高于外围区域、重点区域高于非重点区域、拥堵时段高于空闲时段的原则，对实行政府指导价、政府定价管理的停车场制定差别化的收费标准。

2. 强化和统筹各级管理体制，对行政管理、执法监管等方面作了充分的制度安排。

停车管理涉及面广、牵涉主体多，法律关系复杂。《广州市停车场条例》完善了停车法规，将停车治理纳入法制轨道。

一是在体制机制方面，《广州市停车场条例》对不同部门在停车管理权责区分得更为详细，明确规定了市、区、街道不同等级的职能部门的权责。支持属地管理、实现管理下移，明确了街道办事处、镇人民政府的管理职责。同时加强各级履责监管,规定了对行政机关和工作人员履职不力和违法行为的处理。

二是基于对公共停车设施与公共停车场秩序的管理与维护,明确各方的责任和与责任相伴的管理、处罚等硬约束。公共停车场、专用停车场和临时停车场经营者,无正当理由不得拒绝提供车辆停放服务。考虑广州大型活动较多的特点,也提出活动承办方在停车秩序管理上的主动协调责任。

三是停车设施内的秩序管理由停车设施经营者承担,赋予停车设施经营者劝阻、要求驶离等管理手段,涉及扰乱秩序的由公安机关处理。政府相关部门对停车设施经营者进行监管和保障。

3. 通过增加停车位供给,盘活现有停车资源等两方面着手,缓解目前比较突出的停车难问题。

在规划方面,明确市交通行政主管部门应当在《广州市停车场条例》实施之日起两年内向社会公布首次编制的停车场专项规划,停车场专项规划应当包括城市停车总体发展策略、停车场供给体系和引导政策,以及公共停车场的布局、规模和建设时序等内容,还要有年度的实施计划。

在建设方面,《广州市停车场条例》要求规划、建设等有关行政管理部门应当按照鼓励建设的原则,简化审批程序,提高审批效率。降低了停车场的准入制度,对社会资本投资建设停车场给予商业配建等鼓励政策,同时鼓励单位或者个人利用待建土地、存量建设用地等场所设置临时停车场有助于推动停车的市场化。

针对已有车位利用率低的问题,《广州市停车场条例》提出了一些盘活存量的措施:在信息化方面,建立市、区、企业三级实时对接的停车综合管理系统,实时公布车位情况。在现有资源方面,盘活机关、企事业单位、个人的停车资源向社会开放,鼓励这些停车场错时共享停车,并可按规定收费,同时明令禁止停车场改作他用。

4. 建立全市统一管理系统,为停车管理信息化、精细化奠定基础。

一是建立全市统一的停车管理系统,定期开展停车资源普查,对向社会开放收费的停车场实行备案管理,将有关数据纳入管理系统,并与相关部门共享。二是以区为单位建设停车智能引导系统,实现区交通行政主管部门与企业停车管理系统对接,为社会公众提供停车诱导服务。三是鼓励停车资源共享和信息共享,预约停车服务企业应当实时向停车信息管理系统上传泊位信息、收费标准。

《广州市停车场条例》根据广州目前停车难的现状,从缓解停车难为重点入手,有针对性地提出了规划、建设、管理和执法等多方面的综合解决方法,提升了城市停车精细化管理的水平。缓解停车难虽是实现良好停车管理的基础,短期内也能立见成效,但是由于停车问题涉及面广,也远比想象的更加复杂,《广州市停车场条例》在以下几个方面,还存在一定的改善余地。

第一,停车立法在强调加大停车设施建设的同时,同样需要注重降低机动车停车需求。

停车设施布局影响公众出行选择,对市民的停车需求,不仅仅是满足的问题,合理引导和控制也同样重要。鉴于广州交通拥堵的现状,仅强调加大停车设施建设,必然会导致机动车出行增加,未来交通更加拥堵。在加大停车设施建设时,一方面,需要提高出行停车成本,引导公众有序选择购车、用车,适度抑制快速增长的机动车的使用;另一方面,需要强化公共交通相对于私人交通的竞争力,引导市民选择公共交通出行。公共交通出行需求的增长率应与私人小汽车使用需求的下降率保持均衡。这方面,《北京市机动车停车条例》(2018 年 5

月 1 日起施行）在第二章停车泊位供给中明确规定要从严控制出行停车需求，值得借鉴。

第二，广州的停车管理需要注重停车秩序管理，加强停车执法力度。

对于广州的停车问题，应用历史的眼光看待当前停车难的问题，在城市中心区，必须承认停车供给不可能满足所有人停车的客观现实，只有规范和培养市民良好行为习惯的养成，才能构建良好的停车秩序。一是加强与市民间沟通，确保市民知道和支持停车管理。二是加强停车执法力度，构建的停车秩序。国内城市的经验证明，只有到位的执法监督，才能保障制度的落实。三是提高惩罚力度、实现管理效力。对标国内同等城市如深圳、北京，广州对违章停车的惩罚力度较弱，不利于广州停车管理效力的体现。

第三，完善城市道路临时泊位智能管理，进一步实现制度创新。

《广州市停车场条例》加强对广州市道路临时泊位停放管理，为保障道路交通有序、安全、畅通将会发挥出重要作用，目前广州市道路临时泊位停放管理目前正处于改革的关键期，需要进一步改进和明确的事项，主要有：一是结合现代科技，完善城市道路临时泊位智能管理，提高停车管理效率和信息化水平；二是实现制度创新，加紧出台路内停车管理办法，更有效地管理道路临时泊位。如深圳市在实施机动车道路临时停放管理的同时，出台了《深圳市机动车道路临时停放管理办法》，规定市公安机关交通管理部门可以将道路停车违法行为相关的行政处罚委托给道路停车管理单位实施，提高管理效率。

停车问题是一个系统性问题，涉及政策、规划、建设与管理等诸多方面，仅靠增加停车泊位并不能有效解决。广州的停车问题目前逐渐显现，并呈长期化趋势。广州停车管理作为交通需求管理的策略之一，应该综合考虑城市及交通发展需求，全方位制定停车发展战略及目标，促进城市和交通可持续发展。

二、从“停车难、停车贵、停车乱”看《广州市停车场条例》[1]

《广州市停车场条例》于2018年10月1日开始实施，该条例对广州市停车场的规划、建设、使用和管理等做出了明确的规定，是广州市以立法的形式来解决“停车难、停车贵、停车乱”等民众所关注的民生议题的重要举措。该条例涉及内容众多，涉及的利益相关者数量大，是典型的民生议题，现在仅从管理的角度来对该条例缓解停车难进行解读与分析。该条例有几个突出点：

一是明确了广州市停车场的管理体制。条例的第3条和第4条对广州市、区交通行政主管部门的职责进行了界定；第5条对公安机关、国土、规划、房屋、建设、工业和信息化、财政、工商、税务、质量技术监督、环境保护、水务、园林、城市管理和人民防空等有关行政管理部门都逐一作出了规定，特别是对公安机关、价格部门等的职责作了详细规定；第6条规定了街道办事处、镇人民政府的协助职能；第12条对停车场行业协会的职责也进行了规定。《广州市停车场条例》对管理体制的厘清将有助广州停车场的规划、建设、使用和管理等方面的协调发展。

二是进一步明确了定价原则。《广州市停车场条例》给出了三种机动车停放服务收费机制，分别实行市场调节价、政府指导价或者政府定价管理。广州现行的价格体系有不尽合理的地方，如应该鼓励短时停放的场所，设置了价格封顶，导致有的车辆长期停放。典型的例

〔1〕 李军，中山大学智能工程学院副教授，硕士生导师，全国智能运输系统标准化技术委员会通讯委员、美国地理协会会员，研究方向为交通运输工程、运输经济。

子是医院,由于价格低廉且有封顶,被部分人投机作为通勤的停车场,真正有需求的人反而得不到满足。本条例明确“城市中心区域高于外围区域、重点区域高于非重点区域、拥堵时段高于空闲时段的原则”,特别是“对城市道路临时泊位制定累进式加价的阶梯式收费标准”非常有针对性,为道路临时泊位的价格优化提供了法律依据。《广州市停车场条例》提出由市价格行政管理部门组织住宅停车场议价规则的制定,是在不违背国家和广东省的政策法规的情况下的一种折中方案,是对目前市场竞争条件尚未完全具备、民众希望对住宅停车场价格进行一定程度价格管制的反应。

三是停车管理的信息化与智能化。《广州市停车场条例》第10条明确规定“市交通行政主管部门应当建立全市统一的停车信息管理系统”“区人民政府应当在本行政区域内设置智能停车引导系统”,第11条规定“公安机关应当与交通行政主管部门共享违法车辆有关信息”,第31条规定“采用计算机计费管理的停车场,经营者应当向停车信息管理系统实时上传泊位信息、车牌识别信息、车辆进出时间和收费标准”。将停车信息管理系统写入法律条文,是一项新的举措。在大数据技术逐步成熟,越来越发挥巨大作用的时代,广州市的这项规定,为停车的信息化与智能化提供了法律保障,为各种智能应用提供翔实的数据基础,预期各种电子地图、停车诱导、共享停车等功能将会都到有力加强,同时这些数据也可用于规划、设计、建设、管理、执法等多个领域。

《广州市停车场条例》的制定,虽然多次召开座谈会、论证会和听证会听取各方意见,经过立法机关四次审议,已经比较全面;但是停车问题牵涉众多人的利益,还有一些值得关注的地方:

一是要关注停车需求是否应该满足。《广州市停车场条例》制定的出发点似乎更多从停车者的角度来看待问题，希望提供更多的停车空间、以较低的停车价格以解决“停车难、停车贵、停车乱”的问题，有鼓励大家购买车辆或鼓励车辆使用之嫌，这与广州市目前实施的车辆限购政策不尽一致。从另一个角度来看，广州市正在打造“公交都市”，有成熟的公共交通网络，出行基本上可以乘坐公交，除此之外出租车、网约车、共享单车等也为大家提供了更多的出行选择，小汽车停车是否属于政府应该保证供应的商品值得进一步探讨。从某种意义上来说，“停车难、停车贵”并非坏事，可以拟制购车需求以及不合理的出行需求。以广州市路内停车为例，咪表停车收费期间，由于价格相对较高，基本上都可以找到空的停车位。2017 年 4 月 1 日广州市中心城区暂停收费之后立刻变得一位难求，且中心城区只要愿意支付停车费，基本都可以找到停车场，可以说“停车难”是消费者不愿支付停车费造成的极端情况，甚至可以通过缴纳“罚款”来随意停车。同样是稀缺资源，公众对“拍牌”价格高的不满远远低于停车价格，形成强烈反差，“停车贵”很可能是对长期停车低价的反应。政府和舆论有必要正确引导公众对“停车难、停车贵”的看法，不应强求政府以低价格来解决停车问题。以咪表为例，民众对每小时高达 16 元的收费标准普遍反应过高，但暂停收费并未带来大家的赞赏，因为有需求的人根本就找不到停车位，这些显然不是民众所希望的。

二是要对针对“停车乱”加大处罚力度。目前广州市违章停放问题严重，数据表明在实施限购导致车辆增幅放缓的情况下，违章停车却有大幅上升，原因之一在于广州市对违法停车的处罚相对较轻，对个人的罚款仅为 200 元，对比一天高达百元的停车费相对较低，人们存在不会被抓的侥幸心理，不进停车场而在路边违停，因为这样成本更低。特别是对占用小区共有部位等公共资源乱停乱放更是难以处罚，严重影响市民生活环境、公共秩序和公共安全。深圳市针对不同情形采取不同的处罚，其违法停车罚款可高达 2000 元，对违法停车的震慑力远高于广州，笔者有次紧急情况需打的从广州到深圳，出租车司机一口拒绝，原因之一就是怕不熟悉被罚款，得不偿失。作为对比，2017 年广州市官方公开的交警罚款为 9. 98 亿元，深圳市没有官方数据但据报道约为 4 亿元，处罚高但总数仅为广州的四成，表明其违法数量远低于广州。广州市有必要加强对“停车乱”的处罚力度，乱停车给所有人的利益都带来了损害，不能把“停车难、停车贵”作为可以乱停乱放的理由。

三是要关注停车的社会成本。私人小汽车出行的负外部性得到了大家的广泛关注，如交通拥挤、空气污染等，导致了一系列的城市交通政策，如限购、限行等。但停车的负面效应关注却不多，大家更多关注停车本身的问题。事实上多数车辆绝大部分时间都处在停驶状态，在出行两端都需要大量的时空资源，常常还因为寻找停车位带来额外的交通。停车从经济学的角度来看具有外部性，无论是对使用者还是非使用者都带来很强的负面效应，有研究表明停车所带来的高额社会成本远远高于车辆出行所带来的社会成本。特别是地面停车会对交通、行人等产生巨大的影响，如本来的园林美景变成汽车森林、妨碍行人通行等，某些情况还会妨碍消防车、救护车等紧急车辆的通行，给人们的生命财产的抢险救援带来障碍。停车会给看似无关的人员带来的负面影响，以《广州市停车场条例》中“双过半”的设置临时停车场来看，看似很公平，但是反对者的利益会受到损害而得不到补偿，时有新闻报道因为停车影响住户的活动空间造成的纠纷，如蓄意破坏车辆等。作为对比，广州市加装电梯需要“满足两个 2/3 业主同意”，条件明显比《广州市停车场条例》中要求要高，这与停车占用的是公共空间、对私人空间影响较小有关。

总体而言,广州市以立法的形式来缓解停车难题,是一个非常重要的举措,弥补了广州市停车场建设和管理法规缺乏的不足,特别是在清晰职责、确定定价原则、实现信息化、智能化等方面特点突出,富有广州地方特色。《广州市停车场条例》即将实施,我们期待广州市停车问题得到进一步解决,也希望《广州市停车场条例》实施过程中遇到的新问题会在未来的实施细则以及未来的《广州市停车场条例》修改中得以进一步解决和完善。

三、关于《广州市停车场条例》中议价规则问题[1]

《广州市停车场条例》已经广东省人大常委会批准,并于 2018 年 10 月 1 日正式施行。在这部地方性法规中,本着问题导向的基本准则,以地方立法解决地方问题,针对广州市"停车难、停车贵"以及停车管理体制不顺等问题,依法进行了创造性的规定,践行《立法法》对于地方立法的基本要求和赋予地方立法权的根本目的,突出了地方立法"有效管用"的基本属性。尤其是解决住宅小区停车费问题方面的立法策略,更是彰显了以保障民生、解决本领域内突出矛盾和问题的地方性法规应有的担当。纵观《广州市停车场条例》全部内容,在理顺停车场管理体制、鼓励新建公共停车场和立体停车设备、住宅停车场的议价规则确立以及道路泊位的特许经营模式等方面均有创新性的规定,本书只对其中的住宅停车场收费的议价规则予以探讨。

此处的议价规则是关于住宅小区停车费的确定或者上涨过程中应当由住宅停车场经营者与小区业主共同协商并满足一定条件的一

---

〔1〕 葛自丹,广州大学法学院副教授,广州市人大常委会法制委员会委员,主要研究领域为宪法与行政法。

系列要求,是在 2015 年国家放开住宅小区停车费价格后保护业主话语权和限制经营者单方定价权的有效举措。《广州市停车场条例》分别在总则部分、停车场使用和管理部分以及法律责任部分规定了议价规则的适用、监管以及违反议价规则的行政主体和相对方分别应当承担的法律责任,从而在立法上建立了系统的议价规则制度,为该项制度的实施提供了基本的法律依据。

自从议价规则出现在《广州市停车场条例》(草案)上开始到 2018 年 3 月《广州市停车场条例》被省人民代表大会批准并公布后,对于议价规则的讨论从未间断。有人认为以议价方式确定住宅停车费与国家发改委在 2755 号文件中明令的住宅停车服务实行市场调节价相悖。其实不然,议价规则是在现有法律框架下解决住宅小区停车收费的最佳路径。

首先,从法律性质上讲,议价不属于定价方法,而是一种价格活动,理应由政府监管。尽管 2014 年国家发展改革委员会发布的第 2755 号文件以及与此相应做出调整的新版《广东省定价目录》已经把住宅小区停车收费置于实行市场调节价的类别中,但是这并不意味着议价规则的存在就不具备合法性依据,即这不必然构成以议价方式确定住宅小区停车费用的合法障碍。因为从性质上说,议价规则并非是对定价方式的规定。依我国《价格法》的规定,价格形成方式有三种:市场调节价、政府指导价和政府定价。这种议价仅仅是形成价格的过程或者程序,并不直接产生定价结果,与《价格法》中所规定的三种定价方式之间并不存在绝对对应或者排斥的关系。《广州市停车场条例》虽然没有直接承认当下的住宅小区停车费实行市场调节价,但是也没有规定对于住宅小区停车费实行政府指导价或者政府定价,而是确定了一种规则,即在确定住宅小区停车费用的过程中,应当履行议价程序。换句话说就是对住宅小区停车费确定这种价格活动增加了一个程序、提出了一种要求。这也是政府行使对价格活动管理和监督职权的一种表现。因为依照我国《价格法》的规定,相关行政管理部门为了维护正常的价格秩序,有权对价格活动进行监督、管理和必要的调控。在《广州市停车场条例》中,要求住宅小区停车场的经营者以议价的方式来确定和调整停车收费价格并对此进行监管与价格法所体现出来的维护公平、公正的定价体系、形成良好的价格秩序这一基本立法精神是相契合的。

其次,从理论上讲,地方立法的作用在于结合地方特色,在不违背宪法和法律的前提下有效解决地方问题,同时,地方立法可以先行先试,探索新制度或者解决问题的新路径。就广州的情况而言,住宅小区停车场收费暂时尚不完全具备实行市场调节价的条件。因为依照我国《价格法》规定,市场调节价是指经营者自主制定、通过市场竞争形成的价格。显然,市场调节价存在的前提条件是“市场竞争”,只有在市场竞争过程中形成的价格才能够被称为市场调节价,但是广州的现实情况是:住宅小区停车场的经营者根本就没有竞争对手,多数住宅小区的周边地区很难找到其他公共停车场,而住宅停车场是典型的卖方市场,住宅小区停车场的经营者所具有的独占性和垄断性是不言自明的,这种不存在任何市场竞争情况下经营者自行确定的价格怎能称其为市场调节价呢?所以,目前广州的这种情况,住宅小区停车场收费根本不具备实行市场调节价的前提条件。而且停车问题又关系民生,随着我国居民生活水平的提高,家用小汽车早已经成了代步工具而并非奢侈品,所以妥善解决住宅小区停车问题属于无法回避的民生问题。对于此类民生问题,政府不可能坐视不管,而任由掌握垄断性资源和谈判优势的停车场经营者任意定价或者擅自提价。所以,于情于理，目前住宅小区停车费实施市场调节价都是不合适的，或者可以说，实行缺乏监管的市场调节价是与保障民生的目的相悖的。

最后，《广州市停车场条例》中关于议价规则的规定彰显了地方的立法智慧和立法技术。地方性法规存在的最大价值在于有效解决地方性问题。在《广州市停车场条例》制定的过程中，不仅征求了多方意见，而且召开了网上立法听证会，对于住宅小区停车费问题，几乎“一边倒”地要求实行政府指导价；但是国家发改委的2755号文件又明确规定住宅小区停车费用实行市场调节价。面对这样的矛盾，如何在立法中即体现民意、保障广大人民群众的合法权益，又不违反国家政策成为立法中亟待解决的难题。而议价规则的出现则刚好解决了这个问题，既以法定的方式限定了住宅停车场经营者定价的任意性，保障了业主的话语权，实现了程序正义，同时又不违反国家政策。

第二节　媒体报告

城市停车问题涉及面广，协调内容多，立法难度大。《广州市停车场条例》立法过程“一波三折”。自2017年4月，《广州市停车场建设和管理规定(草案)》由广州市人大常委会第一次审议以来，便引起广泛关注，经过四次审议后，最终于2017年12月27日表决通过，也成了广州具有地方立法权以来第一个经历了四审的法规。2018年3月30日，本条例经过广东省第十三届人民代表大会常务委员会第二次会议批准，予以公布，从2018年10月1日起施行。

《广州市停车场条例》共有6章，涉及内容包括停车场规划、建设，公共、专用和临时停车场的使用和管理，城市道路临时泊位的使用和管理等。关于《广州市停车场条例》的社会评论和社会影响讨论焦点主要集中在住宅区停车场收费和路内停车收费两个部分。

一、总体评价

《广州市停车场条例》的出台规范了广州停车场建设和管理,标志着广州停车场管理的法律和规则体系进一步完善。

为了解决广州现有公共停车场数量少、规模小、系统性差的问题,条例明确了公共停车场建设用地使用权的供应方式,规定市、区政府应当在储备土地中确定一定数量的用地用于公共停车场建设。同时,鼓励社会力量投资建设公共停车场,市、区政府采用给予资金、允许配建附属商业设施、地下停车库面积不计入容积率等方式的支持。

此外,《广州市停车场条例》鼓励建设机械式立体停车设备,为投资、建设机械式立体停车设备"松绑"。规定简化审批程序,可办理确权登记。符合不动产登记要求的,可按其实际用地范围和不动产登记的有关规定办理确权登记手续;明确申领和免于申领规划许可证的情形,现有停车场内部安装机械式立体停车设备的,建设单位无须申领建设工程规划许可证。机械式停车场的审批简洁化,鼓励政府、企业和事业单位共享车位等也受到了市民的支持。

对于备受关注的住宅停车场收费和管理问题,《广州市停车场条例》规定价格行政管理部门应当制定住宅停车场议价规则,对擅自制定、提高住宅停车收费标准的行为规定了相应的法律责任。《广州市停车场条例》同时明确禁止住宅车位只售不租的行为,规定住宅建筑区划内,规划用于机动车停放的车位、车库尚未出售的,建设单位应当予以出租;车位、车库出售或者出租的,应当首先满足业主的需要。

作为缓解城市中心区停车难的必要补充,《广州市停车场条例》也对城市道路临时泊位作了设置规划与管理等方面的规定,明确城市道路临时泊位实行差别化、累进式加价的阶梯式收费标准，规定城市道路临时泊位使用费实行收支两条线管理，并规定交通行政主管部门应当每年将收费情况向社会公开，这些都呼应了市民的期待。通过经济手段，鼓励短时停车、快停快走，减少路边停车对城市交通的影响。(见图4－2－1)

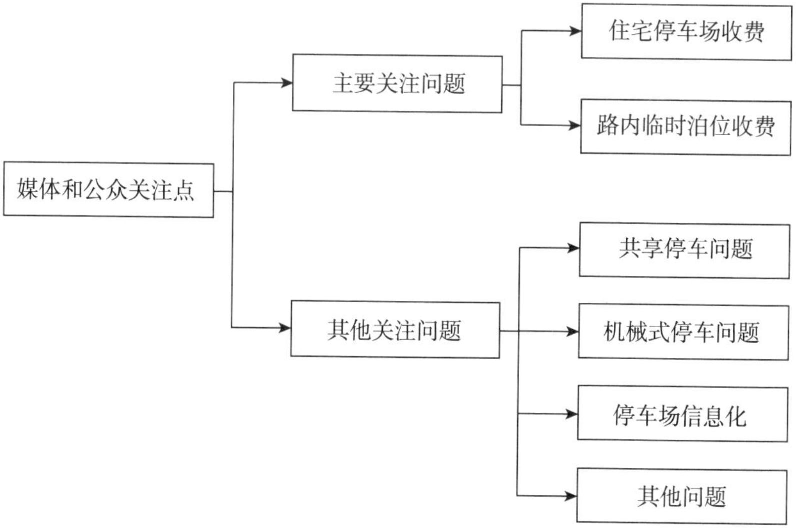

图4－2－1　条例内容媒体和公众主要关注点

二、关于住宅停车场收费与管理问题

(一)媒体总体评价

关于住宅停车方面媒体关注点与《广州市停车场条例》制定的重点和难点主要在于住宅停车收费与管理方面。总体来说，媒体对《广州市停车场条例》关于住宅停车收费与管理的规定普遍持肯定、积极的观点，认为住宅停车收费实行议价制，通过制定住宅停车场议价规则对住宅停车场的价格行为进行规范和管理，完善协商议价、明码标价、收费公示、第三方评估等制度,能够合理引导停车场经营者的价格行为,维护市场正常价格秩序。《广州市停车场条例》明确,未按照住宅停车场议价规则的规定进行协商议价的,建设单位、停车场经营者不得制定、提高机动车停放服务收费标准。价格行政管理部门应当对未依法协商议价,擅自制定、提高机动车停放服务收费标准的行为进行查处。此外,《广州市停车场条例》还为住宅区停车位收费恢复政府指导价留出了空间,规定市价格行政管理部门应当会同有关部门制定住宅停车场议价规则,经市人民政府批准后公布。住宅停车场的机动车停放服务收费纳入《广东省定价目录》时,实行政府指导价管理。

(二)媒体关于住宅停车收费与管理存在问题的报道

2015 年 8 月广东省放开住宅小区停车服务价格后,广州不少住宅停车场经营者单方大幅提高停车收费标准,有的停车场经营者为了能高价出售停车位,做出了取消月保、对未售出车位“加锁”等行为,极大地损害了小区业主的权利。据广州“12345 政府服务热线”统计,2017 年上半年关于停车费投诉举报数量高达 9900 多件,是 2015 年同期的 2 倍。近九成广州市受访者认为“所在小区停车收费太高或偏高”“实施市场定价后停车收费大幅上涨”。还有部分小区车位上锁,降低车位数量,从而高价售卖车位,从中牟利,导致业主无车位可停。

(三)媒体对《广州市停车场条例》审议修改的解读

1. 关于住宅停车收费规定的解读

考虑广州市住宅停车供需矛盾,住宅停车不具备充分的市场竞争条件,自住宅停车收费实行市场调节价以来引发的不少矛盾和纠纷,鉴于国家发改委坚持实行市场调节价,在通过民意调查后,广州市提出制定议价规则进行管理,但不排除今后修改《广东省定价目录》,再次将住宅停车收费纳入政府指导价管理。同时基于广州市的实际情况和回应市民群众的关切,法规有必要为住宅停车收费纳入《广东省定价目录》实行政府指导价管理预留空间。据此,在《广州市停车场条例》第 8 条第 3 款中增加关于"住宅停车场的机动车停放服务收费纳入《广东省定价目录》时,实行政府指导价管理"的规定。

关于住宅停车场收费如何定价的问题,在《广州市停车场条例》四次审议过程中修改了三次。具体修改过程如下:一审时对此部分内容无明确规定,仍为市场调节价。二审时将规定修改住宅停车场的机动车停放服务收费实行政府指导价。待具备充分竞争条件后,经市人民政府同意,可以实行市场调节价。三审后又改为实行政府指导价。四审时更改为业主具有议价权利,并且政府制定议价规则。四审后的收费规则也成了最终的收费管理规则,即居民可议定车位价格,议价规则由政府管理部门制定,并且禁止住宅车位只售不租。(见图 4 - 2 - 2)

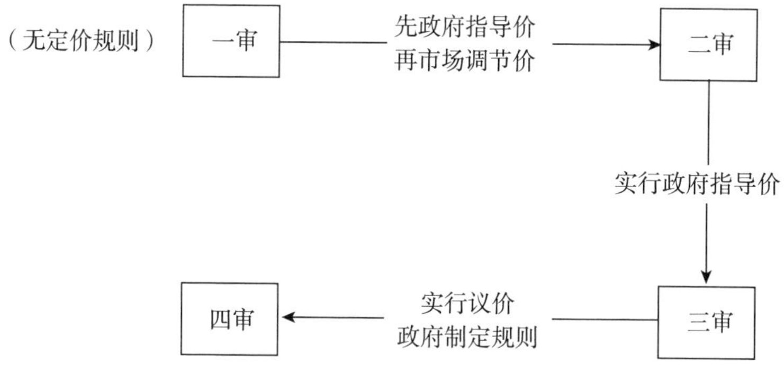

图 4 - 2 - 2　住宅停车场收费规则修改过程

为了条例能够有效实施,《广州市停车场条例》第 34 条和第 61 条中明确指出:"未按照住宅停车场议价规则的规定进行协商议价的,建设单位、停车场经营者不得制定、提高机动车停放服务收费标准。所在地的街道办事处、镇人民政府应当对协商过程进行指导和协调。价格行政管理部门应当对未依法协商议价，擅自制定、提高机动车停放服务收费标准的行为进行查处。”“对于未按照规定制定、提高机动车停放服务收费标准的，由价格行政管理部门责令限期改正；逾期不改正的，处以十万元以上五十万元以下罚款，并纳入本市公共信用信息管理系统。”该条例的处罚力度相当大，但是在一定程度上也保证了住宅区业主和停车场经营者的双方利益。当然，也有市民认为，虽然住宅区业主享有了议价权，但是有较多小区业委会都发展不成熟，谈判和商讨权益的能力较弱，与停车场经营者之间还存在一定的不平等关系，仍然存在权益是否能够得到保障的疑问。

2. 关于住宅停车位管理规定的解读

考虑实践中存在不少建设单位只售不租住宅停车位、车库的情形，《广州市停车场条例》明确规定住宅建筑区划内，规划用于机动车停放的车位、车库尚未出售的，建设单位应当予以出租；车位、车库出售或者出租的，应当首先满足业主的需要。违者逾期仍不改正的，处以 10 万元以上 50 万元以下罚款，并纳入本市公共信用信息管理系统，保障了住宅小区业主的权益。

三、关于城市道路临时泊位设置与管理问题

（一）媒体对于城市道路临时泊位设置与管理问题的总体评价

路边临时泊车在 2017 年停止收费后，出现了乱划、乱停、乱放等现象，产生了许多长时间霸占车位的问题，引起市民的强烈不满。规范城市道路临时泊位的设置、施划、收费和管理等是本次立法的重点和难点问题。总体来说，媒体对《广州市停车场条例》关于道路临时泊位设置与管理的规定普遍持肯定、积极的观点，《广州市停车场条例》通过设置累进式加价的阶梯式收费政策从交通管理的全盘考虑，予以调控停车需求，真正发挥路内停车解决临停快走需求的功能，又减少对动态交通的影响,提高了车位利用率,收费形式采用扫码支付等信息化手段也提高了停取车速度,同时收费透明化、公开化也提高了政府的公信力。

此次《广州市停车场条例》对城市道路临时泊位设置与管理问题进行了较为全面的规范,包括详细规定了编制和调整设置规划的主体、内容、要求和程序等;明确了城市道路临时泊位的施划主体和要求、管理主体和职责。同时,规定了城市道路临时泊位使用费实行收支两条线管理。

(二)媒体城市道路临时泊位管理以往存在问题的报道

各类媒体报道市民们普遍反映,2017 年 4 月起,广州中心城区城市道路 5295 个咪表泊位暂停经营和收费后,违法占用免费泊位情况时有出现,一部分车位甚至被长期霸占,或私设地锁霸占车位,真正的临停需求却无法满足,城市公共资源被无序占用。另外,在一些管理不规范的原咪表路段,出现不明人员违规收取停车费的现象。市民建议恢复城市道路临时泊位收费政策。

(三)媒体对《广州市停车场条例》审议修改的解读

在四次审议过程中,交通管理部门和立法部门通过大量调研和论证,为更好地利用路边临时泊位,《广州市停车场条例》对城市道路临时泊位收费管理共进行了三次修改。一审时确定恢复路边临时泊位收费;二审时规定路边收费实行差别化收费政策,并且费用由政府部门收取;三审时增加收费实行累进式加价的阶梯式收费标准,不同区域、不同时间收费标准不同。

为此,《广州市停车场条例》明确规定市价格行政管理部门按照城市中心区域高于外围区域、重点区域高于非重点区域、拥堵时段高于空闲时段的原则,对实行政府指导价、政府定价管理的停车场制定差别化的收费标准，对城市道路临时泊位制定累进式加价的阶梯式收费标准。为符合经济社会发展需求，还规定了至少每五年对价格进行一次评估。为提高停车效率，未来城市道路临时泊位均将安装电子收费设备，并规定城市道路临时泊位收费实行收支两条线管理，每年将城市道路临时泊位使用费收取情况向社会公开，同时达到收费透明化和合理化的目的。

四、《广州市停车场条例》涉及的其他内容

本次条例还对共享停车进行了相关规定，条例第 37 条规定："鼓励有条件的机关、企业、事业单位将自用停车场向社会开放，实行错时共享停车。"由于目前存在车多位少的问题，而住宅车位中由于大多业主白天开车通勤，导致白天有较多车位空置，如果开放这些车位给周边临时需要停车的车主，空置车位就可以很好地得到利用，而车位拥有者也可以从中得到一定的利益，以减少停车费。而对于企事业单位，夜间会空出大量车位，如果能实现夜间车位共享，则可以较大幅度地降低夜间停车难的问题。但出于小区安全问题，共享车位未考虑鼓励共享住宅停车场车位。

除了上述内容外，《广州市停车场条例》中规定政府管理部门应定期组织开展全市各类停车场的资源普查，建立停车场基础数据库，并实时更新数据。然后建立全市统一的停车信息管理系统，对收集到的停车场信息实行动态管理，实时公布经营性停车场和城市道路临时泊位的分布位置、泊位数量、使用状况和收费标准等信息。

第五章　立法启示与思考

第一节　公共停车设施建设引导和激励政策的思考

当前由于小汽车保有量快速增长，停车场建设速度难以赶上汽车增长速度，加之停车位历史缺口严重不足，大城市特别是中心城区的停车难问题日渐凸显，为有效缓解停车供需矛盾、科学合理发展停车行业，国家自2015年相继出台一系列促进停车设施投资建设的政策，有利地推动停车产业化的发展，各省市也相继出台细化配套政策，广州应在国家政策的指导下结合本市实际，在总结目前主流的停车政策理念的基础上，进一步完善适合广州的公共停车设施建设的引导和激励政策，调动社会投资的积极性，促进停车行业可持续发展。

一、公共停车设施属性分析

（一）公共停车设施界定

按照停车设施服务的对象和建设方式，可以将停车设施划分为：路内停车泊位、路外公共停车场（库）和建筑物配建停车场（库）。根据《城市公共停车场工程项目建设标准》（JB 128—2010），城市公共停车场是指依据城市停车规划确定的，除建筑物配建停车场外的公共停车场。《广州市停车场条例》所指的公共停车场是指在城市道路外，为社会公众提供停车服务的场所,包括独立建设的公共停车场和建设工程配建的作为公共服务设施的公共停车场;建筑物配建停车场是指城市公共建筑和居民区配套建设的停车场,主要为建筑和居住区业务、生活活动相关的驾车人提供停车服务。

按照构成停车设施的基本单元——停车泊位来分类,则可以将停车泊位分为公共停车泊位和专用停车泊位两大类。公共停车泊位为社会车辆提供服务,是服务对象不固定的停车泊位,包括路内停车泊位中供社会车辆停放的泊位,公共停车场(库)的停车泊位以及配建停车场(库)中用于开放给非本建筑以外的其他社会车辆停放的泊位,利用待建土地、临时空闲场地设置的对社会车辆开放的泊位。而专用停车泊位为供单位自用车辆或私人车辆停放,是服务对象固定的停车泊位,包括公共建筑配建停车场(库)中供本建筑所属车辆停放的泊位,单位内部、工厂内部停车场(库)的泊位,住宅配建的不对外开放的停车泊位等。〔1〕

(二)公共停车设施属性分析

从经济学角度,社会产品可以区分为三大类:私人产品、公共产品以及准公共产品。私人产品指消费者支付一定费用就取得其所有权,具有效用的可分割性、消费的独占性和受益的排他性的物品与服务。公共产品与私人产品相对,指用来为整个社会共同消费的产品,消费或使用上具有效用的不可分割性、消费的非独占性以及受益上的非排他性,纯粹的公共产品由政府财政来提供,市场机制在这个领域失灵。公共停车场对社会公众开放,显然不属于私有物品,在停车泊位未占

〔1〕 参见吴涛:《城市停车设施的性质与分类探讨》,载《城市研究》1999年第4期。

满之前,其不具有排他性,而只有当停车泊位趋于饱和的情况,才表现出一定的排他性。因此,公共停车场的经济属性同时具有公共产品和私人产品的特征,是介于公共产品和私人产品之间的一类特殊的"准公共产品"。[1]

公共停车设施属于城市基础设施,投资大、回收周期长,但同时各大城市停车供需矛盾突出,政府提供准公共产品又存在供给资金短缺的问题。因此,结合准公共产品的特性,非常有必要将市场机制引入准公共产品的生产或建设领域,减轻政府的财政压力。同时,政府可以通过制定鼓励优惠政策,提升社会力量投资公共停车设施的积极性,并通过制定、出台相关规范、办法对市场行为加以约束及引导,不断完善与优化公共停车设施的供给与管理。

二、广州实施公共停车设施建设引导和激励政策的必要性

继2015年国家部委密集颁布13项停车政策后,为推进这些政策的实施,2016年又颁布了相关政策,国家层面的停车政策体系日趋完善;与此同时,按照国家政策精神,各地先后出台了本地的停车政策,重点包括制定停车设施建设鼓励政策、停车收费市场化等方面的内容,以促进停车产业化发展和完善停车场建设管理。比如,2017年10月成都市出台《关于加强全市停车设施建设管理的实施意见》明确在土地供应、资金补助、经营环境等方面享有优惠政策;2015年8月郑州市出台《关于进一步加快市区公共停车场建设管理工作的指导意见(试行)》明确把公共停车场建设纳入市政基础设施建设范畴,由市、区(管委会)政府每年安排一定的资金用于公共停

〔1〕参见袁潜韬:《论社会公共停车设施的供给与管理——以温州市公共停车设施发展状况为例》,上海复旦大学2008年硕士学位论文。

车设施建设，实施奖励补贴政策，鼓励和吸引社会资本共同参与公共停车场的开发、建设和经营。具体政策包括：土地供应政策、税费减免政策、优化经营政策、奖补政策等。

借鉴其他城市实施的经验及教训，在国家政策体系的指导下，结合广州市公共停车场建设发展实际情况和城市交通发展战略、停车发展战略，及时系统研究制定一套全面、可操作性强的公共停车设施建设引导和激励政策体系，积极引导和鼓励社会力量参与公共停车场建设与经营是目前广州停车发展亟待深入研究和解决的重点问题之一。

三、广州市公共停车设施建设引导和激励政策建议

（一）公共停车设施建设补贴政策建议

1. 补贴原则

公共停车场是配建停车场泊位的调节和补充，它的分布应该由配建停车场的需求确定，同时考虑土地开发利用等方面因素和目标要求。公共停车设施建设补贴应遵循城市交通发展以及停车设施供给和建设发展的总体策略，在空间位置上进行划区分层、差异化补贴，坚持有所为、有所不为，引导停车布局结构合理化。中心城区人口密集、土地开发强度大、用地紧张、土地成本高、公共交通网络发达、停车供需矛盾突出，应适度提高公共停车设施建设补贴成本；外围区人口密度相对较低、土地开发强度小、土地成本相对较低、公共交通覆盖率低、停车供需矛盾弱，应适度降低公共停车设施建设补贴成本，同时考虑不同建设形式的建安投资成本差异较大，按照不同类型停车设施的建安成本以及适应性特点进行差异化补贴。

2. 补贴对象

公共停车场奖补政策主要用于社会投资建设部分。补贴的对象

主要包括三大类:(1)独立建设停车场(库),指社会力量按照规划批准选址,独立建设的并向社会开放的公共停车场(库)项目。(2)建筑工程超配建部分的公共停车泊位。包括:社会力量按照省或市建筑工程停车配建标准超过部分并申请对社会开放的公共停车位。(3)灵活利用各类用地建设的对外开放的公共停车场(库)项目。包括:利用公园绿地、防护绿地、广场、道路等地下空间、桥梁下空间建设公共停车场(库)项目;企事业单位(如学校、医院、商场等)利用自有用地建设对外开放的公共停车场项目;符合土地利用总体规划和城市总体规划的前提下,利用闲置集体建设用地或政府储备地块建设的对外开放的临时公共停车场(库)项目等。

3. 补助标准及形式

公共停车设施资金补助主要目的是鼓励和引导社会力量积极参与公共停车场投资建设运营。考虑土地费用因地区而异,与停车场所选位置有很大的关系,如核心区土地成本与外围区土地成本差异很大,公共停车设施补助标准应重点考虑对建设成本进行资金补助,不包含土地费用(含征地、拆迁),建设成本主要包括:土建工程费用(建筑与结构)、装饰工程、机电工程、给排水工程、电梯工程费用、设计咨询费用、设备费用等。补助形式采取"以奖代补"的形式,给予建设资金补助。补助标准主要结合政府财政能力,结合每种类型停车设施的建设成本以及地区适应性特点进行差异化补贴,参考其他城市的实施经验,原则上不超过建设成本总额的25%。奖补资金必须用于对外开放的公共停车场建设。

由于不同建设形式停车场的建设投资成本差异较大,按照建设形式可划分为三大类:地面停车场、地上停车楼和地下停车库。地下停车库和地上停车楼又有机械式、半机械式和自走式,其中机械式又可划分为垂直升降类、巷道堆垛类、升降横移类等几类。

表5-1-1为杭州地区停车场经营企业的市场调查,各类停车设施的建设和运营成本。

表5-1-1 杭州地区各类停车场建设运营成本汇总

<table>
<tr><th colspan="4">停车设施类型</th><th>类型编号</th><th>建安费估算(元/泊位)</th><th>运营成本(元/泊位/年)</th><th>备注</th></tr>
<tr><td rowspan="2">地面</td><td rowspan="2">Ⅰ</td><td colspan="2">地面停车位</td><td>A</td><td>5000</td><td>700</td><td>—</td></tr>
<tr><td colspan="2">简易机械式停车架</td><td>B</td><td>11,500</td><td>2500</td><td>—</td></tr>
<tr><td rowspan="3">地上</td><td>Ⅱ</td><td>地上停车楼</td><td>自走式</td><td>C</td><td>76,000</td><td>700</td><td>不同层数费用不同,取平均</td></tr>
<tr><td rowspan="2">Ⅲ</td><td rowspan="2">独立机械式停车库</td><td>升降横移</td><td>F</td><td>52,000</td><td>3200</td><td>层数不同费用相差不大</td></tr>
<tr><td>垂直升降式(塔式)/巷道堆垛式</td><td>G</td><td>84,000</td><td>3200</td><td>塔式与巷道堆垛式建安费用相近</td></tr>
<tr><td rowspan="4">地下</td><td>Ⅳ</td><td colspan="2">自走式停车库</td><td>D</td><td>122,000</td><td>1900</td><td>不同层数费用不同,取平均</td></tr>
<tr><td>Ⅴ</td><td colspan="2">超配建设地下停车位</td><td>E</td><td>87,000</td><td>1900</td><td>住宅、商业、办公配套的平均值</td></tr>
<tr><td rowspan="2">Ⅵ</td><td rowspan="2">独立机械式停车库</td><td>升降横移</td><td>H</td><td>100,000</td><td>3400</td><td>配建与专用费用不同,取平均</td></tr>
<tr><td>井式机械停车库</td><td>I</td><td>200,000~250,000</td><td>3400</td><td>—</td></tr>
</table>

考虑到区域土地成本、人工成本等的差异性,参考国内一些城市的做法,建议广州在二类区域、三类区域在一类区域(补贴基准)的基

础上分别给予75%、50%的土地调整系数。

资金来源建议由市级政府建立专门的停车场建设资金账户，将路边停车场收入、停车场建设补偿费、停车位交易税费、违章停车罚款收入纳入停车场建设专项资金账户，并且每年政府还应根据发展规划与建设计划拨付一定的建设资金，以保证每年有足够的建设资金。

（二）其他配套政策建议

1. 土地出让优惠政策

建议政府每年在储备的土地中确定一定数量的用地，专项用于引进社会资本建设公共停车场。对于政府全额投资或政府委托国有企业投资单独新建的公益性停车场项目用地，采用划拨方式供地；城市交通枢纽和城市轨道交通换乘站的配套驻车换乘公共停车场用地实行划拨供地；社会力量投资单独新建的公共停车场同一宗用地公告后只有一个意向者，可以通过协议出让方式；新建项目同步建设地下公共停车场和已建项目需要扩建地下公共停车场的，地下停车库的面积不计入容积率；鼓励利用公共设施、人防工程等多层空间建设停车场。

2. 降低或减免税费政策

建议广州进一步完善有关减免城市建设配套费的政策规定，除建设项目地下停车场建筑面积外，绿化广场、公园休憩场所配套的地下停车场、独立建设的公共停车场和配建超出规定的泊位面积等各类社会公共停车场项目明确给予全部免交城市建设配套费；在公园、绿地、市政道路、广场、学校操场、行政事业单位利用自有土地建设地下公共停车场予以免交土地使用税，免收人防易地建设费、临时占用城市绿地补偿费、临时占道费、挖掘修复。

3. 无息或低息贷款政策

建议对于开发商通过银行贷款用于投资建设社会公共停车场项

目的资金部分，实行无息或低息贷款方式，并对开发商、单位或个人等社会力量投资其他停车场建设的，可采取长期低息贷款方式；此外，支持公共停车设施项目争取城市停车场建设专项债，政府可按当年实际发行债券规模1%的比例给予贴息支持。

4. 优化停车经营条件政策

为增加停车场运营收入，提高社会力量建设公共停车设施的积极性，建议广州市社会力量投资建设的公共停车场，在不改变用地性质、不减少停车泊位的前提下可按不超过总建筑面积20%的比例配建商业面积；轨道交通站点周边换乘停车设施及其他特殊区域的公共停车设施项目，通过专项论证，配建附属经营设施比例可超过20%；逐步减少或取消项目周边300米内的路内停车泊位，并加强对违法停车的查处力度，以提高社会资本投资停车场的积极性，保障停车场运行盈利能力。

5. 停车收费配套优惠政策

建议广州可适度提高路内停车泊位的白天收费标准，并采取阶梯式累进的计费方式；对于社会公共停车场的收费标准，针对不同的投资主体或不同的土地供应方式的公共停车设施项目，应采取不同的收费价格管理：通过招、拍、挂及协议出让方式取得土地和利用集体土地建设的公共停车场的服务收费标准实行市场调节价管理，投资者按照依法纳税和合理盈利的原则自主定价；通过划拨方式取得土地建设的公共停车场的服务收费标准则应实行政府定价或政府指导价管理。

6. 产权保障政策

公共停车设施投资者可依法申请办理土地登记和房屋登记手续，取得公共设施所有权；采用政府与社会资本合作（PPP）方式建设公共停车设施的，投资者可依法与政府签订特许经营合同，取得一定期限的经营权;投资单位在取得公共停车设施的所有权或经营权,并报项目所在地政府批准同意后,可将其进行整体转让、抵押或质押,但不得分割转让或销售;在同等条件下,项目所在地政府享有公共停车设施整体转让有限回购权。[1]

第二节　住宅小区停车相关问题的思考

一、住宅小区配建停车场权利归属问题

近年来,随着私家车的逐年增长,人们对小区车位、车库的关注度持续增高,小区车位、车库在人们日常生活中的辅助作用也越来越明显。然而,对于小区车位、车库的权属问题,开发商和业主间一直争论不休,理论界和实务界对此也观点不一。虽然 2007 年颁布的《物权法》为解决小区车位、车库问题提供了法律依据,但是由于规定的过于原则,缺乏可操作的细则,因此仍不能很好地解决现实中存在的问题。

(一)我国的立法现状及缺陷

1. 我国立法现状

关于住宅小区配建停车场车位权利归属,主要涉及的相关法律法规包括:2007 年 10 月 1 日起施行的《物权法》、2009 年 10 月 1 日起施行的《最高人民法院关于审理建筑物区分所有权纠纷案件具体应用法律若干问题的解释》(以下简称《区分所有权解释》)、1997 年 1 月 1 日起施行的《人民防空法》等。

---

[1] 参见《广州市公共停车设施补贴政策研究》,广州市交通运输研究所,2016 年。

《物权法》第73条规定："建筑区划内的道路，属于业主共有，但属于城镇公共道路的除外。建筑区划内的绿地，属于业主共有，但属于城镇公共绿地或者明示属于个人的除外。建筑区划内的其他公共场所、公用设施和物业服务用房，属于业主共有。"

《物权法》第74条规定："建筑区划内，规划用于停放汽车的车位、车库应当首先满足业主的需要。建筑区划内，规划用于停放汽车的车位、车库的归属，由当事人通过出售、附赠或者出租等方式约定。占用业主共有的道路或者其他场地用于停放汽车的车位，属于业主共有。"

该两条规定确定了判断车位和车库权利归属的法定标准和约定标准。其中关于"占用业主共有的道路或者其他场地用于停放汽车的车位，属于业主共有"的规定，属于法定标准；关于"建筑区划内，规划用于停放汽车的车位、车库的归属，由当事人通过出售、附赠或者出租等方式约定"的规定，属于约定标准。下面以归属于开发商的车位车库和归属于业主共有的车位车库这两类分别进行阐述。

(1)归属于开发商的车位车库

《物权法》第74条前两款规定："建筑区划内，规划用于停放汽车的车位、车库应当首先满足业主的需要。建筑区划内，规划用于停放汽车的车位、车库的归属，由当事人通过出售、附赠或者出租等方式约定。"本条款对于约定车库的归属进行了规定，作为车位车库的原始产权并没有具体说明。《区分所有权解释》第5条规定："建设单位按照配置比例将车位、车库，以出售、附赠或者出租等方式处分给业主的，应当认定其行为符合物权法第七十四条第一款有关'应当首先满足业主的需要'的规定。前款所称配置比例是指规划确定的建筑区划内规划用于停放汽车的车位、车库与房屋套数的比例。"由此可知，建设单位负有"应当首先满足业主需要"的义务，这样可以推断小区车位的所有权归建设单位所有。从法理上判断车位归属于开发商的理由如下:《物权法》第30条规定:“因合法建造、拆除房屋等事实行为设立或者消灭物权的,自事实行为成就时发生效力。”《物权法》第142条规定:“建设用地使用权人建造的建筑物、构筑物及其附属设施的所有权属于建设用地使用权人,但有相反证据证明的除外。”从中可以得知,开发商作为车位的原始建设者,取得车位、车库的产权应该是原始取得的方式。[1]

(2)归属于业主共有的车位车库

《物权法》第74条第3款规定:“占用业主共有的道路或者其他场地用于停放汽车的车位,属于业主共有。”《区分所有权解释》第6条规定:“建筑区划内在规划用于停放汽车的车位之外,占用业主共有道路或者其他场地增设的车位,应当认定为物权法第七十四条第三款所称的车位。”从中可以看出,归属于业主共同共有的车位不仅包括在建设时占用业主共有的道路或者其他场地用于停放汽车的车位,而且应该包括建设完成后增设的此种车位。从法理上来讲,这种车位所依附的建设用地使用权即归全体业主共同共有,依据“房随地走”的原则自然应该归属于业主,而且从建筑容积率来讲这种车位并不占用建筑物的建设用地使用权,其归属自然不能作为专有部分来认定。[2]

2. 我国立法的缺陷

虽然《物权法》综合考虑了各个利益群体利益诉求,也通过法律规定对利益冲突进行了协调和规范,但在实际执行过程中仍存在不少问题。第74条第1款中,一是对于“规划用于停放汽车的车位”理解存

---

〔1〕参见郭军海:《住宅小区车位车库归属问题研究》,内蒙古大学2012年硕士学位论文。

〔2〕参见郭军海:《住宅小区车位车库归属问题研究》,内蒙古大学2012年硕士学位论文。

在争议。从狭义的角度理解,认为规划用于停放汽车的车位只能是指开发商为履行完善小区配套功能的法定义务而修建的满足小区业主基本需求的公共配套设施。而从广义的角度理解则认为只要是在建筑区划内,由开发商申请并经政府批准,得到政府颁发的建设规划许可证的小区车位、车库,都可理解为“规划用于停放汽车的车位”。二是对“业主需要”的规定过于抽象。“业主需要”是一个很宽泛的概念,小区每个业主的情况千差万别,因此对小区车位、车库的需要也不尽相同。有的业主家里不只一辆车,他们的需要可能就是拥有两个及以上的车位、车库。有的业主家里就没有车,他们很可能不需要小区的车位、车库。此外,业主的需要还是动态的,会随着时间等很多因素的变化而有所改变,业主在刚买房时可能并不需要小区的车位、车库,但其买车后对小区车位、车库有需要,有时可能还需要不只一个。反过来说,如果从购房开始就判定小区所有业主都有车位、车库的需求,那么对于不需要车位、车库的业主就不尽合理,有失公平。三是《物权法》和《区分所有权解释》对于小区车库和车位“应当首先满足业主的需要”的情况,对小区车位车库的出售、出租等给予了一定的条件限制,然而该规定过于宽泛,实践中法律并没有明确这一规定的具有法律效力。从而这一抽象的规定在审判实践中往往会给案件的操作带来很大的随意性。四是《物权法》概括地规定车位车库的归属由当事人约定,但对于约定不明的情况并未给予具体的指导,从而为司法实践中解决具体问题留下了一定的隐患,这也是急需完善的地方。

第 74 条第 2 款中,对于规划用于停放汽车的车位、车库,是否应当由当事人通过约定的形式实现还值得商榷。虽然此款的立法本意在于赋予当事人自由选择权以实现自身利益最大化,然而实现此立法本意的逻辑前提应是当事人的地位平等,进行平等协商。但是,在实际生活中,开发商无论从经济实力上还是各种信息的获取上,都有业主不可比拟的巨大优势,在这种情况下双方进行约定,业主很难实现自己的利益。因此,此处采用约定归属的形式不尽合理,也不符合实际情况。

此外,第 74 条第 3 款对于如何界定其他场地的停车位,并没有明确给出界定和说明,在实际操作中存在难度。[1]

(二)完善住宅小区配建停车场车位归属权利的建议

前文概要性地分析了《物权法》和《区分所有权解释》在住宅小区配建停车场车位归属权利方面存在的缺陷,为了进一步对实践进行指导,并且遵循已经生效的各项法律法规,在现有法律体系下进一步完善我国的相关法律规定,尝试提出以下建议。

1. 完善车位、车库权属的登记制度

国务委员兼国务院秘书长马凯于 2013 年 3 月 10 日,作出国务院机构改革和职能转变方案说明时明确提出:建立不动产统一登记制度,保护公民的合法财产权,切实落实《物权法》,保障不动产交易安全。换言之,建立不动产统一登记制度,其旨在保障不动产的交易安全,保护不动产权利人的合法财产权。而对于不动产统一登记制度,国务院常务会议于 2013 年 11 月 20 日再次明确。

在物权中,不动产占据着重要的地位,而不动产的登记制度作为《物权法》中不可或缺的部分,在保护不动产方面则显得举足轻重。《物权法》第 74 条与《建筑物区分所有权解释》第 2 条,肯定了车位、车库能够登记成为特定业主所有权的客体,具有独立所有权的客体地位。那么车位、车库也自然属于法律上的不动产,可以适用有关不动

[1] 参见刘亮亮:《住宅小区车位、车库权属问题立法完善》,山西大学 2012 年硕士学位论文。

产的法律规定。为了保障车位、车库权利人的既得利益，理应将小区车库、车位的权属纳入我国的不动产登记制度。

关于小区车位、车库的不动产登记应当包含以下几个方面的内容：一是修改《物权法》，明确将车位、车库纳入《物权法》不动产的范围，制定与颁发车位、车库的权属证书；二是实行车位、车库的不动产登记实名制，确定并写入车位、车库的所有权人及其享有的权利与需要承担的义务；三是实行车位、车库权属的统一备案登记制，包括对车位、车库进行公示、购买、转让等行为及其限期要求等事项登记并予以备案。

2. 首先满足业主需要的实现保障〔1〕

(1)限制开发商对车位车库的处分权

我国《物权法》和《区分所有权解释》中规定了应当满足业主需要，但如何满足业主的需要则没有相关说明，因此，需要采取多种措施予以保障。

其一，对证明形式进行明确，可以分为以下几种形式。第一种在开发商首次出售或者小区业主转售给非小区业主时的证明方式，开发商在首次转让时可以在合同中约定小区业主是否需要车位车库，对于暂时不需要而在今后一段时间内需要的业主可以缴纳一定的保证金继续享有优先购买权，在未购买的期间，开发商可以把车位车库向小区业主外的其他人进行出租，但不得进行出售，并且出租的期限应该是比较短，从而保证小区业主的优先购买权。对于小区业主向小区外业主进行二次出售车位的可以从开发商处或小区物业处取得已经满足小区业主需求的证明，也可以规定车位车库的登记机构审查首先满足业主的情况。第二

〔1〕 参见郭军海：《住宅小区车位车库归属问题研究》，内蒙古大学2012年硕士学位论文。

种是小区业主通过业主委员会召开业主大会，再由业主做出是否同意车位所有权人将车位或者车库处分给小区业主外的其他人的决定。

其二，车位车库登记机构对“是否满足业主需要”进行形式审查。开发商在向小区业主外的其他人出售车位车库的产权时，应当一并将业主与开发商签订的不需要车位车库的合同或者经过公证的小区业主委员会出具的同意开发商将车位车库所有权转移给小区业主外其他人的决定提交给车位车库登记机构。当然，如果开发商能够提供与此证明相近的其他材料也是可以的。对于小区业主向小区业主以外的其他人转让车位车库的也应该参照这种方式。车位车库的登记机构可以参照房屋登记机构登记房屋所有权转移的方式进行公告，并且规定一定的异议期间，在此期间小区业主可以提出异议，车位车库登记机构对异议进行审查并做出处理决定。

(2)业主共同共有的实现

我国《物权法》和《区分所有权解释》对于占用业主共有道路和其他场地的车位规定属于小区业主共同共有，但是如何实现共同共有并没有给出相应的规定。无论是开发商还是物业公司都无权擅自在小区的地面设置停车位，而必须得到业主大会的许可并对有关收益分配做出具体约定的，才能设立、运营这种地面停车位，否则对小区全体业主构成侵权。业主可以依法追究开发商的侵权责任，并可以要求买受人返还该停车位。

(3)明确人防工程的归属

《人民防空法》第26条规定：“国家鼓励平时利用人民防空工程为经济建设和人民生活服务。平时利用人民防空工程，不得影响其防空效能。”此条为人防工程改造为车位提供了理论依据，又为改造后的车位性质进行了说明。

人防工程的分类包括国家建造和非国家建造两种。《国防法》第37条规定:"国防资产归国家所有。"国家出资修建的人防工程就属于国防资产,所有权归属于国家。对于开发商负责修建的人防工程所有权归属的认定在理论和实践中还存在争议。《人民防空法》第22条规定:"城市新建民用建筑,按照国家有关规定修建战时可用于防空的地下室。"因此,城市的住宅小区很多都拥有人防工程。《人民防空法》第5条规定:"国家对人民防空设施建设按照有关规定给予优惠。国家鼓励、支持企业事业组织、社会团体和个人,通过多种途径,投资进行人民防空工程建设;人民防空工程平时由投资者使用管理,收益归投资者所有。"有些学者认为国家对于开发商的优惠就是国家取得人防工程所有权的对价,也有的学者认为根据"谁投资,谁受益"的原则,一般住宅小区的人防工程都由开发商投资修建所有权归属于开发商也是合理的。实践中国家对于开发商建造人防工程的优惠一般都不足以抵消开发商修建人防工程的费用,如果将所有权归属于国家,开发商对于人防工程修建的标准和修建的积极性都比较低,并且与最基本的投资收益原则相违背。如果将所有权归属于开发商,在开发商出售房屋后归小区业主共同共有,既与人们的日常理解比较相符,又能够促进业主主动管理好人防工程。

(三)国内外对住宅小区配建停车场车位权利归属的立法比较

1. 国内外对住宅小区配建停车场车位权利归属的立法情况[1]

(1)加拿大

加拿大将小区车位、车库视为建筑物的附属设施,按照房屋单元予以分配。加拿大多伦多市规定:开发商必须为拥有2间卧室的住户配置

〔1〕 参见陈晓峰:《中心城区停车设施供给对策研究——以虹口区为例》,上海交通大学2013年硕士学位论文。

1 个停车位,为拥有 3 间以上卧室的住户配置 2 个停车位。同时还得于基地上,以每 4 个区分所有权人为单位,设置 1 个供来客使用的停车位。

(2)美国

美国法律规定,在其整个国内的住宅小区里,一切建筑物以及附属设施,只有两种所有权形态。一种是小区业主独自享有的所有权形态,另一种是小区业主共同享有的所有权形态。住宅小区内不允许存在除上述两种形态以外的其他形态。具体来讲,美国法律一般对业主各自的房屋,赋予单独所有权。而对于其他一切附属设施,则划归由业主共同享有。

美国法律在对车位、车库的权属进行顶层设计的过程中,确立并一直坚持了两个核心原则:一是小区业主对小区范围内的全部土地拥有权利,非小区业主不得在小区内享有任何车位、车库的所有权。二是对小区范围内全部车位、车库的享有方式进行非常严格的限制,法律只赋予共有权,禁止其被小区范围内的任何业主单独享有。

美国法律在确立小区业主共同享有住宅小区车位、车库所有权的基本模式之下,又结合其实际情况,规定了两种较为灵活的归属方式,以供小区业主从中选择。一种是实行小区车位、车库与小区房屋一体化,为小区内每户设定一个车位,该车位附属于小区房屋,不具备单独所有权客体的特征,不可脱离房屋单独让与。另一种是实行小区车位、车库使用权的专有。法律可赋予住宅小区内业主,通过订立协议的途径,让渡其对小区车位、车库的使用权为小区内某位业主专门享有的权利,且其行使范围应严格限定在小区业主内部。

(3)德国

德国《住宅所有权法》第 3 条第 2 项规定:“以持久性的界标标明范围的停车场,认定为有独立性质的房屋。”由此可见,在德国车位车库是作为独立的物与住宅相区别，其所有权可以由开发商出售给小区内的业主，而不是作为从物，直接归全体业主共同共有。这种制度的设计既提高了开发商的收益，刺激了其建设车位、车库的积极性，又对住宅小区居民中没有车位车库需求的业主比较公平，因为其减少了支付建造此种车库的分摊费用。

(4)法国

法国法律规定住宅小区的规划和建造者必须在住宅小区内，按一户配备一个停车位的标准为小区业主建造停车场所。法国的学术界和法律实务中均理解认为小区的车位车库和住宅房屋是各自独立的物，不存在主从关系，停车位必须在购置房屋以外进行购买；而且小区业主以外的人，也可以购买小区内的车位。这种制度规定对于开发商来讲，一方面是强制性规定建设，另一方面是经济刺激，可以说对车位车库的建设具有很强的促进作用；对于小区业主来讲，一方面并未影响到其使用车位的方便，另一方面也并未提高业主的负担，但是对于土地的合理规划和供应要求比较高。

(5)日本

日本住宅小区的停车场分为两类。第一类是屋外停车场，一般是在住宅小区内根据明显的界线进行划分；第二类是屋内停车场，一般在小区住宅楼或其他建筑物内规划建设的停车场，有的在住宅楼的地下一层或两层，有的在屋顶的平台上。

关于这两种停车场，日本学界和实务界对其有不同的看法：在屋外停车场的权属问题上，其看法一致，都认为是共有；对屋内停车场的权属，曾出现过分歧，部分人视为专有，部分人却视为共有，各法院判例的认定也有一定的差异。日本最高法院在昭和1956年6月18日的一份判决中认定屋内停车场属于专有部分，使这种观点在日本的司法实践中被广泛采用,并一直占据主流地位。日本最高法院在此份判决中说明建筑物区分所有权的专有部分应该同时具备构造上的独立性以及利用上独立性,屋内停车场完全具备上述两个要件,从而屋内停车场应该成为独立的所有权客体。此种观点有其合理的地方,对于认定车位车库的归属也简单易行。

(6)中国澳门特别行政区

根据我国澳门特别行政区《民法典》第131条的规定,住宅小区住宅楼内的停车位,如果其所占的空间能够确定,并且能够直接到达住宅小区公共部分或者直接通往公共道路,那这种停车位就是独立的物,与其他专有部分一样可归业主专有。因此,我国澳门特别行政区的法律规定与德国相近,认定一部分车库具有独立性,是独立的物。除了这类停车位外,其他类型的停车位我国澳门特别行政区的法律制度没有进行专门详细的规定,学术界一般认定其作为整个住宅小区的从物,归全体业主所共同共有。

(7)中国台湾地区

我国台湾地区对于住宅小区的车库分类大致分为以下几种:其一,"法律"直接规定的车库。1991年4月10日台湾地区"内政部营建署"发布命令:"日后建筑物地下室依法附建的防空避难室兼停车空间,应视为公共设施,不准登记为个人私有,也不准分割零售""区分所有建筑物依法应附建的停车空间为建筑物的必要设施,其性质与共用走廊、楼梯相同,不用编订门牌号码"。我国台湾地区"建筑法"第102条规定:"建筑物依规定应附建防空避难设备或停车空间。"这种规定即是"法定"停车位,其所有权由全体业主共同共有或者部分业主共同共有。其二,自行增设的车库。自行增设的停车位不是"法律"规定必需,而是开发商自愿建设的,一般建成后就属于全体业主或部分业主共有。但如果该此类停车位具备了构造上和使用上的独立性,就可以在取得所有权证书之后成为专有部分。此时,这类车库具有独立性,可以成为专有部分的这种停车位,可以出售并归小区内特定业主和非业主所专有。其三,奖励增设的停车位。这类车位是专有部分,一般是供临时车辆和公共车辆使用。

2. 国内外对住宅小区配建停车场车位权利归属的立法比较

综上所述,世界各国各地区对于车位车库归属的规定不尽相同,但都是根据本国经济发展和自身的社会历史习惯而制定,我国在借鉴不同的法律规定基础上应该根据我国的实际情况进行相关立法和法律完善。

美国的立法中将小区车位、车库作为一种配套设施是为公共服务的,视为业主共有,严禁私人占有,不允许设为单独转让;加拿大立法认为房屋的一部分就包括停车位,和房屋一并配套分发,比如在多伦多市,如果卧室是两个的,则单元对应的停车位就是一个,卧室超过三个(包括三个),则可以拥有停车位两个。这种立法模式对我国有一定的借鉴意义:一是要通过国家法律的强制性规定,把开发商修建小区车位、车库的义务上升为其法定义务,要求其应当根据国家制定的有关住宅小区内房屋与车位、车库的配建标准,修建一定数量的车位、车库。二是要通过禁止性规定,杜绝非小区业主取得对住宅小区车位、车库所有权的现象,以促进住宅小区内部秩序稳定,确保小区业主车位、车库权利的全面实现。

德国和法国等部分国家的业主独自享有停车位,经过专门的登记,能够自行买卖;还有一些国家和地区以共有和专有的方式将停车位分为两部分,如日本、中国澳门特别行政区、中国台湾地区。这两种立法模式对我国的借鉴意义在于:一是我国住宅小区有些车位、车库可以考虑设定单独所有权。构成单独所有权的客体,第一,要在构造上具有独立性,物理状态上能与他物形成客观明确的事实区分,这样才能确保权利的实现,防止权利受到侵犯;第二,要在使用上具有独立性,应该具备独立的使用价值和经济效用,不依赖于他物的辅助即可发挥其作用;第三,要在法律上具有独立性,即需要取得国家法律对其的认可,并以登记的形式得到法律的确认。二是可以考虑借鉴我国台湾地区的做法,将住宅小区车位、车库区分不同的类型区别对待,并采取不同的权属规则。这样既保证了小区车位、车库的基本配套建设,又一定程度上激发了开发商自行建设车位、车库的主动性。三是对于我国由人防工程改建的地下车库,虽然在和平时期,得到国家的投资允许,赋予了投资者一定的转让使用、租赁使用和收益权,并要求其承担保养修缮之义务,但是,在我国,根据《人民防空法》的规定,人防工程毕竟属于国防资产,事关国家安全,因此应考虑借鉴我国台湾地区做法,将其权属设定为国家所有。

二、住宅小区停车收费和管理问题的思考与实践

根据《国家发展改革委关于放开部分服务价格意见的通知》(发改价格〔2014〕2755 号)、《广东省发展改革委、广东省住房和城乡建设厅、广东省交通运输厅关于进一步完善机动车停放服务收费政策的实施意见》(粤发改规〔2017〕5 号)等有关规定,目前放开住宅小区停车服务价格已成社会发展趋势,停车费标准由经营者自主决定。根据我国已实施放开住宅停车收费的部分城市反馈,公众主要担心此次价格管制放开会造成小区停车费上涨,从而引发一些矛盾纠纷,针对这些问题,应尽快建立住宅小区停车收费监管机制。

(一)住宅小区停车收费模式

住宅小区停车收费主要包括政府定价、政府指导价、市场调节价等三种模式。

1. 政府定价是由政府指令性地规定住宅小区的停车收费标准。

未经物价、房管部门批准，物业服务企业无权变动，具有强制性。

2. 政府指导价是由政府指导性地提出与经济水平、物业管理水平相当的收费标准，物业服务企业根据实际情况参照执行。政府指导价的收费标准均为基准价，下浮不限，从而有利于规范机动车停车收费行为，保护物业服务企业、业主等停车管理单位和使用人的合法权益。

3. 市场调节价是由物业服务企业与业主协商后在服务合同中约定价格的收费模式。其本意是利用价格杠杆来调节停车供需平衡，盘活现有住宅小区停车资源，通过市场机制改善小区停车服务供需状况与服务水平，逐步推进住宅小区停车收费的市场化。

（二）国内城市住宅小区市场调节价实践分析

1. 上海

上海于 1996 年 3 月施行商品住宅物业管理服务收费暂行办法，正式实施物业服务收费政府指导价。2004 年 4 月开始施行《上海市住宅物业管理区域机动车停放管理暂行规定》，各区县房管、物价部门据此制定了住宅小区停车收费实施细则。从 2015 年 3 月 1 日起实施市场调节价，但短期内也出现了收费波动。从实施情况看，全市住宅小区停车收费总体平稳，但部分企业在经济利益面前难以保持理性，利用法律法规和政策缺失的“真空期”，随意涨价，且涨幅较大。在不少住宅小区，地下车库停车费从每月 400 元涨到 1000 元，最高的甚至达到 2600 元，涨幅达到 3～6 倍。长风雅士名邸停车费涨至 2600 元，后经市区两级物价部门约谈后降至 1300 元。进入 2016 年，物业服务企业重新编制收费标准，上海个别小区停车收费再次出现疯涨。老西门公馆的小区停车费从 550 元涨至 1600 元，如果算上每个车位每月管理费 135 元，一个车位的实际收费达到 1735 元。据统计，2015 年以来上海市媒体报道的停车费飙涨的住宅小区就达 10 多个。

2. 深圳

深圳市住宅小区(含城中村、小产权房等)停车设施停车收费原则上实行市场调节价,其机动车停放服务收费标准的制定和调整,适用以下规定:

(1)经产权登记依法取得停车位所有权的,停车场经营者接受委托开展机动车停放服务经营时,制定或者调整机动车停放服务收费标准应当通过合同等方式与停车位所有权人进行约定。

(2)停车位未经产权登记的,制定或者调整机动车停放服务收费标准时,应作为涉及业主利益的重大事项,按照《物权法》或者物业管理法律法规相关规定由业主大会依法决定。

凡未依法履行业主大会程序的,机动车停放服务收费暂按原住宅小区机动车停放服务指导标准(最高限价,见表5-2-1)收取。适用于停车位未经产权登记且未能由业主大会决议另行确定停车收费标准的住宅小区停车设施。

表5-2-1 原住宅小区机动车停放服务指导标准(最高限价)

场所	临时停放		按月停放(元)	
	小车	大车	小车	大车
室内	首小时5元,第二小起1元/小时; 一类地区每天最高收费15元,二、三类地区每天最高收费10元。	首小时10元,第二小时起2元/小时; 一类地区每天最高收费30元,二、三类地区每天最高收费20元。	250	500
露天			110	220

(三)广州市以往住宅小区停车收费和管理实践及存在问题

1. 广州住宅小区停车收费政策

2001年7月1日起实施的《关于整顿我市机动车停车场停放服务

收费的通知》(穗价〔2001〕103 号)规定各停车场实行市场调节价、政府指导价和政府定价三种管理方式,其中将住宅区(含商住楼)室内、地下停车场收费纳入政府指导价范畴。

2004 年 11 月 15 日颁布了《广州市机动车停放保管服务收费管理办法》(穗价〔2004〕217 号),根据建筑密度、商业繁华程度、停车位供需状况等因素,公共露天停车场被划分为三类,分别实行每小时 3 元、2 元、1.5 元的收费标准,并设最高限价:超过 3 小时不足 12 小时的,按不同区域"封顶"收费分别为 9 元、6 元和 4.5 元。其中,北京路、上下九路步行街等商业区是一类地区,收费标准有所上升,二类地区收费标准有所降低或基本持平,三类地区的收费标准均降低了。而这次价格调整中,降幅最大的为住宅小区停车费,室内和露天临时停放分别降低 25% 和 40%,月收费则分别降低 33.3% 和 57.1%,露天停放最高限价 150 元/月。

2014 年 8 月 1 日起实施《广州市物价局关于优化调整停车场差别化收费有关问题的通知》(穗价〔2014〕97 号),主要调整变化有:(1)将全市统一收费区域进行重新调整;(2)将商业配套、咪表停车场原来的停车计时周期由"半小时"调整为"15 分钟",一类地区白天的最高限价 4 元/15 分钟,24 小时封顶 128 元;(3)一类地区住宅区停车场收费标准进行了调整,室内月保最高限价 500 元,露天停车月保最高限价 200 元,二、三类地区收费维持现有标准不变,室内月保最高限价 400 元,露天停车月保最高限价 150 元。

2015 年 8 月 15 日广东省发展改革委、省住房和城乡建设厅公布了《关于放开住宅小区、商业配套、露天停车场停车保管服务收费等有关问题的通知》(粤发改价格〔2015〕483 号文),明确自即日起放开住宅小区、商业配套停车保管服务收费,广州市为落实国家及省相关政策文件,从2015年起改为市场定价并延续至今。

2. 存在问题分析

目前广州市小区的停车场大致分为三类:占用小区公共用地的停车场、未明确产权归属的停车场和已明确产权的车位。按照市场定价相关规定,对占用小区公共用地的停车场和未明确产权归属的停车场,调整收费标准时,应经业主"双过半"(专有部分占建筑物总面积过半数且人数占全体人数过半数的业主)同意并进行公示,但有的停车场经营者滥用定价权,引起市民投诉不断。据统计,2017年1月至7月,"12345热线"共受理此类投诉举报1674件,比2016年同期增长48.46%。

(四)对建立住宅小区停车场议价制度和收费监管机制的对策建议

1. 完善收费规范体系

根据《国家发展改革委关于放开部分服务价格意见的通知》(发改价格〔2014〕2755号)的规定,现如今我国已经开放住宅小区停车价格,停车费标准由经营者自主决定,继通知发布后,全国居民小区停车费普遍上涨。2015年年末,国家发改委联合三部委又发了一个补充文件《关于进一步完善机动车停放服务收费政策的指导意见》,明确指出依法放开"具备竞争条件"的停车设施服务收费,要"对具有自然垄断经营和公益性特征的停车设施服务收费,需要实行政府定价管理的,要纳入地方定价目录"。因此,广州市应加快制定与住宅小区停车收费配套的法规政策,用完善的法律法规和政策,保障政府职能部门、物业服务企业和业主的权利,并规范相应义务,建立系统的住宅小区停车收费法规政策体系。[1]

---

〔1〕《广州市住宅停车场机动车停放服务收费协商议价规则(试行)(公开征求意见稿)》(2019年)正在征求意见中。

2. 构建收费监管机制

发挥政府主导作用,依托区县、街镇、居民区三级物业管理联席会议制度,加强发改委、房管、物价、公安、街镇等部门的联动,对住宅小区停车收费实施指导和监管;建立住宅小区停车收费管理指导办公室,组建由街镇牵头,房管、物价、公安等部门和业主参加的管理委员会,实施全方位、社会化的物业管理,通过开展社区物业管理共建,提高住宅小区停车收费管理水平;完善住宅小区停车收费测评体系,研究停车收费市场定价机制,邀请第三方机构对停车收费实行价格评估,形成政府主导下的评估考核和奖惩机制;由政府职能部门搭建平台,指导物业服务企业与业委会协商定价;向业主公开收费的使用途径,构建科学、规范、系统、严格的住宅小区停车收费监管机制。

3. 健全协商议价机制

探索建立住宅小区停车收费标准协商机制,引导业委会与物业服务企业在平等协商的基础上形成合理的定价,通过合同或其他方式约定,并向业主公开;根据物价部门发布的住宅小区停车收费市场调节价,由物业服务企业和业委会按服务需求、经营成本,测算停车收费;由政府职能部门牵头,对物业服务企业提供的住宅小区停车收费标准和服务标准进行评估;对业委会和物业服务企业协商有困难的,鼓励委托社会中介机构进行价格评估,并邀请行业协会、房管部门、律师事务所的专家、律师,指导双方根据评估结果,协商确定住宅小区停车收费标准,逐渐推行停车收费市场定价机制。

4. 发挥业主维权意识

政府部门应当加强宣传停车位收费垄断标准以及举报途径,让业主掌握不同区域适宜的停车收费范围。针对停车收费过高问题,鼓励业主根据收费主体的不同采取不同的维权措施:(1)如果开发商收取的停车费标准过高,小区业主可以请求业主委员会跟开发商进行交涉,由业主委员代表业主与开发商进行谈判,切实维护业主的利益,同时,也可以选择向价格管理部门进行投诉举报,由政府部门责令开发商整改。(2)如果业主委员会收取的停车费标准过高,小区业主可以向业主委员会反映相关情况,如果业主委员对业主的合理要求不予理睬,业主可以要求业主大会监督业主委员会的行为或者进行改选业主委员会。

第三节　城市道路临时泊位的管理模式和收费问题

一、城市道路临时泊位的管理模式问题的思考

(一)城市道路临时泊位的管理模式对比分析

城市道路临时泊位的管理模式主要包括三种,即政府直接监管模式、政府购买服务模式、市场化管理模式(特许经营)。[1] (见表5-3-1)

表5-3-1　路内停车设施运营管理模式对比

管理模式	规划建设	经营管理	主要优点	主要缺点
政府直接监管	政府	政府委托全额拨款事业单位	政府统管、公信力较高;可充分利用社会的公共资源;便于实现道路停车设施的一体化规划、建设、管理、运营、维护,易于监管。	要立法确定缴费和执法监管依据;建立和维持一支巡查监管队伍需要解决编制和运转问题;政府财政前期设备设施建设投入大,管理效率低。

〔1〕 参见马洪生、荣利利:《城市道路停车管理模式分析》,载《交通科技与经济》2012年第2期。

续表

管理模式	规划建设	经营管理	主要优点	主要缺点
政府购买服务	政府	政府向经营单位购买服务	管理效率较高;符合政府职能转变改革方向,财政投入成本较少;可提高政府非税收入、应收尽收;便于按照政府行为投资建设和经营管理,且建设、维护、经营主体统一。	公信力较低,缺乏监管力度,运作效率没有完全市场化,经营型程度高。
市场化管理(特许经营)	政府	经营企业特许经营	管理效率较高;符合政府职能转变改革方向,财政投入成本较少;便于利用民间资金。	市民和人大代表、政协委员质疑停车费的去向;监管力度薄弱;产生利益纠纷不易处理;经营单位容易以追求经济效益为主,重管理轻服务。

1. 政府直接监管模式

(1)运营主体

政府统管、统收、统支,即由政府统一划设城市市政道路泊位和投入设备,政府指定某事业单位或者其他组织代为管理和维护道路停车设施,受委托者则以政府的名义实施管理行为和行使职权;收取的道路停车费用全部上缴委托单位并由委托单位统一支出。以香港、澳门、深圳、南京、重庆、西安、贵阳为代表。

(2)特点和优点

一是政府统管、公信力较高;二是充分利用社会的公共资源,提升社会效益;三是停车费全额上缴财政,避免公众对路内停车费收缴情况产生质疑;四是便于实现道路停车设施的一体化规划、建设、管理、运营、维护,易于监管;五是政府主导保证资金人力的投入,建设周期短,建设维护资金有保障;六是政府根据高科技手段随时调整的服务策略形式多样化、能及时到位。

(3)难点和缺点

一是必须要立法确定缴费和执法监管依据;二是建立和维持一支巡查监管队伍(路内停车管理事业组织)需要解决编制和运转问题;三是政府财政前期设备设施建设投入大。

2. 政府购买服务模式

(1)运营主体

政府主导、企(事)业运营、统收统支、政府监管,即由政府统一划设泊位、投入设备,政府实施购买服务,经营单位按照政府制定的相关法规进行管理,并接受政府的监管,收取停车费后直接上缴财政,由政府按成本、管理费用拨付给经营单位,用于支付设施建设和日常经营管理费用。以上海、武汉(已于2015年10月停止路内停车收费)为代表。

(2)特点和优点

一是政府制定规则,具有收费权,具体事务交由经营单位执行,管理效率较高;二是政府通过社会化购买服务实现管理目标,符合政府职能转变改革方向,无须解决人员编制和运转经费,财政投入成本较少;三是路内停车收费进入政府财政账户,按照政府非税收入管理,实行收支两条线管理,提高政府非税收入;四是便于按照政府行为投资建设和经营管理,且建设、维护、经营主体统一,运作效率高;五是经营单位对巡场管理员实施企业化管理,用企业规章制度约束管理员,有利于专业化运作和管理。

(3)难点和缺点

一是收费方式经常被公众认为有"暗箱操作"的嫌疑;二是对车主逃缴费用、受托方工作人员出现私自议价和没有足额上缴停车费、非法增设泊位经营等牟利行为,缺乏有力监管手段,车主逃费现象仅靠受托方民事追诉;三是运作效率没有完全市场化,经营型程度高;四是政府需制定完善的法规制度,加强日常运营及服务监管。

3. 市场化管理模式(特许经营)

(1)运营主体

企业经营、政府监管、利益分成,即由政府负责规划路内停车泊位,并以区域或具体泊位数量为标,通过招标方式进行市场化运作,经营企业独立行使职权,政府仅承担监督责任,经营单位只需向政府定期缴交规费,对经营自负盈亏。以北京、广州、沈阳为代表。

(2)特点和优点

一是特许经营期限一般不超过两年(根据《基础设施和公用事业特许经营管理办法》2015 年 6 月 1 日实施,基础设施和公用事业特许经营期限应当根据行业特点、所提供公共产品或服务需求、项目生命周期、投资回收期等综合因素确定,最长不超过 30 年),期满政府部门对经营者进行评估,合格则顺延特许经营期限,不合格将终止协议、收回经营权,并重新组织招标;二是政府通过市场管理模式实现管理目标,符合政府职能转变改革方向,无须解决人员编制和运转经费,财政投入成本较少;三是便于利用民间资金,政府获得拍卖、成本收入或其他利益分成。

(3)难点和缺点

一是采取市场化方式,可能市民和人大代表、政协委员质疑停车费的去向;二是监管力度薄弱,车主逃费的追诉难度大,车主逃费现象仅靠经营单位民事追诉;三是依旧存在对经营单位和其管理人员私收现金、随意施划、多划或者撤除停车泊位等违规行为的行政监管不足问题;四是一旦涉及停车泊位取消等问题,容易产生利益纠纷,且不易处理;五是经营单位容易以追求经济效益为主,重管理轻服务,若经营管理不善,容易发生争执、引发社会矛盾;六是政府需制定完善的法规制度,加强日常运营及服务监管,否则难以有效控制,出现问题协调难度较大。

(二)广州市城市道路临时泊位的管理模式建议

由于路内停车资源属于公共资源,且市场化管理模式在经营管理和执法管理上存在较大的弊端,路内停车设施运营管理推荐采取政府直接监管模式。

具体实施措施建议如下:

1. 出台政策法规,明确专款专用

按照设立行政事业性收费项目的规定,制定地方性法规,明确市政道路路边临时停车位属于公共道路资源,路边停车位经营权不交给企业,而是由政府部门直接管理。同时,应从细则方面明确路内停车设置宗旨、停车监管单位和政府收费依据。

(1)路内停车由政府部门直接监管,城市道路路政主管部门会同交通行政主管部门、公安机关交通管理部门划设城市道路路内停车泊位标线,按照规范实施编号,并及时调整相应交通标志、标线,将泊位信息向社会公布。

(2)路边临时停车位使用费属于公共道路资源占用费,上缴市财政专户,实行收支两条线管理,专项用于发展公共交通、消除交通安全隐患、治理交通拥堵、交通科技创新等工作,其收取和使用情况应当每年向社会公布。

2. 引入互联网技术,确保收费透明

通过全电子化缴费等信息化停车管理措施,易于实现费用监管,降低流通成本,而且规避了现金收费中存在的漏洞,确保了收费的透明度,停车费直接进入财政专户。

3. 运用科技手段,提高管理效率

采用先进的路边收费管理系统,通过技术模式创新,在泊位监管上,利用"车位检测器 + PDA"、地感系统、高位视频控系统等先进技术,通过无线传输技术和强大的后台管理系统进行自动监控,提高停车监管效率。[1] 同时,通过管理部门进行后台实时监管和信息共享,衍生车位诱导等其他公共服务。

4. 实行"不见面执法",提高执法文明程度

首先,通过立法明确停车不缴费、超时停车或不按规范停车属于道路交通安全违法行为,纳入公安机关交通管理部门处罚范围。然后通过网络后台监控和巡视取证,公安机关交通管理部门核实后按规定确认处罚。现场巡管人员只负责违章取证,不采用锁车、拖车等强制性手段,减少了与车主之间现场发生冲突的风险,提高了路边停车执法的文明程度。

二、城市道路临时泊位的收费性质的探讨

(一)城市道路临时泊位现状收费性质及存在的问题

1. 以往收费性质

以往广州市城市道路泊位使用费为经营服务性收费,实行政府定价。2015 年《广东省定价目录》将"路内人工停车场和咪表自动停车

---

〔1〕 参见丁兆威:《广东:中国智能交通第一市场》,载《中国公共安全》2016 年第 10 期。

设施等机动车停放保管收费标准”列入政府定价范围，而2014年、2017年《广东省省定行政事业性收费目录清单》只是将深圳的“路边临时停车位使用费”列入行政事业性收费，由此可以推定，除深圳外，包括广州市在内的省内其他城市，城市道路泊位使用费应当实行政府定价。而根据《价格法》对省价格管理部门的授权，凡列入政府定价目录的收费项目必定是“经营服务性收费”。因此，以往收费性质与城市道路泊位以往的特许经营模式相适应。

2. 存在的问题

以往收费性质与城市道路临时泊位“政府直接监管”的管理模式冲突。根据《广州市停车场条例》，对城市道路泊位管理建议采用“政府直接监管”模式，即由市政府确定的道路泊位管理单位负责城市道路泊位具体管理，收取的道路泊位使用费全额上缴财政。这与《广东省经营服务性收费管理规定》及事业单位改革精神规定的，国家机关或公益一类的事业单位都不得收取属经营服务性费用的道路泊位使用费存在冲突。因此，必须重新定义城市道路临时泊位收费性质。

（二）城市道路临时泊位使用费定为国有资产有偿使用收入的必要性

根据《广州市停车场条例》，城市道路临时泊位使用费属于国有资产有偿使用收入，应当全额上缴财政，实行收支两条线管理。城市道路临时泊位使用费定为国有资产有偿使用收入的必要性如下：

1. 强化城市道路公共资源属性。城市道路公共资源的属性，决定了路内泊车只能服务于公共利益，不宜交由市场主体用于获取商业利益。路内泊车收费仅仅是政府公共管理的一种手段，目的在于道路资源的合理、高效使用，而并非获取经济收益。而停车人所支付的费用，并非用于购买泊车服务的对价，而是公共资源使用费。

2. 理顺路内泊车监管职责的需要。由于收费管理单位是政府指定具有公共管理职能的单位，可以将收费、管理和行政处罚有机地衔接起来，避免了对特许经营企业的监管不到位和特许经营企业无权对违规行为（如逃费）作出行政处罚的弊端，能够更好地保证交通顺畅，规范停车行为。

3. 保障公共财政收益的需要。由政府指定单位对路内停车泊位进行管理，可以保证将所有收费全部上缴财政，符合“应当全额上缴财政，实行收支两条线管理”的规定，避免公众对于道路公共资源被用于个别企业牟利的质疑，使收费更容易被公众接受。

4. 与政府直接监管管理模式相适应。经营服务性收费是建立在特许经营模式条件下的收费定性，国有资产有偿使用收入是建立在政府直接监管模式条件下的收费定性。

三、城市道路临时泊位的收费价格的探讨

（一）广州市路内停车收费调整原则与思路

按照“区域差别化和时间差别化”的原则，探索路内停车累进式收费模式，制定差别化服务收费标准。

适当扩大路内、路外停车设施之间的收费标准差距，体现收费价格对路内停车的调节作用，引导更多使用路外停车设施。

适当提高非公共交通车辆进入城市中心区域用车成本，引导更多使用公共交通。

（二）广州市路内停车收费调整建议

1. 累进制收费

充分学习和借鉴北京、上海、深圳等国内大城市的成功经验，采用分区域、分时段的阶梯累进制停车收费标准。

分区域:根据广州市经济社会发展、城区范围及商业繁华区域等,确定差别化路内停车区域,可参考现有收费差别化区域级别划分,调整广州市一、二、三类地区范围。

分时段:定义白天时段、夜间时段,定义工作日、非工作日,按白天时段收费、夜间时段免费,工作日收费高于非工作日收费原则收费。

阶梯累进制:在收费时段,按首 0.5 小时、0.5 ~ 3 小时、3 小时以后阶梯累进制收费,收费单位为元/0.5 小时,其中首 0.5 小时单位收费 <0.5 ~ 3 小时单位收费 <3 小时以后单位收费。

通过分区域、分时段的阶梯累进制停车收费标准,引导车主形成路内停车为短时停车的意识,提高路内泊位的周转率。

2. 限时免费

对于交通客运换乘场站、医院、学校和其他客流集中、短时停车需求高的公共场所,在周边道路条件允许的情况下,可以设置路内限时停车和特定时段的免费停车,如设置路内 15 分钟免费的临停快走区域,机动车可以在临停快走区域免费停车 15 分钟,超时将被处罚。

(三)广州市路内停车收费管理建议

1. 探索将新技术应用于停车收费。通过全电子化缴费等信息化停车管理措施,确保停车费直接进入财政专户。

2. 加强路内停车执法监管力度。通过立法明确超时停车或不按规范停车属于道路交通安全违法行为,纳入公安机关交通管理部门处罚范围。

第四节　共享停车的引导和规范

一、国家部委相关政策规定

《北京市机动车停车条例》明确指出本市推进单位或者个人开展停车泊位有偿错时共享。停车设施管理单位应当予以支持和配合,并提供便利。居住小区的停车设施在满足本居住小区居民停车需要的情况下,可以向社会开放。

上海市《关于促进本市停车资源共享利用的指导意见》提出政府机关、医院和高校等事业单位、国有企业在保障内部安全和秩序的前提下,应将内部停车设施错时对外开放,率先落实停车共享责任。

《青岛市机动车停车场建设和管理暂行办法》第 24 条中提出区(市)停车场主管部门应当建立停车场资源共享协调制度,制订本区(市)停车场资源共享计划,根据停车需求与停车泊位资源状况,划定共享区域,组织制定区域停车场资源共享方案,明确共享停车的机动车数量和停车泊位、停放时限、停车自律规范、违反自律规范的处理等内容,推进停车场资源的错时利用。

二、共享停车发展趋势

随着目前城市停车供应越来越跟不上城市汽车保有量的快速增长,国内停车需求与停车供给的矛盾日益加剧,合理利用商业办公停车位和居住小区车位需求的时间差异,错时共享停车的概念也逐渐被大众接受。所谓共享停车,即一些单位或个人将专有停车位对外开放,并通过这些共享停车 APP 管理软件进行分时出租,既增加收益,也方便他人。2017 年共享经济的迅猛发展,也使共享停车位越来越多的被提出,一批共享平台公司应运而生。

但是,共享车位虽然能在优化城市交通配置上发挥着重要作用,但在推行过程中还是遇到了很多问题,比如合法性、安全性、管理难度等。共享停车需要更多在政府层面上制定各种各样的法规政策和制度,在企业方面要有经营约束条件和准入机制,如何完善利益分配机制、动态差别定价,有效引导需求、加快标准化建设,保障各方权益,是共享停车企业亟须解决的问题。

就现在而言,“共享停车”理想很丰满、现实却很骨感,要想发挥其高效配置资源的作用还有很长一段路要走。

三、共享停车实施条件及优缺点分析

(一)共享停车实施条件分析

1. 使用权层面共享条件。停车共享理念正是将停车泊位绝对的拥有权转换为相对的使用权,正是由于不同的利用形式提供了停车共享的可行性条件。停车泊位利用形式主要分为三种:固定专用、固定租用与临时租用。住宅类、办公类、商业类建筑物的停车设施利用形式是固定专用或固定租用方式,闲置特性最为明显。其中,住宅类停车闲置时间一般在白天,办公类一般在夜间及节假日,商场类的一般在夜间。各类建筑物之间的停车闲置特性存在较强的互补性,具备停车设施共享的条件。[1]

2. 时间层面共享条件。停车位共享需合理利用各类建筑物内停车泊位停放的时间、空间特性,错峰停车合理充分利用时间资源,实施停车泊位共享,在一定程度上缓解停车设施供需矛盾,盘活闲置停车

---

〔1〕 参见房晋源:《上海停车资源共享利用政策研究》,载《交通与运输》2016 年第 5 期。

资源、提高停车泊位利用效率。

3. 政策引导层面共享条件：停车设施供需矛盾亟待解决，各城市相关职能部门都在积极采取措施，推进停车共享理念的落地工作。如2017年，上海市静态交通管理领导小组办公室联合市交通委员会编制《上海市静态交通行业发展“十三五”规划》，提出重点推进上海市各区错时共享停车试点工作。

（二）共享停车的优点：优化城市交通配置，缓解停车难问题

当前共享停车的主流思路是，错开了小区与商业区停车位的停车高峰。上班时间，小区个人可以通过移动互联网共享平台将车位挂上共享APP平台，把车位开放租赁出去，那么附近商业写字楼或公司上班族可以用APP预订附近小区停车位，把车开进小区共享闲置的停车位，即时计费，离场自动结算，利用商业区附近的居民小区的共享停车位在高峰时候错时停车。车位共享是激活现存停车位的一种新思路，可以说，它某种程度上是激活现存停车位闲置时间，解决停车难的一个新思路，有可能在优化城市交通配置上发挥重要作用。[1]

（三）共享停车的缺点：管理协调难度较大，落实困难

1. 停车安全和管理问题

外来车辆频繁进入小区共享停车位，会增加安全隐患并产生一定的扰民，另外很多车主也担心时间到了，车子没开走，造成小区居民下班回来后无车位可停的情况，给业主、物业或业委会带来安全和管理不便的顾虑。

---

〔1〕 参见王新喜：《共享停车，不缺真诚却不火》，载《金融经济》2017年第19期。

2. 物业成本增多,管理风险增大

车位共享增加的不安全性,也让物业方担心车子发生刮擦而找不到肇事方,需要安排专员避免道路阻塞和车辆剐蹭,从而增加了管理成本,加大了社区的管理风险。

3. 停车资源稀缺,共享难度大

闲置过剩是共享的基础,如果某项资源具备稀缺的属性,更多的情况是会被人占有而不是被共享。加之当前共享车位的价格也不高,而在车位稀缺的情况下,车主将车位共享容易引发小区的内部矛盾,比如有人提到“有的人是通过走关系或者先到先得的方式拿到了车位,本身没有车位的业主就觉得不公平。有停车位的业主还想把车位租出去挣钱,这样双方的矛盾就更大了”。矛盾一大,没有车位的业主就会以小区安全等理由强力反对给物业施压,继而导致车位共享的阻力变大。

四、国内城市共享停车发展经验

(一)北京:明确支持共享停车,先试点后推行

北京通过《北京市机动车停车条例》明确指出开展停车泊位有偿错时共享,要求停车设施管理单位应当予以支持和配合,通过先试点再推广的模式稳步推行共享停车。黄寺大街 24 号院是北京市西城区首个共享停车位试点社区,共有 20 个居民车位“共享”,社会车辆可以通过 APP 预约停车,旨在方便社会车辆停放,盘活辖区白天的停车闲置资源,通过先试点再推广的模式稳步推行共享停车。

(二)上海:开发“上海停车 APP”,建设共享停车示范点

“上海停车 APP”为上海市公共停车信息管理平台的信息输出端,由上海公交卡股份有限公司运营,目前已在徐汇区、静安区、杨浦区、长宁区、浦东新区、普陀区、黄浦区、虹口区等重点区域超过 120 个停车场的共享停车试点工作,车主可通过“上海停车 APP”为入口查找,

并通过错时、定时、预约等方式,实现错峰停车,并用微信、支付宝等方式进行电子支付。同时上海市规划建设50个共享停车示范点,包括商业性停车场、企事业单位、学校、医院等不同性质的停车场。“十三五”期间,预计可以释放出3万个共享车位,盘活停车资源。上海浦东新区的正大广场以及上海静安区会德丰广场为对象的试验性研究结果显示,在城市中心区商业、办公较为密集布置的综合体项目内,通过对商业、办公楼之间的停车位进行共享,可以达到管理中心城区机动车出行需求,减少社会资源浪费的目的。[1]

五、广州市共享停车发展现状及存在问题

为提高车位使用效率,缓解城市停车难问题,广州市拟将推动“共享停车”纳入《广州市停车场条例》中,并鼓励住宅停车场在满足本住宅区居民停车需求的前提下向社会开放,有条件的单位可将自用停车场向社会开放。

然而,广州市共享停车发展却不是十分顺利,至少从2017年年初起,广州市就已经出现各类共享停车APP,如今一年多过去了,共享停车依然没有火起来,目前无论在技术上还是管理环节上广州市的共享停车仍十分不健全,停车位布点少、停车信息分散,共享停车十分不便。由于各个共享停车的软件都仅与各自的合作停车场签约,导致信息分散,缺乏统一管理;此外,推广过程中遭遇物管阻力也较大,物业公司担心实行共享停车会增加物业服务人员的工作量,相较于小区月保停车的收入,共享车位从业主到物管的分成不固定,物业又要投入人手增加监管,成本难以控制,因而拒绝参与。可以看出广州市政府

---

〔1〕 参见康正宁:《共享停车的商业模式创新与政策需求分析》,载《科学发展》2017年第5期。

对共享停车是大力支持的，但需要关注的是，“互联网＋停车”虽然进行得如火如荼，但作为新兴行业仍面临不少问题和挑战。存在问题主要包括：[1]

1. 由于停车位所在建筑物的功能不同、产权方不同、管理方不同、使用的价格不同、使用的便利性不同，而导致共享停车的行为局限在一个较小的范围，这导致企业在推广时只能进行逐一谈判，加大了企业的经营运行成本，也导致共享停车这一有效的商业模式很难在短时间内大面积推广。如商业小业主、居民私有停车位使用权一般呈碎片化分布，对集中的商业大业主停车位定价较高，谈判难度较大；政府及体制内单位的停车位即使在空闲时段向社会提供停车服务的意愿也不高。

2. 停车数据暂时无法真正实现互联互通。目前，全国 100 多家停车 APP 多数会遇到数据不准确的问题。停车场业态复杂，车位数据无法及时统计到后台，也无法及时更新。如果这种情况得不到解决，停车 APP 的大部分功能都只能是个噱头。

3. 互联网企业难以统筹线下资源。目前的互联网企业主要是搭建平台，线下硬件及用户都非常缺乏，只能用不同的办法一家一家地去拓展，效率低且成效不高。互联网企业应该与传统企业紧密合作，发挥好各自的优势，利用行业领头企业联合各家企业做好平台，管好线下。

4. 停车 APP 功能多，却无法落地，用户黏度低。据了解，多数互联网企业是通过与物业合作，强行向用户推荐停车 APP，但并不代表每

---

〔1〕 参见康正宁：《共享停车的商业模式创新与政策需求分析》，载《科学发展》2017 年第 5 期。

个停车场每个用户都安装并使用停车APP。因此,停车APP就算增加分享车位功能、闲时出租功能以及汽车相关服务功能等,也无法实现普及化,也无法让用户主动更新。当前停车APP使用最为广泛的功能仅是停车费缴费功能,不用排队,即走即付。

5. 共享停车模式监管与现有法律相冲突。我国《物权法》第74条第2款规定了当事人对车库、车位归属的约定优先原则。通过约定优先的方式确定建筑区划内车库、停车位的归属,其形式多种多样,主要有出售、附赠和出租等。表面上看该条规定赋予了当事人双方自由定约的选择权,但通过对该条规定进行深入分析,可以了解到《物权法》第74条第2款的所作规定是基于以下的逻辑前提,即"在建筑区划的范围以内,规划用于停放小区业主私人汽车的车库、停车位由开发商享有其初始的所有权"。因为倘若此前提不成立,开发商根本无权与业主约定车库、停车位"通过出售、附赠或出租等方式"而获得的权利。因此,《物权法》暗含了开发商享有车库、车位所有权。但在具体实践操作中,现行法律没有对小区车库、车位的权利归属作出明确规定,住宅小区车库、停车位难以满足业主实际停车需求的状况愈演愈烈,住宅小区车库、停车位权属规定在立法上仍有所缺失,通过分享经济解决"停车难"问题难以得到贯彻。[1]

六、广州市共享停车发展政策建议[2]

1. 制定共享停车行业标准,对所有已经出售或未出售的社会车位安装物联网感应设备,用于探测车位的使用情况,解决精准定位及精

[1] 参见李恺翌:《浅谈城市中心城停车共享实施可行性及措施》,载《市政设施管理》2018年第1期。

[2] 参见康正宁:《共享停车的商业模式创新与政策需求分析》,载《科学发展》2017年第5期。

准计费问题,甚至可以考虑在物业管理条例中增加停车共享服务的强制要求。

2. 允许和鼓励不同区域对共享停车采取灵活定价机制,在市场配置资源的基础上形成共享模式,以实现社会效益的最大化。这意味着有的区域共享停车价格会低于原有权利人正常停车价格,对于停车收费非常低的小区,也可以适当提高共享停车的收费标准,通过引导的方式增加停车资源的使用收益,进一步增加居民的公共收益。

3. 出台公共部门停车资源向市民有偿开放使用政策,要求各级政府和国有企事业单位向社会开放闲置停车资源;同时,由公安部门制定停车管理共享的公共安全标准,以保障在便民的同时能够达到公共安全的要求。

4. 鼓励共享停车企业发展,同时整合市场资源,加强行业管理,集中发表停车信息,方便消费者停车。

5. 明确共享停车关系中,业主、物业、共享停车企业的责任、权益和义务。对于在停车过程中出现的各类责任和利益问题,作出明确规定。

6. 建立协调机制,协调业主、物业、共享停车企业,建立信用体系,保障共享停车发展舆论环境。〔1〕

〔1〕 参见康正宁:《共享停车的商业模式创新与政策需求分析》,载《科学发展》2017 年第 5 期。

参 考 文 献

[1]尚炜、戴帅、刘金广:《城市停车政策与管理》,中国建筑工业出版社2014年版。

[2]苏奎、郑喜双、招玉华:《台北市停车场管理现状分析》,载《综合运输》2013年第10期。

[3]苏奎、郑喜双、招玉华:《美国旧金山停车管理的浮动价格制分析》,载《综合运输》2014年第9期。

[4]贺崇明:《城市停车规划研究与应用》,中国建筑工业出版社2006年版。

[5]李杰:《城市停车设施规划研究》,西安建筑科技大学2006年硕士学位论文。

[6]《广州市停车管理政策研究》,广州市交通运输研究所,2016年。

[7]陈越:《广州停车收费政策大事记》,载《南方日报》2018年4月25日。

[8]容军:《北京路侧停车收费政策完善及对“政策失灵”的思考》,载《交通工程》2018年第4期。

[9]邹歆、王晨、蔡润林、陈翚、张海波:《城市停车收费标准及泊位共享机制研究》,载《城市规划学刊》2017年第A2期。

[10]陆洋、吕国林:《深圳市路内停车收费管理创新与实践》,载

《城市交通》2016 年第 4 期。

[11]吴鸿根:《住宅小区停车收费监管机制研究》,载《上海房地》2016 年第 4 期。

[12]曹建军:《完善停车收费价格形成机制研究》,载《中国物价》2013 年第 3 期。

[13]《北京市机动车停车条例》,2018 年 5 月 1 日。

[14]《上海市停车场(库)管理办法》,2013 年 1 月 1 日。

[15]天津市人民政府:《天津市机动车停车管理办法》,2015 年 5 月 21 日。

[16]张晓东、李爽:《北京市建筑物配建机动车停车位指标修订研究》,载《道路交通与安全》2014 年第 3 期。

[17]阮金梅:《国内外停车配建标准比较研究》,载《交通工程》2012 年第 1 期。

[18]叶敏、盛志前:《国际停车配建规划策略研究》,新型城镇化与交通发展——2013 年中国城市交通规划年会暨第 27 次学术研讨会,2014 年 4 月。

[19]李雪梅、许红:《鼓励城市机动车停车设施民营化的国内外政策比较》,载《工业经济论坛》2016 年第 3 期。

[20]王泽河、樊月珍、毛恩荣:《先进的城市停车诱导系统的研究》,载《计算机工程与设计》2006 年第 2 期。

[21]成晋、杨蕾:《城市居住区内停车形式初探——新加坡 MSCP 之借鉴》,载《城市开发》2002 年第 4 期。

[22]戴帅、虞力英:《城市停车管理的启示与建议》,载《道路交通管理》2013 年第 7 期。

[23]胡蓉:《小区车位、车库权属问题研究》,华东政法大学 2015

年硕士学位论文。

[24]廖妍:《广州市城市道路路内停车泊位管理相关问题研究》,载《法制博览》2016 年第 2 期。

[25]沈党云:《北京市停车产业化政策研究》,北京工业大学 2006 年硕士学位论文。

[26]张乔:《我国大城市小汽车停车问题研究——以上海市为例》,同济大学 2006 年硕士学位论文。

[27]巫志浩:《广州市中心商业区停车策略研究》,华南理工大学 2011 年硕士学位论文。

[28]陈晓峰:《中心城区停车设施供给对策研究——以虹口区为例》,上海交通大学 2013 年硕士学位论文。

[29]吴涛:《城市停车设施的性质与分类探讨》,载《城市研究》1999 年第 4 期。

[30]袁潜韬:《论社会公共停车设施的供给与管理——以温州市公共停车设施发展状况为例》,复旦大学 2008 年硕士学位论文。

[31]《广州市公共停车设施补贴政策研究》,广州市交通运输研究所,2016 年。

[32]郭军海:《住宅小区车位车库归属问题研究》,内蒙古大学 2012 年硕士学位论文。

[33]刘亮亮:《住宅小区车位、车库权属问题立法完善》,山西大学 2012 年硕士学位论文。

[34]马洪生、荣利利:《城市道路停车管理模式分析》,载《交通科技与经济》2012 年第 2 期。

[35]丁兆威:《广东:中国智能交通第一市场》,载《中国公共安全》2016 年第 10 期。

[36]房晋源:《上海停车资源共享利用政策研究》,载《交通与运输》2016 年第 5 期。

[37]王新喜:《共享停车,不缺真诚却不火》,载《金融经济》2017 年第 19 期。

[38]康正宁:《共享停车的商业模式创新与政策需求分析》,载《科学发展》2017 年第 5 期。

[39]李恺翌:《浅谈城市中心城停车共享实施可行性及措施》,载《市政设施管理》2018 年第 1 期。

附录：

《广州市停车场条例》

（2017年12月27日广州市第十五届人民代表大会常务委员会第十一次会议通过　2018年3月30日广东省第十三届人民代表大会常务委员会第二次会议批准　根据2019年11月20日广州市第十五届人民代表大会常务委员会第二十九次会议通过并经2020年7月29日广东省第十三届人民代表大会常务委员会第二十二次会议批准的《广州市人民代表大会常务委员会关于修改〈广州经济技术开发区条例〉第三十二件地方性法规的决定》修正）

第一章　总　　则

第一条　为了加强停车场的规划和建设，规范停车场的使用和管理，引导公众绿色出行，促进城市交通协调发展，根据《中华人民共和国道路交通安全法》《中华人民共和国道路交通安全法实施条例》等有关法律、法规的规定，结合本市实际，制定本条例。

第二条　本条例适用于本市行政区域内停车场的规划、建设、使用和管理等活动。

本条例所称停车场，是指供机动车停放的场所，包括公共停车场、专用停车场、临时停车场和城市道路临时泊位。

公共汽车和电车、道路旅客运输车辆、道路货物运输车辆等专用的停车场的规划、建设、使用和管理等活动不适用本条例的规定。

第三条　市交通行政主管部门负责本市行政区域内的停车场管理工作并组织实施本条例,具体履行下列职责:

(一)组织编制、调整、公布、实施停车场专项规划和城市道路临时泊位设置规划;

(二)组织相关单位建设城市交通枢纽配建的公共停车场;

(三)负责市人民政府全额投资的独立建设的公共停车场、临时停车场和城市道路临时泊位的日常管理工作;

(四)建立健全停车场的基础数据库;

(五)建立全市统一的停车信息管理系统;

(六)建立停车场经营者、机动车停放者的信用记录;

(七)指导和监督区交通行政主管部门、受委托的负责城市道路临时泊位日常管理的单位开展停车场管理工作;

(八)指导停车场行业协会开展行业自律和服务工作;

(九)依法实施有关的行政处罚;

(十)法律、法规规定的其他职责。

第四条　区交通行政主管部门负责本行政区域内停车场的管理工作,具体履行下列职责:

(一)配合编制、调整、实施停车场专项规划;

(二)负责区人民政府全额投资的独立建设的公共停车场、临时停车场的日常管理工作;

(三)负责经营性停车场的备案工作;

(四)依法做好本行政区域内城市道路临时泊位管理的相关工作;

(五)依法实施有关的行政处罚;

(六)法律、法规规定的其他职责。

第五条　公安机关负责道路交通安全管理、停车场安全技术防范监督等工作，协助交通行政主管部门编制城市道路临时泊位设置规划，依法查处城市道路交通、停车场安全技术防范等违法行为。

市场监督管理部门负责机动车停放服务收费管理，依法查处停车场违法收费行为。

国土、规划、房屋、建设、工业和信息化、财政、税务、生态环境、水务、园林、城市管理、消防和人民防空等有关管理部门按照各自职责，做好停车场管理相关工作。

第六条　街道办事处、镇人民政府应当协助区人民政府及其有关行政管理部门做好本辖区内机动车停放的管理、停车资源调查和宣传教育等工作，指导居民委员会、村民委员会、业主委员会等开展停车场的管理和服务工作。

第七条　市、区人民政府应当将政府建设和管理停车场、扶持社会力量建设公共停车场等所需的经费列入本级财政预算。

第八条　机动车停放服务收费，分别实行市场调节价、政府指导价或者政府定价管理。

市价格行政管理部门应当按照城市中心区域高于外围区域、重点区域高于非重点区域、拥堵时段高于空闲时段的原则，对实行政府指导价、政府定价管理的停车场制定差别化的收费标准，对城市道路临时泊位制定累进式加价的阶梯式收费标准，经法定程序征求意见，报市人民政府批准后，向社会公布。市价格行政管理部门应当至少每五年对实行政府指导价、政府定价管理的停车场收费标准进行评估，评估结果作为调整收费标准的依据。

市价格行政管理部门应当会同有关部门制定住宅停车场议价规则，经市人民政府批准后公布。住宅停车场的机动车停放服务收费纳入《广东省定价目录》时,实行政府指导价管理。

第九条 市交通行政主管部门应当会同市规划、建设等行政管理部门和各区人民政府,定期组织开展全市各类停车场的资源普查,建立停车场基础数据库,并实时更新数据,相关单位和个人应当予以配合。

第十条 市交通行政主管部门应当建立全市统一的停车信息管理系统,对收集到的停车场信息实行动态管理,实时公布经营性停车场和城市道路临时泊位的分布位置、泊位数量、使用状况和收费标准等信息。

区人民政府应当在本行政区域内设置智能停车引导系统,发布停车引导信息,并负责停车引导系统的运行、维护和管理。

区交通行政主管部门应当组织、督促辖区内的停车场经营者按照技术规范向停车信息管理系统实时、直接上传相关停车数据。

第十一条 市交通行政主管部门应当建立停车场经营者、机动车停放者的信用记录,并将信用记录纳入公共信用信息管理系统。

公安机关应当与交通行政主管部门共享违法车辆有关信息。

交通、公安、价格、国土、规划、房屋、建设、工业和信息化、财政、市场监督管理、税务等行政管理部门应当根据各自职责,通过本部门业务信息系统,采集、录入、更新停车场规划、建设、使用、管理和处罚等方面的信息,并与停车信息管理系统实现信息共享。

第十二条 停车场行业协会应当制定行业自律规范,建立行业服务质量信誉评价机制,协助做好停车场的相关管理工作,接受交通行政主管部门的指导。

第二章 停车场的规划和建设

第十三条 市交通行政主管部门应当依据国民经济和社会发展

规划、城市总体规划以及土地利用总体规划，组织编制停车场专项规划。停车场专项规划涉及空间布局和用地需求的，应当经市规划行政管理部门审查，报市人民政府批准后，纳入城乡规划。

市交通行政主管部门应当在本条例实施之日起两年内向社会公布首次编制的停车场专项规划。

第十四条 编制停车场专项规划应当遵循以建设工程配建停车场为主，独立建设停车场为辅，临时停车场和城市道路临时泊位为补充的原则，综合考虑城市功能分区的区位特征、用地属性和公共交通发展等状况，合理测算停车需求，采用差别化的停车供给方式，使停车场建设和公共交通设置形成有效衔接。

停车场专项规划应当包括城市停车总体发展策略、停车场供给体系和引导政策，以及公共停车场的布局、规模和建设时序等内容。

第十五条 市建设行政管理部门应当会同市交通行政主管部门、区人民政府等根据停车场专项规划，组织编制政府投资的停车场的年度建设计划，报市人民政府批准后实施。城市交通枢纽配建的公共停车场由市交通行政主管部门负责组织相关单位建设，其他政府投资的独立建设的公共停车场和临时停车场由市建设行政管理部门负责组织相关单位建设。

年度建设计划应当包括停车场类型、责任单位、建设主体、建设时序、投资规模、资金来源和停车泊位数量等内容。

市、区人民政府应当在储备土地中确定一定数量的用地用于公共停车场建设。区人民政府应当根据年度建设计划及时制定和组织实施本行政区域的具体实施方案。

第十六条 公共停车场的建设用地使用权按照下列规定的方式供应：

(一)政府全额投资的公共停车场,是城市市政公用基础设施,建设用地使用权可以通过划拨方式供应;

(二)在工业、商业、旅游、娱乐等经营性用地内建设公共停车场的,建设用地使用权应当通过招标、拍卖或者挂牌方式供应;

(三)对新建独立占地、经营性的公共停车场用地,同一宗用地公告后只有一个意向用地者的,建设用地使用权可以通过协议方式供应;

(四)法律、法规规定的其他供应方式。

第十七条 鼓励单位或者个人利用道路、广场、绿地、人防工程等资源的地下空间开发建设公共停车场。利用地下空间资源建设公共停车场的,建设单位应当进行安全论证,征得地面设施所有权人的同意,提出建设方案,并依法办理规划、土地、消防等手续。规划、建设等有关行政管理部门应当按照鼓励建设的原则,简化审批程序,提高审批效率。

依照前款规定建设公共停车场的,应当符合国家、省、市有关建设标准和规范,不得影响道路、广场、绿地、人防工程等原有设施的使用功能和安全。

第十八条 市、区人民政府采用下列方式支持和鼓励社会力量投资建设公共停车场:

(一)对社会力量投资建设公共停车场的,可以给予适当的资金支持;

(二)社会力量投资建设公共停车场的,在不改变用地性质、不减少停车泊位的前提下,可以配建一定比例的附属商业设施;

(三)新建项目同步建设地下公共停车场和已建项目需要扩建地下公共停车场的,地下停车库的面积不计入容积率。

第十九条 市规划行政管理部门应当综合考虑人口规模和密度、土地开发强度、机动车保有量、道路交通承载能力和公共交通服务水平等因素，制定建设项目停车位配建指标，并向社会公布。

市规划行政管理部门应当至少每五年组织对建设项目停车位配建指标进行评估，根据评估结果及时进行调整，并将调整后的建设项目停车位配建指标向社会公布。市规划行政管理部门进行评估时应当征求市交通行政主管部门、市公安机关交通管理部门、市建设行政管理部门、区人民政府和社会公众的意见，征求社会公众意见的时间不得少于十五个工作日。

第二十条 建设单位应当按照建设项目停车位配建指标的要求，配建停车场。建设工程配建的停车场应当与主体工程同步设计、同步规划报建、同步规划验收、同步交付使用，并符合本市城乡规划技术规定以及有关技术标准。

规划行政管理部门在核发建设工程规划许可证和办理规划核实时，应当同步审核配建的停车场是否符合建设项目停车位配建指标的要求；不符合建设项目停车位配建指标要求的，不予核发建设工程规划许可证或者建设工程规划验收合格证。

规划行政管理部门在办理规划核实时，应当审核商住一体建设项目配建的住宅停车位的具体位置。

建设单位租售商住一体建设项目配建停车位的，应当在租售方案中明确标示配建住宅停车位的数量和具体位置。

第二十一条 公共停车场、专用停车场应当符合以下规定的条件：

（一）按照规范设置停车场标志牌；

（二）使用混凝土、沥青或者砂石等进行地面硬底化处理，并保持

坚实、平整;

(三)按照国家标准设置交通标志,划定交通标线和泊位标线,对停车泊位实施编号管理;

(四)安装车轮定位器;

(五)按照有关标准和规范配备通风、照明、排水等设施设备,并保障其正常使用;

(六)按照有关标准和规范设置停车场的出入口;

(七)按照安全技术防范标准设置视频监控、出入口控制、车牌识别等安全技术防范系统,并保障其安全运行;

(八)按照国家、省、市的有关规定,配建、加装电动汽车充电基础设施,配套用电设备、线路应当符合相关技术规范,保证用电安全;

(九)按照国家、省的有关规定,设置并标明肢体残疾人专用的无障碍停车位;

(十)符合建设工程消防技术标准要求,按照规定配置消防设备、设施,并保持消防通道畅通、保证消防车登高操作场地的正常使用;

(十一)法律、法规规定的其他条件。

第二十二条 鼓励单位或者个人利用待建土地、存量建设用地等场所设置临时停车场。

住宅区配建的停车场不能满足业主停车需求的,经专有部分占建筑物总面积过半数的业主且占总人数过半数的业主同意,可以利用建筑区划内业主共有部分设置临时停车场。任何单位或者个人不得擅自利用物业管理区域内的道路、场地等设置临时停车场。

临时停车场应当符合本条例第二十一条第一项、第二项、第五项、第六项、第十项、第十一项规定的条件,且不得占用地下管线和检查井等市政基础设施,不得妨碍市政基础设施的正常使用。

第二十三条 本市采取以下措施，鼓励安装机械式立体停车设备：

（一）申请安装机械式立体停车设备的，国土、规划等行政管理部门应当简化审批程序，提高审批效率；

（二）机械式立体停车设备符合不动产登记要求的，可以按照其实际用地范围和不动产登记的有关规定办理确权登记手续；

（三）实行政府定价或者政府指导价管理的机械式立体停车设备的机动车停放服务收费标准可以适当上浮。

第二十四条 在现有停车库内部安装机械式立体停车设备的，建设单位无需申领建设工程规划许可证。

在室外安装机械式立体停车设备的，建设单位应当按照市人民政府制定的安装机械式立体停车设备具体办法的要求进行操作。

第二十五条 安装机械式立体停车设备，应当符合用地、建筑等相关要求和技术标准，不得占用市政道路、消防通道，不得影响结构安全、消防安全和通行安全，不得损害他人合法权益，并应当遵守《中华人民共和国特种设备安全法》《中华人民共和国物权法》等有关法律、法规的规定。

交通、规划、市场监督管理等行政管理部门和街道办事处、镇人民政府应当加强辖区内在住宅区安装机械式立体停车设备工作的指导和协调。

第二十六条 市人民政府应当根据本条例第十七条、第十八条和第二十三条的规定，在条例实施之日起一年内制定鼓励社会力量投资建设公共停车场、安装机械式立体停车设备的具体办法，并向社会公布。

第三章 公共、专用和临时停车场的使用和管理

第二十七条 交通行政主管部门负责管理政府全额投资的独立建设的公共停车场和临时停车场,并应当提供电子收费方式。

交通行政主管部门应当将前款规定停车场的所得收入扣除相关税费后全额上缴财政,实行收支两条线管理。

第二十八条 公共停车场、专用停车场和临时停车场经营者应当依法办理商事登记、税务、价格等手续。

第二十九条 公共停车场、专用停车场和临时停车场经营者应当在商事登记后二十个工作日内向停车场所在地的区交通行政主管部门提交下列资料,办理备案手续:

(一)营业执照、经营地址;

(二)停车位类型、数量、停车场的平面示意图和方位图。

报送资料规范、齐全的,区交通行政主管部门应当向停车场经营者出具备案证明;报送资料不规范、不齐全的,区交通行政主管部门应当一次性告知停车场经营者需要补正的材料。

第三十条 公共停车场、专用停车场和临时停车场经营者变更备案事项或者停业、歇业的,应当自变更或者自停业、歇业之日起二十个工作日内向原备案机关备案,同时相应调整或者拆除停车场标志牌。

停车场停止使用的,停车场经营者应当在停止使用的一个月前向社会公告。

第三十一条 公共停车场、专用停车场和临时停车场经营者应当遵守下列规定:

(一)在停车场入口显著位置设置公告牌,公告停车场名称、营业执照、收费标准、车位数量和监督电话等信息;

（二）商住一体建设项目的停车场，经营者应当公布商业、住宅停车位的配建标准，并在配建停车位的显著位置标明属于商业或者住宅停车位的明显标识；

（三）实行政府定价、政府指导价管理的停车场，经营者应当按照规定的收费标准收费；实行市场调节价管理的停车场，经营者应当按照公布的收费标准收费；

（四）电子计时计费装置依法经检定合格；

（五）向机动车停放者出具收费专用发票；

（六）对进出车辆进行登记，保持停车场内通道畅通，维护停车秩序，并按照规定妥善保管车辆出入、视频监控等记录；

（七）采取有效措施控制机动车停放过程中扬尘、噪声对附近居民的影响；

（八）制定经营服务、车辆停放、安全保卫、消防、防汛、安全技术防范等管理制度和突发事件应急预案；

（九）在按照标准设置的车位数量范围内接受车辆停放，无正当理由不得拒绝提供车辆停放服务；

（十）采用计算机计费管理的停车场，经营者应当向停车信息管理系统实时上传泊位信息、车牌识别信息、车辆进出时间和收费标准；

（十一）法律、法规规定的其他事项。

第三十二条　公共停车场、专用停车场和临时停车场的机动车停放者应当遵守下列规定：

（一）接受停车场工作人员的指挥调度，按照场内交通标志、标线有序停放车辆；

（二）正确使用场内设备，不得损坏停车场相关设施、设备；

（三）按照标准支付机动车停放服务费；

(四)不得驾驶装有易燃、易爆、毒害、腐蚀、放射性等危险物品或者其他违禁物品的车辆进入停车场;

(五)不得以私设地桩地锁等形式违规占用人行道、消防通道、无障碍设施通道等设施;

(六)肢体残疾人驾驶或者乘坐的机动车以外的机动车不得占用无障碍停车位,影响肢体残疾人使用;

(七)法律、法规规定的其他事项。

机动车停放者不遵守前款规定的,停车场经营者应当予以劝阻;对不听劝阻的,可以要求立即驶离停车场或者拒绝提供停车服务,并依法报告相关行政管理部门;影响治安管理秩序或者涉嫌消防违法的,应当及时报告公安机关依法处理。

第三十三条 任何单位和个人不得擅自改变公共停车场和专用停车场的使用性质,缩小使用范围。确需改变的,应当报原审批机关批准。

第三十四条 住宅建筑区划内,规划用于机动车停放的车位、车库尚未出售的,建设单位应当予以出租;车位、车库出售或者出租的,应当首先满足业主的需要。

未按照住宅停车场议价规则的规定进行协商议价的,建设单位、停车场经营者不得制定、提高机动车停放服务收费标准。所在地的街道办事处、镇人民政府应当对协商过程进行指导和协调。市场监督管理部门应当对未依法协商议价,擅自制定、提高机动车停放服务收费标准的行为进行查处。

利用住宅建筑区划内业主共有部分设置临时停车场的,机动车停放服务收费标准应当经专有部分占建筑物总面积过半数的业主且占总人数过半数的业主同意。临时停车场所得收益应当主要用于补充专项维修资金，或者按照业主大会的决定使用。

第三十五条 已经投入使用的停车场的出入口设置不符合有关标准或者规范，严重影响交通秩序或者存在严重的交通安全隐患的，公安机关交通管理部门应当及时向区人民政府提出防范交通事故、消除隐患的建议，区人民政府应当及时作出处理决定，消除隐患。

第三十六条 举办大型群众性活动，承办者应当协调活动周边的停车场提供停车服务，公告或者在票证上标明活动周边的公共交通线路、行车路线和停车场的位置，并提示活动参加者选择公共交通前往活动地点。

活动期间，公安机关交通管理部门可以根据实际情况，在活动场地周边道路设置临时停车区域。

第三十七条 鼓励有条件的机关、企业、事业单位将自用停车场向社会开放，实行错时共享停车。

个人可以将有权使用的停车位委托给停车场管理者或者预约停车服务企业实行错时共享停车。

预约停车服务企业应当实时向停车信息管理系统上传泊位信息、收费标准。

第四章 城市道路临时泊位的使用和管理

第三十八条 市交通行政主管部门应当会同市公安机关交通管理部门、市城市道路路政管理部门和所在地的区人民政府，根据停车场专项规划、城市道路交通状况和停车需求等情况，编制越秀区、荔湾区、天河区、白云区、海珠区、黄埔区城市道路临时泊位设置规划，向社会公布后实施。城市道路临时泊位设置规划应当包括拟设置泊位的路段、范围、时段、泊位数量和停放车辆类型等内容。

市交通行政主管部门应当至少每两年会同市公安机关交通管理部门、市城市道路路政管理部门和相关区人民政府,根据城市道路交通运行情况和停车需求变化,对城市道路临时泊位设置规划进行评估,并根据评估结果进行优化调整。

第三十九条 市交通行政主管部门在编制和调整城市道路临时泊位设置规划过程中,应当将规划草案、调整方案草案通过报纸、本部门网站等方式向社会公开征集意见,并会同市公安机关交通管理部门、市城市道路路政管理部门、区人民政府听取设置泊位周边公共停车场经营者和其他企业、事业单位、居民的意见,公开征集意见的时间不得少于二十个工作日。

任何单位和个人可以通过书面材料、电话、电子邮件等方式提出意见和建议。市交通行政主管部门应当在征集意见结束后二十个工作日内,将征集意见情况、意见采纳情况在本部门门户网站上向社会公布。

因道路施工、市政建设、交通管制等需要临时调整城市道路临时泊位的,不适用本条第一款和第二款的规定。

第四十条 花都区、番禺区、南沙区、从化区、增城区交通行政主管部门应当根据本条例第三十八条和第三十九条规定的要求和程序,组织编制、调整本行政区域内的城市道路临时泊位设置规划,向社会公布后实施。

第四十一条 编制城市道路临时泊位设置规划时,下列路段、区域不得设置泊位:

(一)人行道、城市道路绿化带;

(二)双向通行宽度不足八米或者单向通行宽度不足六米的路段;

(三)消防通道、无障碍设施通道、医疗救护通道;

（四）医院、学校、幼儿园、托儿所出入口两侧机动车道各五十米范围内，其他机关、团体、企业、事业单位和居民住宅区出入口两侧五米范围内；

（五）城市快速路、市区主干路以及其他交通流量大的市区城市道路；

（六）法律、法规规定的其他禁止设置泊位的路段。

不得在双向通行宽度不足十二米或者单向通行宽度不足九米的城市道路双侧施划城市道路临时泊位。

第四十二条 有下列情形之一的，交通行政主管部门应当会同公安机关交通管理部门和城市道路路政管理部门，对城市道路临时泊位设置规划进行调整，撤销相应的城市道路临时泊位：

（一）城市道路交通状况发生变化，停车已影响车辆正常通行的；

（二）周边其他停车场已能满足停车需求的；

（三）城市道路临时泊位使用率过低的；

（四）设置城市道路临时泊位的路段情况发生变化，法律、法规禁止机动车临时停放的。

第四十三条 城市道路路政管理部门应当会同交通行政主管部门、公安机关交通管理部门，按照城市道路临时泊位设置规划，划设、铲除或者修复城市道路临时泊位标线，依照规范实施编号，及时调整相应交通标志、标线。交通行政主管部门应当将城市道路临时泊位标线信息在本部门门户网站、停车信息管理系统上向社会公布。

任何单位和个人不得擅自划设或者铲除城市道路临时泊位标线。

第四十四条 市交通行政主管部门负责管理越秀区、荔湾区、天河区、白云区、海珠区、黄埔区内的城市道路临时泊位。

花都区、番禺区、南沙区、从化区、增城区交通行政主管部门负责管理本行政区域内的城市道路临时泊位。

第四十五条 市交通行政主管部门和花都区、番禺区、南沙区、从化区、增城区交通行政主管部门应当履行下列职责:

(一)设置城市道路临时泊位标志牌,公布管理单位信息、收费标准、泊位数量、停放时段、停放方向、停放车辆类型和监督投诉电话;

(二)制定城市道路临时泊位停车秩序巡查和监管制度;

(三)通过技术手段实现城市道路临时泊位的智能化管理;

(四)向停车信息管理系统实时上传泊位信息和收费标准;

(五)提供电子收费方式,按照规定标准向机动车停放者收取城市道路临时泊位使用费,并出具收费专用票据;

(六)保持城市道路临时泊位设施正常运行;

(七)接受上级交通行政主管部门的监督管理;

(八)依法对城市道路临时泊位停车违法行为实施有关的行政处罚。

交通行政主管部门可以依法委托具备法定条件的组织负责城市道路临时泊位的日常管理工作。

第四十六条 城市道路临时泊位使用费应当全额上缴财政,实行收支两条线管理。

交通行政主管部门应当每年将城市道路临时泊位使用费收取情况向社会公开。

第四十七条 消防车、救护车、应急抢险车、军警车辆以及法律、法规规定应当免收机动车停放服务费的车辆使用城市道路临时泊位的,免于支付城市道路临时泊位使用费。

交通客运换乘场站、医院、学校和其他客流集中的公共场所周边道路有条件的,交通行政主管部门应当会同公安机关交通管理部门、城市道路路政管理部门设置合理数量、短时免费的临停快走区域,标明临时停放时间,供市民临时停车。禁止机动车在临停快走区域超时停放。

第四十八条 城市道路临时泊位使用人应当遵守下列规定:

(一)在允许停放的时段停放车辆;

(二)按照规定缴纳城市道路临时泊位使用费;

(三)在泊位标线内按照标示方向停放车辆;

(四)按照允许的车辆类型停放车辆;

(五)按照规定使用城市道路临时泊位设施;

(六)因交通管制、突发事件处置、应急抢险等需要车辆立即驶离的,应当服从处置要求;

(七)法律、法规规定的其他事项。

第四十九条 城市道路临时泊位设施属于道路交通公共设施。任何单位或者个人不得损坏城市道路临时泊位设施,不得占用城市道路临时泊位,不得在城市道路临时泊位内设置障碍妨碍他人停车。

禁止为任何单位或者个人设立城市道路临时泊位月保车位,或者将城市道路临时泊位向固定对象出租。

第五十条 城市道路临时泊位内的机动车受损或者车内财物丢失的,机动车所有人可以向机动车投保的保险公司要求赔偿或者报警处理,负责城市道路临时泊位日常管理的单位应当提供必要的协助。

第五章 法律责任

第五十一条 交通行政主管部门及其工作人员有下列行为之一的,由上级主管机关或者监察机关责令改正,对部门给予通报批评,对直接负责的主管人员和其他直接责任人员依法给予处分:

(一)未按照本条例第九条规定组织开展全市停车场资源普查,或者未建立、更新停车场基础数据库的;

(二)未按照本条例第十条规定建立停车信息管理系统,或者未按照规定公布相关信息的;

(三)未按照本条例第十一条规定建立停车场经营者、机动车停放者信用记录,未将信用记录纳入公共信用信息管理系统,未按照规定采集、录入、更新停车场规划、建设、使用、管理和处罚等方面的信息,或者未实现信息共享的;

(四)未按照本条例第十三条、第十四条规定组织编制或者公布停车场专项规划的;

(五)未按照本条例第三十八条、第三十九条、第四十条、第四十一条、第四十二条规定编制、调整、公布、实施城市道路临时泊位设置规划的;

(六)未按照本条例第四十三条规定将城市道路临时泊位标线信息向社会公布的;

(七)未按照本条例第四十五条规定履行城市道路临时泊位管理职责的;

(八)其他玩忽职守、滥用职权、徇私舞弊的行为。

第五十二条 公安、价格、国土、规划、房屋、建设、工业和信息化、财政、市场监督管理、税务等有关行政管理部门及其工作人员有下列行为之一的,由上级主管机关或者监察机关责令改正,对部门给予通报批评,对直接负责的主管人员和其他直接责任人员依法给予处分:

(一)未按照本条例第八条规定制定、评估、调整或者公布实行政府指导价、政府定价管理的停车场收费标准的;

(二)未按照本条例第十一条第三款规定采集、录入、更新停车场规划、建设、使用、管理和处罚等方面的信息，或者未实现信息共享的；

（三）未按照本条例第十五条规定组织编制、实施年度建设计划的；

（四）未按照本条例第十九条规定制定、评估、调整或者公布建设项目停车位配建指标的；

（五）未按照本条例第三十四条第二款规定查处擅自提高机动车停放服务收费标准行为的；

（六）未按照本条例第四十三条规定划设、铲除或者修复城市道路临时泊位标线，未按照规范实施编号，未调整相应交通标志、标线的；

（七）其他玩忽职守、滥用职权、徇私舞弊的行为。

第五十三条 区人民政府及其有关工作人员有下列行为之一的，由上级主管机关或者监察机关责令改正，对部门给予通报批评，对直接负责的主管人员和其他直接责任人员依法给予处分：

（一）未按照本条例第十条第二款规定建设、维护或者管理本行政区域智能停车引导系统的；

（二）未按照本条例第十五条第三款规定制定或者组织实施本行政区域具体实施方案的；

（三）未按照本条例第三十五条规定及时作出处理决定、消除隐患的；

（四）其他玩忽职守、滥用职权、徇私舞弊的行为。

第五十四条 交通行政主管部门委托的负责城市道路临时泊位日常管理的单位及其工作人员不履行或者不按照规定履行受委托职责的，由其主管机关或者监察机关责令改正，对单位给予通报批评，对直接负责的主管人员和其他直接责任人员依法给予处分。

第五十五条 违反本条例第二十一条第一项至第六项或者第

二十二条第三款规定,不符合停车场设计规范要求的,由交通行政主管部门责令限期改正;逾期不改正的,处以五千元以上三万元以下罚款。

违反本条例第二十一条第七项规定,未按照规定设置安全技术防范系统的,由公安机关依照《广东省安全技术防范管理条例》的有关规定予以处罚。

违反本条例第二十一条第八项规定,未按照规定配建、加装电动汽车充电基础设施的,由工业和信息化行政管理部门责令限期改正;逾期不改正的,处以五千元以上三万元以下罚款。

违反本条例第二十一条第十项规定,不符合建设工程消防技术标准要求,不按照规定配置消防设备、设施或者妨碍消防车通行、消防车登高操作场地正常使用的,由住房和城乡建设部门、消防救援机构依照《中华人民共和国消防法》的有关规定予以处罚。

违反本条例第二十二条第二款规定,擅自利用建筑区划内业主共有部分设置临时停车场的,由房屋行政管理部门依照《物业管理条例》的有关规定予以处罚。

第五十六条　违反本条例第二十八条规定,未按照规定办理商事登记和价格手续的,由市场监督管理部门依照《无证无照经营查处办法》和《价格违法行为行政处罚规定》的有关规定予以处罚;未按照规定办理税务登记的,由税务部门依照《中华人民共和国税收征收管理法》的有关规定予以处罚。

第五十七条　违反本条例第二十九条、第三十条规定,不办理备案手续、未相应调整或者拆除停车场标志牌、停车场停止使用未向社会公告的,由交通行政主管部门责令限期改正;逾期不改正的,处以二千元以上五千元以下罚款。

第五十八条 违反本条例第三十一条第一项、第二项、第六项、第七项、第八项、第九项规定的，由交通行政主管部门责令限期改正；逾期不改正的，处以二千元以上五千元以下罚款。

违反本条例第三十一条第三项规定，未按照规定收费的，由市场监督管理部门依照《价格违法行为行政处罚规定》的有关规定予以处罚。

违反本条例第三十一条第四项规定，电子计时计费装置未经检定合格的，由市场监督管理部门依照《中华人民共和国计量法》等有关规定予以处罚。

违反本条例第三十一条第五项规定，未按照规定出具发票的，由税务部门依照《中华人民共和国发票管理办法》的有关规定予以处罚。

违反本条例第三十一条第十项、第三十七条第三款规定，未按照规定上传停车信息数据的，由交通行政主管部门责令限期改正；逾期不改正的，处以五千元以上一万元以下罚款。

第五十九条 违反本条例第三十二条第一款第六项规定，占用无障碍停车位，经劝阻拒不改正，影响肢体残疾人使用的，由公安机关交通管理部门处以二百元罚款；停车场经营者对占用无障碍停车位的行为未加劝阻的，由公安机关交通管理部门处以五百元罚款。

第六十条 违反本条例第三十三条规定，擅自改变公共停车场和专用停车场的使用性质或者缩小使用范围的，由城市管理综合执法机关责令限期改正，恢复原用途；逾期不改正的，处以每日每平方米五十元以上一百元以下罚款，直至改正为止。

第六十一条 违反本条例第三十四条第一款规定，未按照规定将规划用于机动车停放的尚未出售的车位、车库出租，或者车位、车库出售、出租未首先满足业主需要的，由房屋行政管理部门责令限期改正；

逾期不改正的,处以十万元以上五十万元以下罚款,并纳入本市公共信用信息管理系统。

违反本条例第三十四条第二款、第三款规定,未按照规定制定、提高机动车停放服务收费标准的,由价格行政管理部门责令限期改正;逾期不改正的,处以十万元以上五十万元以下罚款,并纳入本市公共信用信息管理系统。

第六十二条 违反本条例第四十三条第二款、第四十七条第二款规定,擅自铲除、划设城市道路临时泊位标线,或者在临停快走区域超时停放的,由公安机关交通管理部门依照《中华人民共和国道路交通安全法》《广东省道路交通安全条例》的有关规定予以处罚。

第六十三条 违反本条例第四十八条第一项、第三项、第四项规定的,由公安机关交通管理部门处以二百元罚款。

违反本条例第四十八条第五项、第六项规定,构成违反治安管理行为的,由公安机关依法给予治安管理处罚。

第六十四条 违反本条例第四十九条规定,损坏城市道路临时泊位设施,占用城市道路临时泊位或者在城市道路临时泊位内设置障碍妨碍他人停车的,由交通行政主管部门责令限期改正;逾期不改正的,处以五千元罚款。

第六十五条 公安机关交通管理部门可以依照《中华人民共和国行政处罚法》的规定,委托具备法定条件的组织,实施本条例第六十三条第一款规定的行政处罚。

交通行政主管部门可以依照《中华人民共和国行政处罚法》的规定,委托具备法定条件的组织,实施本条例第六十三条第二款、第六十四条规定的行政处罚。

第六章　附　　则

第六十六条　本条例实施前，市、区人民政府已将城市道路临时泊位经营权转让，在本条例实施后转让合同期限未届满的，合同双方应当依法协商解决。由城市道路临时泊位经营企业继续经营的，城市道路临时泊位经营企业应当遵守本条例第四十五条第一项至第七项、第四十七条、第四十九条、第五十条的规定。

转让合同期限届满后，市、区人民政府应当收回城市道路临时泊位经营权，按照本条例第四章的规定实施管理。

第六十七条　本条例中下列用语的含义：

（一）公共停车场，是指在城市道路外，为社会公众提供停车服务的场所，包括独立建设的公共停车场和建设工程配建的作为公共服务设施的公共停车场；

（二）专用停车场，是指在城市道路外，为特定对象提供停车服务的场所，包括住宅、机关、企业和事业单位停车场等；

（三）临时停车场，是指在城市道路外，利用待建土地、存量建设用地、建筑区划内业主共有部分等设置的短期内供机动车停放的场所；

（四）城市道路临时泊位，是指利用政府管理的城市道路设置的供机动车临时停放的场所；

（五）经营性停车场，是指实行机动车停放服务收费管理的停车场；

（六）住宅停车场，是指住宅建筑区划内的所有机动车停车位；

（七）城市交通枢纽，是指两种以上运输方式或者两条以上运输干线交会，能办理旅客运输的公共服务设施，包括汽车站、港口、机场、轨道交通换乘站和枢纽站等。

第六十八条　本条例自2018年10月1日起施行。

图书在版编目(CIP)数据

《广州市停车场条例》立法评览 / 陈建华主编 ；广州市人大常委会法制工作委员会编著. -- 北京 ：法律出版社，2020

ISBN 978 - 7 - 5197 - 4400 - 7

Ⅰ. ①广… Ⅱ. ①陈… ②广… Ⅲ. ①停车场－城市管理－地方法规－立法－研究－广州 Ⅳ. ①D927.651.229.74

中国版本图书馆 CIP 数据核字(2020)第 063445 号

《广州市停车场条例》立法评览
《GUANGZHOUSHI TINGCHECHANG TIAOLI》LIFA PINGLAN

陈建华 主编
广州市人大常委会法制工作委员会 编著

责任编辑 王政君
装帧设计 贾丹丹

出版 法律出版社
总发行 中国法律图书有限公司
经销 新华书店
印刷 三河市龙大印装有限公司
责任校对 李景美 周诗湄
责任印制 陶 松

编辑统筹 学术·对外出版分社
开本 A5
印张 8.625
字数 194 千
版本 2020 年 8 月第 1 版
印次 2020 年 8 月第 1 次印刷

法律出版社/北京市丰台区莲花池西里 7 号(100073)
网址/www.lawpress.com.cn
投稿邮箱/info@lawpress.com.cn
举报维权邮箱/jbwq@lawpress.com.cn
销售热线/400 - 660 - 8393
咨询电话/010 - 63939796

中国法律图书有限公司/北京市丰台区莲花池西里 7 号(100073)
全国各地中法图分、子公司销售电话：
统一销售客服/400 - 660 - 8393/6393
第一法律书店/010 - 83938432/8433
西安分公司/029 - 85330678
重庆分公司/023 - 67453036
上海分公司/021 - 62071639/1636
深圳分公司/0755 - 83072995

书号：ISBN 978 - 7 - 5197 - 4400 - 7
定价：59.00 元